中小微企业创新创业热点问题研究

○ 何　勤/主编

ZHONGXIAOWEI QIYE
CHUANGXIN CHUANGYE
REDIAN WENTI YANJIU

首都经济贸易大学出版社

·北京·

图书在版编目（CIP）数据

中小微企业创新创业热点问题研究/何勤主编. －－北京：
首都经济贸易大学出版社，2018.5

ISBN 978－7－5638－2814－2

Ⅰ. ①中… Ⅱ. ①何… Ⅲ. ①中小企业—企业管理—
研究—中国 Ⅳ. ①F279.243

中国版本图书馆 CIP 数据核字（2018）第 131385 号

中小微企业创新创业热点问题研究
主编 何 勤

责任编辑	刘 欢 彭 芳	
封面设计	小 尘	
出版发行	首都经济贸易大学出版社	
地 址	北京市朝阳区红庙（邮编 100026）	
电 话	（010）65976483 65065761 65071505（传真）	
网 址	http：//www.sjmcb.com	
E－mail	publish@cueb.edu.cn	
经 销	全国新华书店	
照 排	北京砚祥志远激光照排技术有限公司	
印 刷	人民日报印刷厂	
开 本	710 毫米×1000 毫米 1/16	
字 数	277 千字	
印 张	15.75	
版 次	2018 年 5 月第 1 版 2018 年 5 月第 1 次印刷	
书 号	ISBN 978－7－5638－2814－2/F·1548	
定 价	50.00 元	

前　言

2017 年 8 月 30 日，国务院总理李克强主持召开国务院常务会议，提出加大中小微企业创新支持力度。会议决定，将目前比较成熟、已具备复制推广条件的若干项创新改革举措在更大范围内实施，绝大部分推向全国。这些举措主要包括：一是更有针对性地加大对中小微企业创新的支持。搭建面向中小微企业的一站式投融资信息服务体系，支持以从核心龙头或大型企业获得的应收账款为质押，为关联企业提供融资，发展贷款、保险、财政风险补偿捆绑的专利权质押融资新模式，提高金融支持创新的灵活性和便利性。二是更大力度加强知识产权保护。依托知识产权快速维权中心，开展集专利快速审查、确权、维权于一体的综合服务。

中小微企业作为中国数量最大、最具创新活力的企业群体，一直走在"互联网＋"的路上。中小微企业是实体经济的"压舱石"，为我国贡献了过半的税收、超 60％的国内生产总值，80％以上的城镇就业岗位。在"互联网＋"时代，中小微企业要在激烈的市场竞争中获得一席之地，必须改革现有的管理体制，创建新型的企业管理模式，不断调整自我，这样才能把握住机遇，在"互联网＋"时代的转型升级中寻找到有力支点，更好地应对市场挑战，促进企业的长期稳健发展。为此，业界与学者们不断探索创新管理模式和手段，提升管理水平。因此，探讨和研究中小微企业创新创业热点问题具有重要的社会意义和经济价值。

本书收录了从事中小微企业创新创业研究的学者 2016—2017 年以来关于中小微企业创新创业热点问题的科研成果，内容涉及企业创新管理、企业创业管理、企业人力资源创新、企业金融创新、企业财务创新、企业电子商务创新等各个方面，体现了学者在中小微企业创新创业各方面的深入思考与探索，具有鲜明的时代特色。

本书是学者对中小微企业创新创业热点问题进行的理论思考与对策研究，是他们为中小微企业创新创业出谋划策的智慧凝结，也是他们学术风采与学术水平的展示。

目　　录

第一部分　企业创新管理

第二部分　企业创业管理

第三部分　企业人力资源创新

第四部分　企业金融创新

第五部分　企业财务创新

第六部分　企业电子商务创新

第一部分　企业创新管理

"互联网+"传统洗衣业创新升级研究：
以荣昌"e袋洗"为例[①]

张荣齐

摘 要：荣昌"e袋洗"平台可以弯曲并打碎既有的产业链，形成平台生态圈，促进传统洗衣业转型发展。本文从平台战略的视角，给出荣昌洗衣平台战略的选择、生态圈机制的设计以及成长创新模式的构建，并以此为基础重点分析荣昌居家服务"e袋洗"在不同时期所采用的不同战略及其产生的积极影响。对荣昌洗衣平台的研究可以增进对新模式发展的全面认识，优化居家服务在平台发展中的应用，从而给传统产业转型升级提供有益的借鉴。

关键词：传统洗衣业；创新升级；"e袋洗"平台

未来几十年，新型城镇化会成为我国经济发展的增长点，购买住宅已成为居民新的消费热点，衍生的居家服务更是推动城市商业结构优化和功能提升、实现城市商业转型和构建和谐社会的战略选择。本文从生态系统学的角度探讨"e袋洗"平台的成长和创新，以促进传统商业转型升级，向品质、便利、多元发展。

一、"e袋洗"平台迭代创新

（一）找到痛点持续扩大用户规模

传统洗衣行业面临很多痛点。比如有顾客会抱怨，洗衣店门前没有多余的停车位，因此必须两个人开车一起去，否则一个人去店面的时候，可能就会因为违章停车而面临处罚。另外一个更大的不便是传统的洗衣店一般开店13个小时，但都在白天，顾客早上去上班的时候洗衣店还没有开始营业，晚上回家的时候洗衣店却已经关门了。因此，"社区荣昌洗衣O2O"首先考虑的就是满足用户对于便利性的需求。平台模式在连接起多边市场后，补贴模式就是促进生态圈成长的核心战略，若实施得当就能快速促进用户规模的增长，进而推进引爆点和复制

---

① 本文由商务部财政专项"传统洗衣业民生促进工程"（编号：111JA1202）资助。

速度。

（二）追求质的提升

并非所有的互联网平台企业都单纯视用户规模的大幅增长为其发展的主轴。对于某些平台而言，用户群的质量比规模更为重要。盲目地追求数量的增长，很可能对生态圈的商业定位产生负面影响。用户过滤机制的作用并不仅仅在于筛掉那些不良信誉的用户，更重要的是它必须确保注册用户是自己的潜在顾客群。用户数量的增加有时候并不是好事，质量维度的主题是生态圈进一步发展的战略性选择。社区洗衣是众多O2O企业的厮杀之地，它的个体用户的单一性导致在缺乏数据收集的情况下，其用户群体对价格十分敏感。企业在初创时期，应重点关注互联网口碑的重要性，当用户规模积累到一定程度之后，应该及时对用户的质量进行筛选，这样可以避免企业蒙受不必要的成本支出。

（三）累积双边话语权刺激成长

在O2O互联网开始之初，用户的数量未形成一定规模，大多数企业都在等待观望。我们知道，用户的消费习惯很难改变，平台生态圈的健康成长所依靠的多边市场将会更加坚固。正因为其如此重要，企业在发展过程中，要加快培养传统线下价值链所缺乏的战略灵活度。"e袋洗"平台企业本身的话语权提升取决于其能否使现有的一方目标群体吸引到一定规模（用户规模是实施话语权的基础）的另一方目标群体，能否给特定的用户提供良好的盈利机会，以鼓励用户参与企业的一些活动。平台企业的本质，是话语权的操控者通过线上策划、线下互动来巧妙掌控双边市场的互动，带来的效益却远远超过实际，这推升了双方的势力，同时也提高了平台自身的用户交互价值。

二、"荣昌居家服务"平台搭建

（一）"荣昌居家服务"基本情况

2013年"荣昌居家服务"首先崛起，在社区，荣昌洗衣在O2O领域整合现有资源，全面打造出了全国第一个洗衣平台（www.rongchain.com）。顾客通过荣昌洗衣线上平台，可以自由选择时间在线上完成衣物清洗服务的选择及支付等过程。在"最后一公里"配送中，荣昌也已经开始组建自己的团队上门取件，洗后送回。整个过程简洁高效，顾客在家便可完成网上洗衣所有的程序。在"荣昌居家服务"平台上，包括APP和微信平台等，用户都可以用荣昌洗衣推出的联网卡查询卡内剩余额度、消费记录、积分及兑换、联网卡充值等服务。在线下，荣昌投巨资建立了北京最大的自动化 O2O 示范中心。实体店示范中心拥有全套进口的清洗和熨烫设备。据统计，每日处理的衣物超过 5 000 件，真正实现了便捷、环保、品质洗衣的要求。除重点关注洗衣行业外，荣昌服务还将业务延展至窗帘、地毯清洗等居家清洗服务，争取可以在多个领域利用现代化的途径与方式，为消费者提供全面、优质、便捷的服务。

（二）荣昌居家服务"e 袋洗"平台战略的三大支撑

1. 大数据中心

在互联网时代，线上运营作为一个公司的中枢神经起着重要的作用，信息的收集、传播、整理都在借助互联网的力量，线上运营包括的数据运营、活动运营、媒体运营等，都需要在统一的战略规划下进行。客服部门属于线上和线下的衔接体，交易的追踪需要客服部门来跟进。在大数据时代，客服部门可以了解任何一个顾客的信息，以此来发现顾客真正需要的服务。

2. 移动终端建设

假如你处于一个陌生的商圈里，突然想找家餐馆吃饭，你只需打开手机客户端进行搜索，还能下载这家餐馆的优惠券获得消费折扣，既方便又省钱。将线下实体店面的优惠机会与互联网技术结合在一起，让互联网前端成为线下交易的前台，这种方式如今在人们的生活中并不少见。移动客户端为线下实体店输送新客户，有技术的支撑，线上运营的传输速度超过任何一个实体店。众所周知，互联网的传统 PC 端的局限性已经限制了电子商务的发展，而 O2O 正是利用移动终端的随身性、用户身份的唯一性、用户位置的可追踪性等特征，抓住了一批即兴的潜在消费用户，这部分用户与传统门店基于商圈而产生的常规消费用户并不矛盾。获取线上用户的成本远远低于实体店，这将有利于开拓更大的市场空间。

3. 居家服务站点

O2O 是互联网经济发展的必然方向，同时，企业的线上和线下融合也是必然的趋势，全渠道运营会成为未来 O2O 企业的标配。在新技术的不断增长和在线零售商不断进入的互联网背景下，未来的实体店应该以一种什么样的姿态进入互联网市场，而在线零售商又如何确保企业市场份额的增长？对此，开设体验实体店显然成为一种越来越流行的方式。

（三）"荣昌居家服务"平台设计

平台商业模式的核心在于打造一个拥有良性循环机制的生态圈，它拥有精密的规范流程和用户机制系统，能够有效激励生态圈内的多方群体互动，以此来达成平台企业的目标愿景。从目前的市场格局来看，因为"荣昌居家服务"转型进入互联网市场较早，占有一定的市场地位，目前主要竞争者依然是社区实体店。如何在服务速度和服务质量上超越实体店，将是荣昌洗衣的主要市场进攻方向。这就需要建立一个内外兼容的体系。对外来讲，在企业运营上，市场开发部门、线上运营部门、客户服务部门、技术部门等都需要进行良性配合，争取在各个方面满足用户需求，一旦满足用户需求，便掌握了市场；对内来讲，企业关于各个群体的特征把控和需求挖掘，都将改变企业的盈利模式和盈利程度。因此，企业要准确把控数据中心的信息，采取合理的策略促进各个群体的良性循环。

（四）"荣昌居家服务"平台战略实施

在荣昌洗衣良性循环的平台生态圈中，每一个体制框架的构建都离不开其他框架的支持和配合。因此，为保证整个链条的顺畅性，必须严格把控各个环节。

第一，荣昌洗衣需要对自身的产业价值链进行重组，区分在自己现有的多边市场中，哪些是目前来讲最重要的单边用户。荣昌洗衣专注社区业务，而社区业务是很难操控的。就目前来讲，用户是每一个社区型企业都应该重视的，要整合现有资源，达成关系网的增值和新型商业机会的挖掘。

第二，致力于平台生态圈的机制建设。正所谓"无规矩，不成方圆"，机制的建设需要从各个方面进行探讨，企业需要定位于开发多边市场，吸引更多广告商进入，以便得到更多收入"回馈"生态圈。此外，因为荣昌洗衣主要用户为个体，对价格比较敏感，需设定用户为"被补贴方"，定期进行优惠活动和线下体验，以保证新用户的增长和老用户的留存。

第三，实施用户过滤机制体系。在用户过滤机制体系中，首先需要加强用户身份的鉴定力度，在注册用户时，通过开通实名认证、手机认证等提升平台服务的可靠性；此外，还可以通过制定出一套奖励机制来让提供真实资料的用户获得更多的回报，比如提供优惠券，实行积分奖励等。

第四，运用大数据解决关键盈利模式。居家服务的用户个体化决定了它的"补贴方"只能是消费者。那么付费方怎么选择？平台又该如何盈利？这是平台应该考虑的。但是应该庆幸的是我们处在大数据时代，数据信息在互联网时代具有难以想象的巨大价值。企业要通过现有数据分析其他广告商需要的信息，使平台能够吸引优秀的广告商，这样，一个良性循环的双边平台就架构好了。

"互联网 +" 时代唐久公司采购管理研究

陈俊荣　　刘凯鹏①

摘　要："互联网 +" 时代信息技术迅猛发展，如何利用信息技术实现高效的运营管理是传统零售企业面临的重大课题。本文分析了山西唐久超市有限公司的供应链管理模式，重点研究了该公司采购管理中存在的问题，提出了基于信息技术的采购管理优化模式，以期促进传统零售企业的发展。

关键词：互联网 +；采购管理；供应链

"互联网 +" 时代信息技术迅猛发展，使得知识技术和信息的广泛传播成为可能，同时企业间资源的共享成为趋势，这些都极大促进了传统企业管理经营的变革。在新的市场环境下，传统的经营管理模式在面对快速的市场需求变化时呈现出反应缓慢、缺乏应变能力的缺陷，已无法在激烈的市场竞争中为企业提供持久的竞争力。中小企业在 "互联网 +" 时代既可以分享 "互联网 +"带来的便利，同时也面临着严峻的挑战。如何抓住 "互联网 +" 时代大背景带来的机遇，是企业在制定发展战略、进行创新管理时首先考虑的问题。企业的采购管理创新体现于开始采用先进的供应链管理模式，企业之间的竞争也演变为供应链之间的竞争。采购作为供应链管理的重要环节，是整条供应链从上游到下游企业优化的开端。采购管理水平的高低决定着企业生产经营能力的好坏。如何利用 "互联网 +" 信息技术发展带动传统零售企业的采购管理是本案例研究的重点。

一、理论解释

（一）供应链和供应链管理

供应链是为了实现共同的目标而进行协同合作、制定战略部署、提高运作效率的相关企业的联合。具体到零售超市中，供应链起始于商品供应，是经过采

---

① 刘凯鹏，亚马逊（中国）Associate，从事电商运营。

购、物流、商品分销到终端消费者的一体化的流程。完整的供应链基本会包含原材料生产商、零件供应商、生产企业、代理商、分销商、批发商、零售商和终端消费者的所有环节。

供应链管理（Supply Chain Management，SCM）是指为了满足客户的需求，达到服务水平的要求，同时能够降低系统总成本，而将生产商、供应商、物流商、销售商以及终端客户结成的网状链式结构来组织生产与销售，通过物流、信息流、商流、资金流系统的设计、计划、运行和控制等活动达到企业的最终目的。

（二）供应链管理下的采购管理

供应链管理下的采购管理是指企业为了追求和实现战略目标而进行的一系列与生产和库存相连的识别、采办、获取、管理所需的或潜在所需的所有资源的活动。采购部门是企业与外部市场直接相连的一个窗口，是企业内部供应链与外部供应链集成的一个接口。供应链采购与传统采购存在着许多的区别，虽然供需双方的采购关系没有发生变化，但供应链管理下的采购关系是各个企业之间的战略合作关系。

二、唐久超市采购管理现状

（一）唐久超市简介

山西省唐久超市创办于 1996 年，过去是一家传统的连锁便利超市。在电子商务发展迅速的今天，唐久超市电子商务的发展速度惊人，在京东、天猫、苏宁易购等各大平台均设有"唐久大卖场"。2014 年，超市正式采用 O2O 全渠道的商业模式，网络平台的销售额迅猛提升。唐久超市的商业模式十分清晰，即把线上消费者通过微信公众平台和网络平台带到唐久超市实体店中去消费，同时在线支付购买线下的商品和服务，实现线下服务享受。唐久超市不再像传统超市那样只提供单一服务，而是使服务升级，在网络经济纵深发展的基础上改变消费者的支付习惯。

（二）采购管理现状

1. 公司采购管理组织

唐久超市物流采购部采用传统的简单式直线型采购管理组织架构。超市将线上电商平台和线下便利超市所有商品分为 13 个大类，在大类基础上逐级划分小类商品，订购员和采购员相互配合，负责相应的类别。这种类别对应的方法，可以很好地将采购的工作量化和细化,做到"采"和"购"分离,提高采购效率。

2. 供应商现状

唐久超市现有供应商近500家,其中,北京地区供应商10家,上海地区3家,天津地区2家,太原地区供应商350家。本地供应商占的比例较大,优质供应商占总供应商的1/4。对此,需要提高供应商的质量,同时加强供应商的管理。

3. 原有采购管理业务流程

唐久超市根据超市的业务流程情况,结合行业特征,借助 ERP 信息系统进行采购,结合市场部门的营销计划、销售数据和物流仓储数据进行初期采购计划的编制。其目的是实现订单式采购的管理模式,结合线上、线下的数据进行订单式的采购和基于安全库存的采购计划,具体流程如图1所示。

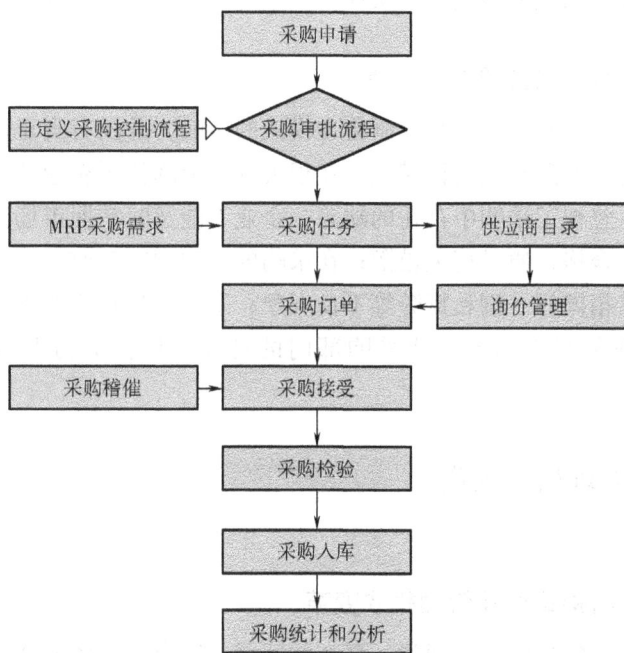

图1 唐久超市采购流程图

三、采购管理中存在的问题

(一) 采购组织不完善

采购部门在唐久超市的工作主要是负责维持企业的日常运营和配合企业其他

部门的工作，不涉及企业采购的核心业务。采购部门在采购计划的编制、供应商的选择评估、企业供应链构建等方面发挥的作用有限，严重制约了采购部门的工作效率。

（二）采购供应商选择问题

选择合适的供应商是企业采购管理的核心。唐久超市选择供应商以供应商的价格为基本导向。提供商品、服务价格最低者才能成为唐久的供应商。唐久超市对供应商的资质，提供产品、服务的能力，供应商的长期合作等问题较少关注。这种被动的订单式短期合作，使企业供应商选择的时间和金钱的成本问题突出。供应商对于短期合作的积极性不高，所提供的售前、售货服务会大打折扣，在提供最新产品、技术信息方面也会有所保留，这对双方的合作不利。

（三）采购活动内部机制不完善

唐久超市的一些管理者受官僚制管理模式的影响，并没有真正从企业的战略出发转变企业传统的配给式营销模式，在很大程度上降低了企业的执行力。企业的采购靠经验，忽视了采购中存在的缺陷，企业不能及时掌握市场和供应上的情况；货物验收不合格，质量把关松懈；在采购的过程中缺乏监督管理人员，存在采购吃回扣、暗箱操作、徇私舞弊等不良现象；采购人员缺乏业务能力和专业素质。这些不良现象都不利于企业采购部门的良性发展，不利于调动员工的积极性。

四、采购管理模式优化

（一）组织结构重建及管理模式变革

根据唐久超市的采购组织现状、存在的问题，结合其整体战略，我们认为需要解决当前的采购问题（近期调整）与制定采购管理规划（远期调整）。

首先，建设匹配近期目标的采购组织结构。进行统一的采购管理，包括制定采购战略、选择合适供应商、建立高水平的供应商评价标准、制作合格供应商储备清单、调整规划原有的信息系统。区分采购级别，采用 ABC 管理法，对于重要商品的采购由采购部和公司集中管理，实行类别采购，细化采购单位的职责，优化现有采购体系和技术的支持。

其次，在组织机构改革方面，成立专业的采购部门，承担执行公司整体战略的职责。采购部是独立于电商部的专门组织，在战略上同市场部门、财务部门、人力部门是协同共享的专门组织，在重大战略上有时直接服务公司。公司直接管理监督采购部门。

最后，对采购部的资源进行重新整合，建立供应链管理下的采购管理模式，采用 ERP 信息系统的集成，实现公司内部资源信息的共享。构建合格的供应商储备库，实现供应商与唐久超市的信息共享。通过信息系统可以实时掌握销售、库存、采购清单、供应商库存、商品在建信息、在途商品等信息，实现信息共享。同时，采购部门将"采"和"购"的行政职能分开，战略性采购与实际操作采购区别分离，业务集中采购与分散采购并存。"采"主要负责采购战略制定、采购管理体系优化、供应商集中管理、供应商的支持管理、采购成本的控制、集中采购。"购"主要负责分散商品的采购、大宗原材料的采购、采购的业务流程管理等。

（二）集中采购管理

唐久超市需要根据公司整体战略和市场情况，制定公司的长短期目标。近期可以将集中采购和分散采购相结合，远期则采取集中采购策略。

1. **集中采购准备阶段**

集中采购准备阶段主要是为采购所做的一些准备工作，大致分为四部分。

第一步，采购部根据公司所有商品分类的具体需求和企业进行集中采购的需求分析，制订具体的集中采购计划。

第二步，公司市场部门、财务部门和采购部各项目小组对公司的资源进行分析整合，集中填写需要进行集中采购的商品的调查资料，如集中采购的价格报表、集中采购优质供应商推荐、集中采购的技术支持等，并针对集中采购开展采购部门的技术交流、供应商的考核评定、供应商洽谈等工作。

第三步，采购部门负责价格的项目组进行实际的市场供应价格调查，收集行业优秀供应商的价格体系信息。

第四步，采购管理组根据收集的信息与组内成员商谈集中采购，设定集中采购目标、商讨集中采购技术规格、设立成本目标、商品参数规格等。之后进行公开招标，选择优秀的供应商进行询价、报价、竞争性谈判等。

2. **集中采购的方案阶段**

采购方案的制订需要根据供应商的实际情况，与公司的内部需求相结合，要制定详细的采购标准，确保所选供应商是最适合的。这一阶段的主要工作如下：

首先，采购项目组制定集中采购商品的参数标准、技术规格等标准，作为与供应商交谈时的依据，确保各部门按照该标准进行采购所需信息的收集。采购部对供应商进行系统筛选和评估，优先选择信誉和技术良好的供应商，同时对未进行过调查的优质供应商做初步审查。

其次，采购部下属各部门对供应商进行技术、质量、成本方面的现场考察，并出具考察报告：各部门根据初步调查的信息结合现场调查考核的情况，向采购部提出候选供应商的建议，确定候选供应商。

最后，采购部与候选供应商进行技术规格交流，如有需要可和供应商合作。采购部制作好竞标文件，组织供应商报价。根据供应商提供的价格进行评标协商，与供应商确定初步价格。采购部制订最后的集中采购实施方案上报公司。

3. 集中采购实施阶段

在完成采购计划的编制后，采购部门经过四步完成采购的实施过程。

第一步，与候选供应商签订集中采购合同。

第二步，采购部编制集中采购供应商体系推进表、集中采购进度表、供应商货品实际绩效考核表等相关报表。

第三步，采购部定期对各成员单位集中采购的实现情况进行检查，每月对进度和效果进行评估并通报，同时提出督导意见，各成员单位按整改建议及时改进。

第四步，采购管理部及项目组对集中采购供应商实施动态管理，根据综合评估集中采购供应商业绩的情况，提出供应商体系、价格、份额的调整意见，如有必要，重新启动集中采购流程。

（三）加强供应商管理

1. 划分供应商层次

根据采购部的供应商管理储备，对供应商的不同级别、资质进行分层以区别对待，主要分为临时供应商、潜在供应商、候选供应商和战略供应商。临时供应商主要负责唐久超市网上客户订单和微信客户端订单，此外，唐久超市合作伙伴的促销活动等也需要临时和短期合作的供应商。潜在供应商主要是指那些符合唐久超市的供应商标准，只是目前市场计划没成熟，一旦有机会就成为合作伙伴的供应商。这类供应商一般信誉良好。候选供应商是那些初期调查和现场考察都合格的供应商，它们将被列入唐久超市供应商清单。战略供应商则和唐久超市有密切的合作，战略上和唐久超市属于一条供应链。

2. 选择供应商

选择供应商时需要遵循选择的基本原则，确立明确的供应商标准。

选择供应商时，应以公平公开公正为原则，系统地科学选择供应商。新的供应商必须符合 ISO9000 质量管理体系的认证，并且具备一定的规格、商品质量保证能力、具有竞争力的价格优势、长期的供货能力等。应确保新选择的供应商能够满足供应链的协同合作。

确立供应商的标准时可以分为两步：首先，调查供应商的基本情况；其次，对供应商进行现场考察。

供应商的基本情况主要包括诚信度、合法性、有效性、真实性的信息。所有供应商都要接受基础情况的调查，确保供应商清单的真实性、科学性。对初审合格的供应商进行存档，接下来进行现场考察。当公司需要新的供应商时，应该在基础情况调查合格的供应商中选择。采购部就产品的质量、成本、财务等信息对供应商进行现场考察核实。对供应商的研发能力、技术能力、生产能力、供货能力等进行综合的考评。

3. 分级管理供应商

公司的供应商应该采取分级管理，分级管理供应商是一个动态的过程。要建立公司供应商目录，运用供应商目录进行管理。供应商目录并不是一成不变的，应采取动态管理机制。

建立供应商目录时，采购部门要对供应商进行分级管理。要对供应商进行基本信息管理，就现场考核、供货能力、绩效考评等因素进行综合考评。只有符合标准的供应商才能够进入供应商目录。建立供应商目录后，就要对供应商目录进行分级管理。供应商目录的运用应遵循供应商目录管理原则。采购时根据目录选择供应商。公司进行新的战略和市场计划时，从 A 类供应商中进行选择，如果 A 类供应商不能满足，则按照供应商目录建立的原则从外部系统重新选择合适的供应商。

应该根据供应商管理的不同点和不同时间段，与供应商实际相结合对供应商目录进行动态的管理，分为目录内供应商调级、目录内供应商进入、目录内供应商淘汰三步。目录内供应商调级是指每一季度对供应商进行现场考察，了解供货情况、供货质量等，对供应商目录进行分级动态管理。目录内供应商进入是指在现有的供应商目录不能满足新的市场计划，供应商的价格、质量、规格不能满足唐久超市现有状态时，选择更具竞争力的供应商加入目录。目录内供应商淘汰则是淘汰现场考评中供货能力不足、评价较低但是却不改价的供应商。这类供应商在市场活动中给公司造成了重大的经济损失，导致售后和供货质量下降。另外，对主动要求退出目录以及造成不良影响的供应商，也要进行淘汰处理。

（四） 加强供应商之间的战略合作

传统的采购模式中，供应商管理混乱。企业打压供应商的价格，供应商为了压低成本以次充好、供货不及时，给企业造成经济损失。唐久超市应该大规模集中采购，将供应商纳入公司供应链管理中，采取战略性供应链管理，将中间的多余环节省略，获得稳定的低于竞争对手的价格。供应商和唐久超市之间的关系不再是互相压制的关系，而是一种战略的合作关系，从而实现业务增长，提高工作效率，节约成本，增长利润。

为了调动供应商的积极性，对优质供应商可以给予一定优惠，包括给予优先供货权，简化验货程序等。对不合格的供应商要进行惩处。质量不过关、工期延迟造成的损失由供应商承担。面对激烈竞争的市场环境，要适时引进新的供应商，及时更新供应商目录，给予新供应商与老供应商公平竞争的机会。

参考文献：

[1]王艳娜. 供应链管理下企业采购流程的优化研究[D]. 西安:西安电子科技大学,2005.

[2]王文卫. 供应商关系管理研究[D]. 武汉:华中科技大学,2014.

[3]王映霞. 一种模糊决策优选模型在供应商选择上的应用[J]. 科学技术与工程,2005,5(15):1100 - 1102.

[4]王联备,邢文祥. 基于模糊层次分析法的供应商选择研究[J]. 商场现代化,2006(16):111 - 112.

[5]王辉. 基于模糊聚类分析的供应商选择评价[J]. 现代管理科学,2006(6):77 - 78.

[6]吴迪,胡珊. 日本汽车产业供应模式与电子采购的应用分析[J]. 现代日本经济,2005(6):49 - 53.

[7]杨晔. 制定企业采购绩效评估制度[J]. 人口与经济,2006(51):80 - 82.

[8]余海. 基于多目标模糊优选模型的供应商选择[J]. 现代管理科学,2005(9):43 - 44.

[9]喻菊华. 国内中小企业全球电子采购模式分析、战略及前景预测[D]. 北京:对外经济贸易大学,2004.

[10]袁志忠,翟利艳,于向东. 战略成本管理方法及其在我国企业的应用[J]. 当代经济管理,2004,26(6):89 - 92.

中小企业自主品牌创建路径分析

叶 敏

摘 要：当前，我国中小企业蓬勃发展，成为我国经济社会发展中的重要力量，但品牌建设却没有引起足够的重视，其发展受到多重阻碍。中小企业创建自主品牌有重要意义，中小企业必须针对自身条件选择合适的品牌创建路径，以提高企业获利及竞争力。

关键词：中小企业；品牌建设；路径

品牌建设是当前企业运营中的一个重要话题。当今，顾客的消费日趋品牌化，名声响亮的品牌往往容易博得消费者的信赖，很多消费者只认某些品牌，拒绝别的替代品，哪怕替代品价格较低。因此，竞争者往往很难与树立了良好品牌形象的企业抗衡。

一、自创品牌对中小企业发展的意义

中小企业发展品牌的意义在于：首先，好的品牌可以带来额外的收益。知名品牌的定价，往往可以顺理成章地比普通品牌高出15%～40%。例如，一把普通木梳的价格不到十元，而"谭木匠"的木梳礼盒可卖到几百元。其次，品牌资产作为重要的无形资产，有利于开拓新市场和在现有市场上保持较高份额，使中小企业在竞争中获得更多的机会。例如，广东的梁伯强把指甲钳做成了中国第一品牌，在该领域闯入世界前三位，依靠的是"非常小器·圣雅伦"品牌策略。最后，在产品日趋同质化的市场上，品牌能产生差异化的效果，促使消费者产生优良品质和服务的心理预期，从而吸引和保持稳定的客户群。

二、中小企业自主品牌创建路径分析

由于中小企业相对大型企业来说规模较小、资源较匮乏，因此中小企业在自身的品牌建设过程中，不能简单地模仿大企业的品牌运营方式，要结合自身的优劣势，扬长避短，实施适合自身特点的品牌管理，才能在品牌消费成为市场主流的环境下求得生存与发展。在此，笔者提出以下选择路径，作为中小企业制定品牌战略时的借鉴。

（一）运用 USP 策略，寻求单品突破

USP 是英文 Unique Selling Proposition 的缩写，意即独特销售卖点。当中小企业进行广告宣传时，这一策略是其寻找突破点的主要方法。通过 USP 创新，中小企业可以在短时间内寻求单品突破，促进产品销量急速上升。USP 也是中小企业进行规模快速扩张的最主要方法之一。例如，"农夫山泉有点甜""怕上火，喝王老吉""白天吃白片，晚上吃黑片"这些 USP 宣传手法，使企业大获成功。

（二）先专注于某一细分市场，再逐步拓展其他市场

中小企业的人力资源、金融资源和市场资源都非常有限，显然不具有全面市场的竞争优势，应从市场和消费行为的特殊性出发，看准大企业忽视的或不屑一顾的顾客需求，将有限的资源集中于自身具有优势的某一两个有限的细分市场上，实施集中营销战略。追求深度而不是广度，坚持产品和技术创新，把细分市场做精做足做强，做到别人无法替代、无法进入，通过长期的细分和对样板市场的深耕细作，获得局部市场的成功之后，再加以推广。

深耕细分市场为中小企业品牌经营上带来的好处是可以避开强手林立、竞争激烈的大众化、一般性市场战场，使中小企业的"品牌之船"不至于在创建之初就被激烈的市场"浪潮"打翻。因此，中小企业品牌建立第一要务是研究、分析并选定一个细分市场，然后站稳脚步用心经营，在该市场区段形成品牌知名度和美誉度，再逐步稳健地延伸、拓展到其他市场区段。

（三）塑造中小企业集群品牌

所谓集群品牌，是指在同一区域内一群生产经营者共同使用的品牌，如"浏阳花炮""景德镇瓷器""金华火腿""瑞士手表"等。利用集群品牌这块公共资源，可提高集群内企业的竞争力，形成对中小企业强有力的支撑。这不仅有助于防止无序竞争，造成资源浪费，而且有助于规范生产，提高产品质量，形成区域规模优势，使产品具有区域垄断性。有某种区域资源优势的地域，可通过政府创造条件或者行业联合成立行业自律组织，使处于一个区域中的中小企业实现集群化，形成区域内规模优势，从而实现品牌化。这里的区域资源优势主要是指在某个区域内具有生产某种产品的技术能力，并且掌握这种技术的人员在这个区域内占有相当的比例，从而使这个区域有进行大规模生产某种产品的人力条件，此外还包括区域内利用当地某些特殊物质资源或利用传统优势生产某些现在仍然具有

市场需求的地方特产的生产能力。

（四）先做 OEM、ODM，再做 OBM

OEM 是 Original Equipment Manufacturer（原始设备生产商）的缩写，指一家厂商根据另一家厂商的要求为其生产产品。其含义是品牌生产者不直接生产产品，而是利用自己掌握的"关键核心技术"，负责设计和开发新产品，控制销售渠道，具体的加工任务交给别的企业去做，承接加工任务的制造商就被称为 OEM 厂商，其生产的产品就是 OEM 产品。ODM 即 Original Design Manufacturer（原始设计商）的缩写，是一家厂商根据另一家厂商的规格和要求，设计和生产产品，受委托方拥有设计能力和技术水平，基于授权合同生产产品。OBM 即 Original Brand Manufacturer（自有品牌生产商）的缩写，指生产商自行创立产品品牌，生产、销售拥有自主品牌的产品。

客观分析、辩证对待 OEM、ODM 和 OBM 的关系，对中小企业的可持续发展显得非常必要。品牌的创立是和企业的整体战略连为一体的，企业在不同的发展阶段，要有不同的品牌战略。对于创建初期的众多中小企业来说，在国内外众多强势品牌的挤压下，受制于自身财力和规模，以 OEM 面貌出现不失为明智之举。企业发展到一定规模、具备相当的实力后，就应从过去的光按照图纸加工的贴牌生产转变为代为设计，进一步为市场提供设计服务，增加产品的附加价值，把 OEM 转变为 ODM。当 ODM 企业具有一定的新产品设计能力和营销能力时，应抓住有利时机，使 ODM 转化为 OBM，发展自己的营销渠道，增大盈利空间和经营自由度。例如，格兰仕过去给通用电气公司（GE）和欧洲的一些企业提供贴牌生产服务（OEM），久而久之就做成了世界上最大的微波炉生产基地，人们逐渐知道有个格兰仕，也逐渐知道其实很多品牌的微波炉就是格兰仕生产的，到这个时候，格兰仕不需要花多大的力气去打造自己的品牌，这个品牌就已经为人所熟知了。更重要的是，采用 OEM 不仅可以赚到自己原先赚不到的钱，还可以学到许多著名企业的经营方法和管理经验，为以后自创品牌打下良好基础。

（五）采取经济实惠的品牌传播策略

企业的品牌传播活动要围绕品牌的核心价值展开，是对品牌核心价值的体现和演绎，并能丰满和强化品牌核心价值。中小企业受资金、人才限制，只能选取经济实惠的品牌传播之道，控制成本，注重实效。其品牌传播策略有三种：第一，用公共关系塑造品牌。利用公共关系塑造品牌的成本要比利用广告轰炸的成本低很多。公共关系活动的形式主要有新闻发布会、展览会、论坛、研讨会、各类庆典、社区公益活动、体育活动赞助等，都是中小企业"以小钱办大事"，提高品牌关注度的方法。第二，加强终端表现。把有限的营销经费用在 POP 广告、商品宣传手册、商品陈列等方面，依靠特色设计和独特的环境布置进行品牌传播，对广告投入有限的中小企业是很有借鉴意义的。第三，选择针对性强且价格低廉的媒体。灯箱、社区电梯、公司网络、微博等均是中小企业较好的媒体选择，成本低且效果好。

当然，中小企业发展到一定阶段，具备一定的实力后，可以考虑选用电视等覆盖率较高的媒体来维护自己的品牌形象。不过，企业必须具备一定的实力，否则极有可能遭遇品牌"猝死"。

拥有具备一定知名度和消费者认可度的品牌是企业长久生存和发展的必要条件之一，对于在市场竞争中处于弱势地位的中小企业来说，品牌在市场上的影响力显得尤其重要。当然自创品牌不是一项简单的工作，需要长期、大量的人力物力投入，是一个系统工程，需要一个坚实的基础，需要企业沉下心来，精心耕耘，只有这样，品牌建设才会水到渠成。

参考文献：

［1］代佳玲. 生产型中小企业品牌创建阶段论[J]. 现代营销:学苑版,2011(8):13 - 14.

［2］高飞,洪晔. 关于中国中小企业品牌管理的问题研究［J］. 科技视界,2016(3):253 - 258.

［3］仲伟林. 企业品牌建设的十项措施[J]. 经营与管理,2016(12):48 - 50.

分享经济下平台型企业的客户关系管理
——以 ofo 共享单车为例

李　一　　陶秋燕

摘　要：路上随处可见的小黄单车是分享经济的产物，在给社会大众带来方便的同时，也给企业管理者带来了许多问题。如何"科学增量，盘活存量"解决企业人工调度单车、如何提高顾客的满意度和黏性以及如何降低单车耗损率等问题困扰着所有共享单车企业。ofo 共享单车是为全民提供服务的社会资源分享型企业，优化客户体验、改善客户关系、提高顾客满意度必然是企业所追求的最高目标。本研究在分析分享型平台企业的管理模式现状的基础上，创新建立 ofo 的 CRM 模型，依此提出利用市场反作用激发客户积极性，建立顾客—企业关系网络，精准定位激发客户活力等客户关系管理的创新措施。

关键词：分享经济；共享单车；客户关系管理

一、文献综述

马科斯·费尔逊（Marcus Felson）和乔·斯佩思（Joe Spaeth）在 1978 年提出分享经济的时候不会预料到共享经济在 21 世纪的今天会带来一场猛烈的创新风暴。分享经济模式井喷式爆发要归功于互联网的飞速发展（张红艳、范嵩、王希、何文豪，2016），因为互联网为分享经济的发展搭建了可操作化的平台。基于分享经济模式而创立的互联网企业众多，对其商业模式的探索从未中断。不同的学者在探索中有不同的切入点，有的从质量控制、差异化管理、技术创新和品牌战略等四个方面进行分析（周坤维，2017），有的从供给模式的角度认为共享单车的广告收入、模式输出和品牌价值将成为主要的盈利点（潘影、王红莲、杨晓静，2016），还有的认为共享经济商业模式的核心基础是"闲置 + 价值 + 回报"（郑志来，2016）。但是这些模式都忽略了"人"这一重要因素，追根究底，平台型企业是为人提供服务的，所以处理客户关系变得至关重要，让潜在客户变为现实客户、让现实客户成为忠实客户是企业成长和发展的根本（李显君，2001）。这种着眼于维系客户关系的商业策略被称为"客户关系管理"（Customer Relationship Management，CRM），它被认为是企业提高竞争力的有效途径（王健聪，2008）。学者们从过程（沈秀梅、张瑞鑫，2009）、战略（陈瑜妍，2007）、商业策略（张国安、孙忠，2001）、能力与技术（奚佩润、叶春明，2007）五个视角进行梳理，认为其发展趋势的特点是与新的管理理念或者经济模式结合，能够产生具有鲜明特点的管理模式（李丽莎，2012）。移花接木的观点并非空穴来风，于是本研究尝试将 CRM 与平台经济相结合，以解决当下 ofo 共享单车遇到的管理问题。

二、分享型平台企业的管理模式现状

（一）分享型平台企业的经济模式

分享经济，是指对资源、技术和知识等资源的分享行为产生经济效益的经济模式。但是分享的是使用权而非所有权，所以对于分享者来说，与人分享获得的不仅是经济利益更是物质资源或智力成果。分享者和被分享者的身份在一定条件下相互转换，极大地提高了社会资源的使用效率。

依据结构洞理论模型（图 1），在复杂的社会网络中，如果一个企业能够与不直接相关或者间断性相关的个体之间（A 和 B）有非冗余的联系，那么这个企业就会在社会网络中处于非常有利的位置。平台型企业就处在"自我"的位置之上，它联结了供给者和需求方，为双方提供所需要的供求信息、价值估计、信用担保等，保障分享行为能在社会网络中顺利实现。

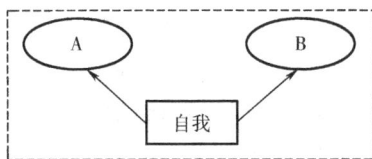

图 1　结构洞理论模型

（二）分享型平台企业的特殊性

之所以强调平台型企业，是因为要把它和传统企业区分开来。平台型企业依托的是互联网线上平台，直接联结供求双方达成交易，提供的是服务而并非产品。分享经济下的平台型企业更具特殊性（表 1），主要表现在顾客消费与顾客参与相结合、分享者和被分享者的角色互换、依托互联网作为技术支撑三个方面。

表1　分享型平台企业的特殊性

因素 ＼ 企业类型	传统企业	一般平台企业	分享型平台企业
顾客定位	消费者	消费者	参与者
角色互换	否	否	是
技术支撑	互联网辅助	依赖互联网	依赖互联网

（二）ofo 共享单车的经营现状

分享型平台企业众多，涉及人们的衣、食、住、行等方方面面。在出行方面，最近街头盛行的小黄单车（ofo 共享单车）渐渐吸引了大家的目光。它由北京大学学生戴威和几位骑友在 2014 年创立，最初只在校园内推广，让师生把自行车共享出来，每个分享者无偿享受分享团体里面的所有自行车的使用权，达到"以 1 换 N"的共享理念。2015 年共享单车在北京大学已增至 2 000 辆，成功完成 Pre－A 轮融资并推向社会，之后又完成了四轮融资。截至 2017 年元旦，ofo 共享单车拥有的单车总量达到 80 万，注册用户超过 1 000 万，日订单量突破 180 万，市场份额一度高居榜首。但是 ofo 共享单车和其他共享型平台企业一样也面临诸多管理问题，如资源配置不均、单车耗损严重、客户活跃度低等，如表 2 所示。

表2　ofo 与其他共享单车的用户数据比对

企业 ＼ 规模	注册用户数量（万）	市场占有率（%）	用户满意度（%）	国内覆盖城市（个）	海外覆盖城市（个）	WAU（万）
ofo	965	51.2	49.4	33	3	94.4
摩拜（Mobike）	756	40.1	43.2	10	0	313.5
其他	164	8.7	7.4	<10	0	23.6

数据来源：比达咨询，trustdata，截至 2017 年 1 月。

三、ofo 共享单车与客户关系管理

（一）ofo 共享单车的 CRM 模型构建

从社会网络角度来看，根据结构洞模型理论，并结合 ofo 共享单车的特点不难发现，ofo 共享单车就是处于联结单车和用户的空洞之上，而且供求角色互换、顾客参与度高等特点是其独有的。这种特殊性使 ofo 共享单车区别于其他企业，把这种特殊性转换为竞争优势未尝不是解决问题的有效办法。

客户关系管理很早就为人熟知，由高德纳咨询公司（Gartner Group）提出。客户关系管理的思路简单来讲就是企业创造出一种环境，该环境可以增加顾客的黏性，提高顾客与企业之间关系的稳定性，使顾客成为忠实顾客或向忠实顾客发展。

ofo 共享单车是基于互联网的服务型企业，互联网提供的大量的客户数据成为实施客户关系管理的重要依据，而优化客户体验，改善客户关系，提高顾客满意度必然是企业所追求的最高目标，因此客户关系管理就是实现这种目的的商业策略。本研究尝试建立一种基于客户关系管理的商业模式（CRM 模型），如图 2 所示。

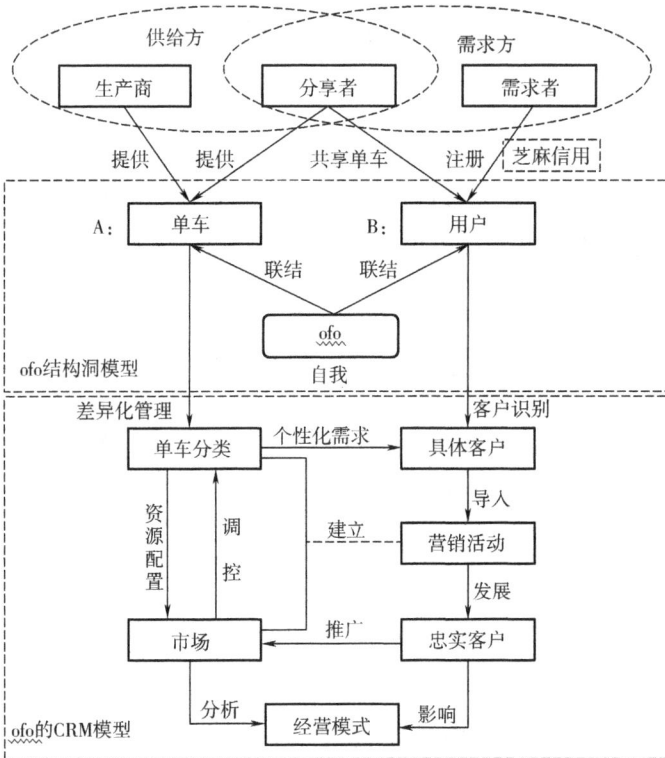

图 2　ofo 的 CRM 模型

首先，CRM 模型从供需角度解释了单车和用户的产生过程。和其他企业不同的是，其中有一部分人既和单车生产商一样作为供给方提供服务，又和单车需求者一样作为需求方享受服务，本文称之为"分享者"。"分享者"是 ofo 共享单车特有的，通过分享私人单车，免注册费共享所有单车，实现"以 1 换 N"的理念。

其次，CRM 模型突出 ofo 共享单车满足结构洞模型的条件。一方面，ofo 共享单车联结了众多自行车生产厂商和品牌。另一方面，ofo 共享单车联结了社会网络中分布零散但是数量庞大的自行车需求群体，这一群体在社会网络中的分布杂乱无章，与自行车厂商之间的关系是一般买卖关系。由于这些人群大多对于自行车的需求是非刚性的，所以这种关系非常脆弱。ofo 共享单车就是试图把二者联结起来，通过低廉的租金和随停随骑的无桩停靠方式建立起较为稳定的联系（"非冗余"联系），从而使自己处于"自我"的位置之上，在社会网络竞争关系中占据优势。

最后，CRM 模型试图构建 ofo 共享单车基于客户关系管理的管理模式。模型分为两条路径，分别从客户角度和单车角度建立客户关系。从客户角度来看，首先要进行客户识别，发现有潜力的客户，将其导入具有针对性的营销活动中，提高顾客满意度，建立起和客户的稳定关系，逐渐将其发展成为忠实客户。忠实客户会帮助企业进行市场推广，甚至影响企业的经营模式。从单车角度来看，由于单车可能来自不同品牌，其中还有一部分来自用户本身，所以单车的种类和样式繁多。因此，必须对单车进行差异化管理，科学配置资源，既能满足不同客户的个性化需求，又能适应复杂多变的市场环境。同时，市场也能反馈单车的使用情况让企业调控部署，分析市场信息，建立营销活动，改进经营模式。

（二）ofo 共享单车的客户关系管理解决方案

1. 利用市场反作用，激发客户积极性

充分利用市场和客户调控配置资源，减少被动的人为调度。共享单车的分布不均匀，高峰时段或者地点车辆供给不足，偏僻的地方存在很多"僵尸单车"。形成这种局面的原因，是单车使用的随机性。因此，可以采取切割市场的办法。由于局部的两点一线或者常规往返路线可能具有流动规律性，所以可以结合市场反馈的单车流动信息开展营销活动，充分激发客户的积极性，帮助企业实现单车的调度。例如，摩拜推出的"红包单车"就是一个整治"僵尸单车"的很好的例子。

2. 建立顾客—企业关系网络

针对不断变化的市场改善经营模式并让忠实顾客参与管理。在传统企业中，顾客只作为被动消费者，并不能为企业直接提出建设性的意见，而间接获取的信息并不准确，不利于企业变革。分享经济的出现使顾客对企业的影响力越来越大，甚至顾客的意见直接影响企业营销计划的制订。顾客不仅是产品消费者，也

是产品提供者。借助分享经济平台，分享者和被分享者共同参与制定规则，与平台企业共同参与管理，成为变革推动者，有利于企业提高顾客的满意度和忠诚度。同时坚持完善客户服务与支持管理（CSS）是客户关系管理中重要的一环，是决定顾客在享受服务之后能否成为忠实顾客的重要影响因子，也是保证企业树立良好的品牌形象的关键因素。

3. 精准定位，激发客户活力

重视对"分享者"的营销，细分单车市场，满足客户个性化需求。联结不同的单车生产商的目的是提供不同种类和品牌的单车，充分利用单车的品牌效应，对单车实行差异化管理并满足客户不同需求。作为 CRM 模型的五个模块之一的客户分析非常重要，它针对客户进行筛选工作，是为营销方案制订和改变资源配置方式提供依据的重要模块。因为社会客户群体庞大，所以需要根据客户性质和特点进行分类，即客户识别。精准的客户定位不仅会帮助企业发现单车运营的潜在规律和商机，也能培养忠实客户，实现企业的可持续发展。例如，将"分享者"视为忠实客户，因为他们既是 ofo 的分享理念的重要支持者，也是共享实践的忠诚推行者。客户的心理变化是企业发展的风向标，也是企业激发客户活力的着力点，将客户精准定位，关注需求变化，把握客户的群体特征是处理好客户关系的重中之重。

参考文献：

[1]汤天波,吴晓隽. 共享经济："互联网＋"下的颠覆性经济模式[J]. 科学发展,2015(12):78－84.

[2]郑志来. 共享经济的成因、内涵与商业模式研究[J]. 现代经济探讨,2016(3):32－36.

[3]李丽莎. 客户关系管理的多元研究视角分析:客户关系管理文献述评[J]. 改革与战略,2012(4):216－218.

[4]陈元志. 面向共享经济的创新友好型监管研究[J]. 管理世界,2016(8):176－177.

[5]瞿艳平. 国内外客户关系管理理论研究述评与展望[J]. 财经论丛,2011(3):111－116.

[6]潘影,王红莲,杨晓静. 城市公共自行车的供给模式研究[J]. 山西农经,2016(12):76.

[7]卢阳旭. 公共服务供给应借鉴共享经济模式[N]. 科技日报,2017－3－5.

[8]周坤维. 共享经济时代的企业商业模式分析:以 ofo 共享单车为例[J]. 经营管理者,2017(3):96.

[9]张红艳,范嵩,王希,等. 互联网共享经济模式分析[J]. 网络应用,2016(1):28－29.

中国游客赴泰国旅游满意度影响因素研究
——以苏梅岛为例

曾谭玉　　裴一蕾

摘　要：随着人们生活水平的不断提高，旅游已经成为人们生活中不可缺少的一部分。中国游客赴泰国旅游的满意度直接影响泰国旅游业的发展，了解中国游客赴泰国旅游的满意度能够让泰国旅游业制定相应有利的政策，以长期得到中国游客的喜爱。本文对中国游客赴苏梅岛旅游满意度进行调查，通过对样本的选取、调查问卷的设计，运用 SPSS 工具从游客背景和游客的行为特征进行分析，以得出中国游客在旅游服务、旅游产品、旅游景点等方面的满意度。本研究对苏梅岛旅游业发展具有重要意义。

关键词：泰国旅游；苏梅岛；中国游客；满意度；SPSS 分析

一、研究背景与意义

随着人们生活水平的提高，越来越多的人选择出国旅游，旅游已经成为人们生活中不可缺少的一部分。旅游业使泰国获得大量国民收入，和亚洲其他地区相比，泰国旅游业收入远高于其他国家。目前，泰国的国民收入主要来自旅游业，尤其是赴泰国的中国游客，中国游客占赴泰国旅游人数的第一位。泰国南部苏梅岛是继普吉岛和象岛之后的第三大热门岛，其旅游业发展迅速。中国游客赴苏梅岛旅游满意度对泰国旅游业发展具有重要意义，因此需要了解中国游客选择到苏梅岛旅游的原因，调查中国游客赴苏梅岛旅游在旅游交通、旅游餐饮、旅游住宿、旅游购物、旅游娱乐、旅游景点等方面的满意度。

如何更好地吸引中国游客到泰国旅游，本文从旅游交通、旅游餐饮、旅游住宿、旅游购物、旅游娱乐、旅游景点等方面，展开满意度调查，进一步了解中国游客的满意度，从而提出中国游客赴苏梅岛旅游满意度的促进策略。泰国主要旅游景点有首都曼谷以及芭提雅和南部海的安达曼，看海和休闲是中国游客青睐泰国的两个主要特点。

二、泰国苏梅岛旅游发展概况

苏梅岛是泰国非常著名的景点之一，每年游客访问数量以百万计。苏梅岛响应泰国发展旅游业的号召，因地制宜地打造本岛的特色。

苏梅岛面积约 247 平方千米，三分之一的地区是平原，美丽又干净的海滩、完备的设施、多种多样的住宿、便利的交通等深受游客好评。除了美丽的海滩、适宜的天气等，丰富的宗教活动、文化习俗等社会生活也是吸引游客的一大亮点。

三、满意度概念

满意度（Satisfaction）是个人对事物持有的积极感情或态度的程度。对客户来说大体有三种情况：如果结果超出客户的期望，顾客会留下深刻的印象，满意度较高。如果结果接近顾客的期望，顾客会相对满意。反之所获得的结果如果低于预期，顾客就会感到不满意。满意度三个不同的层次，直接影响顾客未来对商品和服务的购买决定。因此，企业提供的产品是否满足客户的期望非常重要。

弗罗姆（Vroom，1964）认为，态度和满意度在一件事上是可以互换的，积极的态度将导致满意，消极态度导致不满意。沃尔曼（Wolman，1973）提到满意度的含义，认为满意是一种幸福的感觉（Feeling）。麦考密克（McCormic，1965）认为，人的动机是满足基本需求（Basic needs），同时尽量避免不必要的东西。马林斯（Mullines，1985）认为满意是一个人对很多事情的态度，是个人在数量和质量方面的感情评价。

四、中国游客赴苏梅岛旅游满意度调查分析

为了调查中国游客赴泰国苏梅岛旅游的满意度，本研究首先进行了问卷设计。问卷调查内容分为三个部分：第一部分是游客的基本资料（性别、年龄、文化程度、职业、收入）；第二部分是游客的出游行为（出游次数、出游伴侣、出游形式、出游首要目的等）；第三部分是游客的满意度评价，内容包括旅游六大要素食、住、行、游、购、娱（如游客对餐饮、住宿、景区、交通工具、旅游购物、旅游娱乐的满意度）。对问卷调查结果，采用描述性统计等方法处理，探索中国游客赴泰国苏梅岛旅游的满意度影响因素，进而提出改进建议。

此次调查主要采用问卷形式，样本容量为 400 份，有效问卷为 380 份，问卷有效比率为 95%，问卷收集时间是 2017 年 5 月至 8 月。作者在调查过程中与中国游客一对一面谈，深入交流，充分听取了游客的意见和建议。

研究得出结论，中国游客赴苏梅岛旅游的六大要素满意状况如下（见表 1）。

表 1　中国游客赴泰国苏梅岛旅游的满意度分析

旅游满意度	平均数（5 分）	标准差	排序
旅游交通满意度	3.93	0.65	3
旅游餐饮满意度	3.99	0.67	2
旅游住宿满意度	4.00	0.63	1
旅游购物满意度	3.92	0.70	4
旅游娱乐满意度	3.99	0.69	2
旅游景点满意度	4.00	0.65	1
总计	3.97	0.67	

五、中国游客赴苏梅岛旅游满意度提高策略

中国游客一直是泰国旅游业的主要客源，去年有 870 余万人次中国游客入境泰国，在国际游客中占比约为三成。如今，在泰国的主要旅游景区，都可以看到中国游客的身影，为了给中国游客提供方便，泰国旅游服务中心配备了中文服务。

（一）加快地方交通基础设施建设

泰国道路窄，交通拥堵状况非常严重，以曼谷最为突出。清迈、孔敬和普吉岛等热门景点也会遇到城市交通拥挤的这个问题。为了给游客的旅途带来方便，政府应该加大公共交通建设，如公交车、地铁、轻轨等，为旅游业的发展做好交通基础设施服务。

（二）加大在中国市场宣传和促销以及创建中文网站和服务咨询

中国是苏梅岛最大的游客来源国，目前中国游客的出游方式渐渐演变成了自由行。为了快速而准确地给中国游客提供及时有效的旅游服务，更好地推进苏梅岛旅游业发展，提升信息交流服务水平，建立中文服务网站和中文旅游热线是非常好的举措。

旅游服务种类越来越多样，旅游产品越来越丰富，中国游客赴苏梅岛旅游越

来越方便了。比如，泰国旅游部开设官方微信公众号"VISIT THAILAND"，在线推送图片、音频、视频以及各种文件，包括旅游景点、住宿、饮食等各种各样的活动信息，并及时提供给游客需要的旅游服务信息。微信公众号是给中国游客提供旅游信息和中文信息在线咨询服务的一个便利渠道。

（三）增强饮食多元化，改善餐饮质量

中国是泰国的近邻和主要的贸易伙伴。中泰两国拥有很多文化共同点。泰国强大的食品加工业和餐饮服务业对中国游客具有得天独厚的吸引力，然而中泰两国毕竟存在文化差异，泰国餐饮企业要吸引中国顾客，需调整营销战略，结合中国游客的饮食习惯及文化特点，开设更具有中国特色的餐厅。提升店家装潢水平、推出多样化的食物、保持食品干净，同时根据不同目标客户推出更具针对性的促销活动。

（四）规范购物市场，完善旅游景点价格机制

游客对泰国"旅游购物价格合理"的评价满意度较低，且旅游购物价格对中国游客赴泰国旅游的整体满意度影响十分显著。为了推进品质旅游发展路线，泰国政府制定了一系列举措，如设定最低接地服务标准以及自费项目规范，划定境外游客接地服务以及自费项目"价格红线"，促使泰国旅游发展逐步回归理性。泰国政府的这些举措有效抵制了"不合理低价游"利益链条上的旅游从业者，并且帮助中国游客认清了"不合理低价"。

（五）保持高质量的服务水平

服务质量和价格是衡量游客旅游活动满意程度的两个关键指标，价格低且服务好，游客的满意程度就高。中国游客对泰国旅游服务质量的满意度处于一般水平，但是对旅游服务价格的满意程度较低，建议从以下方面提高旅游服务水平：①增强旅游服务人员的教育以及培训，提高泰国旅游服务人员的专业素质水平。②引入竞争机制，进一步提高旅游市场的开放度，简化旅游管理层次，提高旅游产品的性价比，以高质量的服务和更合理的价格来吸引中国游客。

六、结论

旅游业是典型的服务行业，也是高收入行业，预计未来仍然呈现增长趋势。泰国旅游服务行业的收入主要来自国外游客，中国游客是其主要客源。旅游服务质量是影响游客旅游服务满意度的核心因素，一般而言，服务质量越高，游客的满意度也越高。随着游客对旅游等服务业的需求提高，敏感度加大，个性化的需

求越来越突出，因此旅游业要以游客的需求为重心，提高服务质量、增加游客满意度，如此泰国旅游业才会发展得越来越好！

参考文献：

［1］张涛．饮食旅游动机对游客满意度和行为意向的影响研究［J］．旅游学刊,2012.

［2］Intanai Adchariya．中国游客旅游动机、满意度与忠诚研究：以泰国曼谷为例［D］．北京：北京交通大学,2013.

［3］邓峰．湘西自治州民俗旅游游客满意度影响因素与优化对策研究［J］．经济地理,2013.

［4］侯志强,方旭红,朱翠兰．中国大陆游客对泰国旅游感知研究：基于网络自媒体的内容分析［J］．华侨大学学报（哲学社会科学版）,2013.

［5］龙如海．中国游客赴泰国旅游满意度研究［D］．南宁：广西大学,2014.

［6］邱伟胜．中国游客赴泰国旅游满意度分析［D］．上海：华东理工大学,2014.

［7］陈玲玲．泰国普吉酒店中国游客满意度研究［D］．北京：北京交通大学,2014.

［8］钟碧云．基于顾客满意度的泰国普吉岛旅游发展研究：中国旅客为例［D］．上海：上海大学,2015.

［9］丘姗芳．中国游客在泰国做SPA服务选择的影响因素研究［D］．哈尔滨：哈尔滨工业大学,2015.

［10］孔海燕,宋海岩,窦尚孝．中国游客赴韩旅游研究：重要性、满意度及差距［J］．资源科学,2015.

［11］Witchaya Saowapak．中国游客对泰国旅游为目的地的忠诚度和旅游行为分析［D］．北京：中国海洋大学,2015

［12］วิมลวรรณสุธีบุตร.(2551)ความพึงพอใจของนักท่องเที่ยวชาวไทยที่ใช้บริการธุรกิจนำเที่ยวของบริษัทหนุ่มสาวทัวร์จำกัด.ปริญญานิพนธ์ วท.ม.(การจัดการนันทนาการ)[D].กรุงเทพฯ:บัณฑิตวิทยาลัยมหาวิทยาลัยศรีนครินทรวิโรฒ.

［13］สุวัฒนา ใบเจริญ. (2540). ความพึงพอใจของลูกค้าต่อการให้บริการของธนาคารออมสิน สาขาขอนแก่น (ภาคค่ำ)[D]. การศึกษามหาบัณฑิต สาขาจิตวิทยาการศึกษา, บัณฑิตวิทยาลัยมหาวิทยาลัยมหาสารคาม.

［14］ภิญโญไตรวิทยพาณิชย์.(2012)พฤติกรรมและความพึงพอใจของนักท่องเที่ยวชาวต่างประเทศที่มีต่อการให้บริการศูนย์แลกเปลี่ยนเงินตราต่างประเทศที่ร่วมกับกรุงเทพมหานคร(SCB Easy Walk)ธนาคารไทยพาณิชย์จำกัดมหาชน.ปริญญานิพนธ์บธ.ม.(การจัดการ)กรุงเทพฯ[D]:บัณฑิตวิทยาลัยมหาวิทยาลัยศรีนครินทรวิโรฒ.

［15］วัฒนา เพชรวงศ์.(2011).พฤติกรรมและความพึงพอใจของประชาชนที่มีต่อการใช้บริการ[J]

［16］กัลยาวานิชย์บัญชา. (2545). การวิเคราะห์สถิติ: สถิติเพื่อการตัดสินใจ (พิมพ์ครั้งที่ 5)[J].รุงเทพฯ:จุฬาลงกรณ์มหาวิทยาลัย.

［17］รุ่งรัษฎาพานูสรณ์.(2016).การศึกษษพฤติกรรมการบริโภคอาหารเพื่อสุขภาพ(อาหารคลีน)ของประชาชนในเขตกรุงเทพมหานคร[D].มหาวิทยาลัยรามคำแหง

［18］Departure of Tourism. http://tourism2. tourism. go. th/home/content.

"互联网＋"背景下文化产业创新的机遇与对策

金　韶

摘　要:"互联网＋"是互联网平台的技术、市场和管理创新的综合,给文化产业的创新发展带来了重要机遇,拓展了文化市场空间,提升了文化传播能力,带动了文化产业的跨界融合。抓住机遇推进文化产业创新的对策主要体现在文化产品的生产营销创新和文化产业的商业模式创新两大方面。一方面,文化产品应充分利用互联网平台和大数据技术,契合用户的个性化和场景需求,进行文化产品、服务和体验的创新,并结合社交媒体和电子商务平台进行口碑营销和销售促进。另一方面,文化产业应通过广告营销和会员营销联动、众包生产和众筹投资联动、衍生产品开发和跨产业融合等方式进行商业模式创新。

关键词:互联网＋;文化产业;生产营销机制;商业模式创新

一、"互联网＋"的创新内涵

腾讯公司的马化腾在2015年两会期间最早提出以"互联网＋"驱动创新的建议,李克强总理在《2015年政府工作报告》中明确提出了"互联网＋"行动计划,《2016年政府工作报告》又明确了"互联网＋"创业创新、"互联网＋"普惠金融、"互联网＋"益民服务、"互联网＋"电子商务等重点行动指南。根据熊彼特的观点,创新就是生产要素与生产条件的重新组合,包括采用新技术、推出新产品、开辟新市场、采用新的组织管理方式等①。创新就是以技术创新带动市场创新并伴随管理创新的过程。因此,"互联网＋"的创新内涵体现在以下三方面。

(一)"互联网＋"的技术创新

"互联网＋"是互联网、移动互联网、物联网等多重网络技术的融合,具有极强的连接性和延展性。多重网络的融合,以大数据和云计算为支撑,实现移动化信息传播和实时化数据交互,促进人和信息、人和人、人和物、物和物的全面

---

① 约瑟夫·熊彼特. 经济发展理论. [M]. 何畏,等,译. 北京:商务印书馆. 1990.

连接。技术进步的本质是为人服务，技术网络和人的社会网络结合，加强了人和人的强弱关系，激发了人们的协作和创造能力，促进了社会化创新。

（二）"互联网 +"的市场创新

网络技术的更新迭代和融合延展，推动下一代互联网的产生和全新的网络服务体系，从而推动市场和产业的创新发展①。互联网技术平台可以和各行各业结合，将信息传播和数据交互价值从消费系统延伸到生产系统，创造出新的产品、服务和业态，如智能制造、电子商务、互联网金融及在线教育等服务业的创新发展。各资源要素的网络连接及其带来的创新能力，促进了生产、经营、消费各个环节的互联互通，需求和生产的精准对接，以及个性化需求、定制化生产和创意化营销的有效实现。

（三）"互联网 +"的管理创新

"互联网 +"迅速成为推动社会全面创新的时代主题。"互联网 +"已经从技术创新发展到理念创新、从信息产业延伸到各产业的跨界融合、从行业实践上升到国家战略。互联网的变革和重塑力量，形成全新的社会经济形态——互联网经济体，推动政府机构、企业组织及消费者多方主体的协同创新。

二、"互联网 +"和文化产业创新的机遇

当技术和市场创新达到较高程度时，就会带来产业格局的变化和产业发展模式的创新。"互联网 +"带动各大产业的创新，也为文化产业的创新发展带来了重要的机遇，主要体现在以下三个方面。

（一）文化市场空间的扩大

文化产业主要包括生产销售文化产品的产业（如影视、游戏产业等）、文化服务产业（如传媒、广告产业等）。富有文化内涵的内容和服务，是文化产业的核心。互联网平台赋予用户极大的自主性、交互性和便捷性，激发了用户对文化产品和服务的消费积极性，拓展了文化产业的市场空间，扩大了文化生产的规模，提高了文化生产的质量和效益。据相关数据统计，2015 年中国电影产业仅票房收益就超过 400 亿元，动漫游戏产业产值超过 1 200 亿元，传媒广告总收益超过 2 000 亿元。

① Paul S, Pan J L, Jain R. Architectures for the Future Networks and the Next Generation Internet: A Survey [J]. Computer Communications, 2011, 34 (1): 2 - 42.

（二）文化传播能力的提升

多重网络的融合，将移动互联、多元化的移动终端、海量的应用服务结合起来，形成以网络泛化、终端泛化、媒体泛化为特征的泛传播网络（Pan - Communication）①。泛传播网络一方面使得文化产品的传播平台更加丰富，传播效率极致化，传播媒介多元化，传播时空立体化，实现了随时随地随需的传播；另一方面降低了文化生产的门槛，使得文化和传媒生产的主体多元化，具有内容生产传播能力的都可成为"媒体"，包括专业媒体（传统媒体、影视公司等）、自媒体（微博、微信公众号）和微媒体（UGC 用户）等，激活了社会化的内容生产力和传播力。

（三）文化产业的跨界融合

一方面，文化和创意的价值渗透到工业、商业、农业，以及旅游、会展、体育、教育、医疗健康等服务业，促进了文化产业的跨界融合，形成了大文化产业的新业态。另一方面，文化和科技融合，创意和技术融合，提升了用户需求的洞察能力和产品服务的创新能力，提升了用户对文化产品和服务的消费体验。比如智能手机产业，就是将移动终端和应用服务结合，为用户提供移动社交、影视、出版等文化产品服务和消费体验，并且将这种软硬件一体化的商业模式延伸到智能可穿戴、智能家电、智能汽车等产业。

三、文化产品的生产营销创新

文化产品是文化产业发展的核心。基于"互联网＋"的创新背景，文化产品应从文化产业链上的生产、营销、服务等各个环节进行机制创新。

（一）文化产品的生产创新

将文化内容进行产品化，附加创意服务，成为"互联网＋"背景下文化产业和企业发展的基础策略。比如影视节目的产品化，就是注重影视内容消费的用户需求开发，借助社交媒体和大数据技术，进行用户的市场细分和敏锐洞察，充分满足不同用户对于影视产品的个性化需求以及用户在不同场景下的动态化需求，进行影视内容的产品创新，并强化影视消费体验的服务创新，从而促进影视产业的创新发展。

---

① 金韶. 移动互联网语境下的媒介融合和媒体发展策略[J]. 中国广播电视,2015(6):60-62.

大数据对文化产品的生产机制产生了深远影响，对海量用户数据、内容数据以及渠道数据等进行的集成和挖掘，为产品策划制作、产品营销传播以及市场反馈评估提供了方法论依据①。比如，影视内容生产商和影视公司，通过大数据精准判断用户需求和喜好，开发出契合市场需求的影视产品，并且根据实时的市场反馈进行生产研发的策略调整；影视内容的平台运营商如电视台和视频网站，通过大数据精准定位目标用户，进行影视内容的个性化、精准化推送，不断提升用户体验，实现用户、内容生产商、平台运营商的共赢。

（二）文化产品的营销创新

整合营销传播在"互联网＋"时代背景下的文化产业得到了创新应用，既包括横向的各种线上传播手段的整合，又包括纵向的线上线下营销手段的整合。

其一，大众传播和社会化媒体营销整合。"互联网＋"驱动的泛传播网络，塑造了全媒体的传播格局。大众媒体能营造规模化的公共传播空间，移动媒体能塑造个性化的私人传播空间②，从而使文化产品的传播既能覆盖广泛的潜在用户，又能抓住精准的目标用户，与之充分交流和互动，让用户进行口碑传播，提升传播效应和效果。比如，国产电影不断创新营销手段，更加注重社会化媒体的话题营销。电影上映前，通过官微等发布电影海报，播放宣传片，形成粉丝关注和观影期待；电影上映期间，制造关于明星和剧情的话题，发布明星访谈和拍摄花絮，推动观影热潮；电影上映后期，推出经典台词、桥段等，利用粉丝讨论甚至吐槽制造话题传播效应。韩寒的《后会无期》、赵薇的《致青春》、邓超的《分手大师》、郭敬明的《小时代》系列都是社会化媒体营销的经典案例。

其二，线上传播和电子商务营销整合。互联网和手机成为用户进行文化产品消费的主要渠道。比如，2015 年创下 400 多亿的电影票房收入，40% 的观众通过网站、手机、APP 等在线票务平台购买电影票，2016 年这一比例上升到了70%③。猫眼电影、百度糯米、淘宝电影、大众点评、时光网，以及万达、金逸影城的在线订购平台的发展，极大带动了电影的电子商务营销。电影制片方、发行方与电子商务平台合作，依据电子商务平台提供的大数据进行营销策划，推出预售抢购、限时优惠、在线订座、影视周边产品等促销手段，有力推动了票房收入上涨。电影制片方和发行方擅长内容营销，电子商务平台擅长大数据营销和促销活动，二者结合，极大带动了电影市场营销的规模。

---

① 吴卫华. 大数据背景下影视产业创新发展[J]. 当代传播,2015(2):56－58.
② 匡文波. 手机媒体概论[M]. 2 版. 北京:中国人民大学出版社,2012:66－70.
③ 艾瑞咨询:在线电影票平台破局传统娱乐产业链[EB/OL]. http://www.cb.com.cn/ar/2016_0929/1169601. html.

（三）文化产品的服务创新

服务本身就是一种产品，文化服务依托特定的文化产品，从服务创新入手提升用户的文化体验。文化产品的丰富、展现形式的多样、传播平台的便捷，带动文化企业不断研发服务形式，创新服务体验。体验创新是产品和服务创新的最高形式。文化产品和服务，既要追求文化内涵和文化价值的挖掘，又要注重创意化、互动化、场景化的服务体验，通过全方位的策划运作，引发用户的浸入感和参与感，提升用户对文化消费的满意度和忠诚度。比如，王潮歌导演的"印象"系列实景演出，结合旅游景点的山水风情和生活状态，进行舞台艺术、文化创意和现代技术的融合创新，掀起文化艺术旅游的浪潮。这种创新既是旅游文化产品的创新，也是旅游服务和体验的创新。此外，电视媒体不断受到网络媒体的强大冲击，一直在做节目形态的创新。比如，湖南卫视《爸爸去哪儿》、东方卫视《女神的新衣》、江苏卫视《最强大脑》等综艺节目，通过电视、互联网和手机多屏互动形式，强化节目内容创意、契合观众观看场景、激发现场观众的参与感和屏幕观众的互动感，不断进行节目服务体验的创新。

四、文化产业的商业模式创新

"互联网＋"驱动的泛传播网络及其带来的文化产品的生产营销机制创新，提升了文化产业的整体盈利能力，促进了文化产业的商业模式创新。文化产业应跳出传统的广告和付费营销的盈利模式，积极拓展会员营销、众包生产、众筹投资、周边产品开发等多元化商业模式，这将成为文化产业未来的创新路径。

（一）广告营销、付费营销和会员营销的联动

文化产品具有创意性、灵活性、多元化的特征，因而，探索多种盈利模式的联动，是文化产业商业模式创新的基础。

首先，将内容付费和广告营销结合。文化产品的内容付费（如电影票房、旅游景点门票、图书销售、视频付费点播等）和广告投放或植入（即面向用户免费而面向广告主收费）是两种最主要的盈利模式。影视文化产品（影视剧）常常融合内容付费和广告投放两种模式。注重内容和广告的匹配度和营销效果，一方面对影视内容和营销植入的策划水平提出了更高的要求，另一方面可以借助大数据的营销工具，让广告营销精准度得到优化提升，提高营销效果和投资回报率。

其次，将文化产品的付费营销和会员营销结合起来，不仅注重文化产品的一次性销售，而且抓住核心消费群，建立会员营销机制，深度开发会员的短期和长期消费需求，提供定制化的付费产品组合。比如，影视内容产品可通过多平台、多终端、多主题的策划，针对不同平台、不同目标用户群、不同周期推出不同价格的付费产品组合，如影院放映、电视和网络回播、影视音乐点播、精华专题展播等，拓展会员营销的方式，提高影视内容提供商和发行商收益，进一步促进影视内容和服务的创意开发，从而带动用户、内容商、发行商、平台商等多方主体实现共赢合作。

（二）众包生产和众筹投资的联动

"众包"就是充分利用用户的创意和创新能力，让用户参与产品的研发生产过程。托夫勒最早提出"产消者"（prosumer）的概念，预言出现生产者（producer）和消费者（consumer）融合的产消合一经济[①]。用户基于社交平台进行分享交流、创意贡献和定制消费，每一个用户都是积极的生产者、热心的传播者和忠实的消费者，形成参与式媒介消费文化[②]。众包激发了用户的生产力和创造力，促进群体智慧成果的产生。对于影视内容生产商而言，自己的剧作人员的创作力量非常有限，而面向互联网，挖掘、引导和激发网民的群体智慧，进行创意产品的开发，不失为有效的创新方式。

"众包"不仅包括内容生产力量的整合，还包括资金力量的整合，"众筹"是众包的发展形式。自 2008 年美国首个众筹新闻网站 Spot. us（由公众捐款资助新闻报道）诞生后，众筹作为全新的商业模式风靡全球，即通过在线方式为电影、游戏、音乐、艺术等创意项目向大众募集资金。百度、京东、苏宁等都推出了影视文娱众筹平台。2016 年热播影片《美人鱼》因其影视股权众筹方式广受关注，参与该影片投资的除了和和影业、联瑞影业等 9 家机构外，还有 89 位众筹个人，众筹金额近千万元[③]。影视众筹具有融资成本低、筹资交易便捷、投资风险低等资本优势，更重要的是，影视众筹通过广泛发动粉丝群体的参与，具有天然的强大的口碑传播平台和营销优势。文化产业和众筹模式的结合，将进一步加速文化产业的创新发展。

---

① 托夫勒 A,托夫勒 H. 财富的革命[M].吴文忠,刘微,译. 北京:中信出版社,2006:275 - 276.

② Henry Jenkins. Confronting the Challenges of Participatory Culture: Media Education for the 21st Century [M]. Cambridge,MA:MIT Press,2009,167 - 170.

③ 张世玉.《美人鱼》热映:影视众筹能否延续票房神话［EB/OL］. ［2016 - 2 - 18］. http:// cnews. chinadaily. com. cn/2016 - 02/18/content_23537895. htm.

（三）衍生产品开发和跨产业融合

文化产业天生具有创新驱动的特征，以内容创意为本质，以媒介创新为载体，促进富有文化内涵和文化附加值的产品和服务创新，带动相关产业的技术进步和提升创新能力[①]。因此，衍生产品开发成为文化产业商业模式创新的重要策略。好莱坞每年的电影产业收入中，票房收入仅占 1/3，衍生产品开发和经营收入占 2/3[②]。开发影视衍生品就是基于影视内容的核心创意进行多元化的产品开发和业务经营，将影视文化创意元素向相关产业渗透融合，形成多种业态互相融合促进的商业生态体系。近两年，"IP"成为影视文化产业的热词，"IP 热"的实质就是将无形的内容创意开发成有形的产品形态和多元的价值形态，通过产业渗透和产业融合，延展价值网络，带动泛娱乐产业的发展。

文化产业的跨界融合，主要体现在文化产业与周边业态、文化产业与城市空间、文化产业与惠民服务等几大层面。首先，在文化产业与周边业态融合层面，以内容产业为主导，以互联网平台为载体，以文化娱乐为纽带，以创意设计为特色，推动形成文学、影视、教育、旅游、休闲等相关产业融合的大文化产业。其次，在文化产业与城市空间融合层面，逐步建立公共文化、美学艺术、生态健康等一体化的城市空间。公共文化包括美术馆、博物馆、文化教育中心等；美学艺术是指将城市的功能性和艺术性结合，进行建筑设计、艺术商业、艺术教育的城市规划；生态健康涵盖森林公园、体育公园、郊区农园等，为人们提供心灵愉悦、休闲享受的生活空间。再者，在文化产业与惠民服务融合层面，加强公共文化建设和政府支持，让居民更加便利地享受到高质量的文化产品与文化服务，丰富本地化的文化活动，包括公益演出、社区文化、艺术展览、文化培训等，提升居民文化素养，带动文化消费。

参考文献：

[1]熊彼特. 经济发展理论[M]. 何畏，译. 北京：商务印书馆，1990：73 - 75.

[2]金韶. 移动互联网语境下的媒介融合和媒体发展策略[J]. 中国广播电视，2015(6)：60 - 62.

[3]吴卫华. 大数据背景下影视产业创新发展[J]. 当代传播，2015(2)：56 - 58.

[4]匡文波. 手机媒体概论(第二版)[M]. 2版. 北京：中国人民大学出版社，2012：66 - 70.

[5]托夫勒 A，托夫勒 H. 财富的革命[M]. 吴文忠，译. 北京：中信出版社，2006：275 - 276.

[6]刘燕. 我国影视衍生产品市场的问题与对策[J]. 传媒观察，2010(4)：17 - 18.

---

① 张洁. 技术创新与文化产业发展[J]. 社会科学，2013(11)：36 - 45.
② 刘燕. 我国影视衍生产品市场的问题与对策[J]. 传媒观察，2010(4)：17 - 18.

［7］张洁. 技术创新与文化产业发展［J］. 社会科学,2013(11):36 – 45.

［8］Jenkins H. Confronting the Challenges of Participatory Culture:Media Education for the 21st Century［M］. Cambridge,MA:MIT Press. 2009,167 – 170.

［9］Paul S, Pan J L, Jain R. Architectures for the Future Networks and the Next Generation Internet:A survey［J］. Computer Communications,2011,34（1）:2 – 42.

北京市延庆小微企业发展情况的调查分析

任成梅　黄　艳　李　可

摘　要： 小微企业是北京市创建科技创新中心的重要力量，本文以北京市延庆区小微企业调查数据为基础，对延庆市小微企业在创业创新服务、公共服务、商事制度、发展与政策、融资情况、发展环境六个方面的问题进行研究和分析。

关键词： 延庆市；小微企业；实证研究

小微企业是小型企业、微型企业、家庭作坊式企业、个体工商户的统称，是由经济学家郎咸平提出的。小微企业基数庞大，如果仅从数量上考虑，小微企业占据了中小企业群体中的绝大多数，占我国企业总数的 99% 以上。近几年，中国小微企业发展快速，对国民经济的贡献越来越大。

一、研究背景

作为最具创新活力的群体，小微企业是北京市创建科技创新中心的重要力量，在解决社会就业、促进经济增长以及推动产业结构优化等方面具有不可替代的作用。近年来，北京市高度重视小微企业的发展，先后发布了《北京市人民政府关于贯彻国务院进一步促进中小企业发展若干意见的实施意见》《北京市人民政府关于进一步支持小型微型企业发展的意见》。北京市委 2015 年印发的《中共北京市委关于制定北京市国民经济和社会发展第十三个五年规划的建议》明确指出，要"强化企业创新主体地位和主导作用，形成一批有国际竞争力的创新型领军企业，支持科技型中小企业健康发展"。这些文件的发布为小微企业发展环境的完善提供了政策指导。

为了创造优良的小微企业发展环境，北京市开展"小微企业创业创新基地城市示范项目"创建工作。该项目对延庆区小微企业发展情况进行问卷调研，以了解延庆区小微企业的现状，促进延庆区积极参与示范项目的创建申报工作。

二、数据收集

本次调研的范围为延庆区的小微企业，由延庆区经济和信息化委员会发放调查问卷。一共发放调研问卷 200 份，回收问卷 150 份，其中有效问卷 116 份。问卷调查内容主要包括创业创新服务、公共服务、商事制度、发展与政策、融资情况、发展环境六个方面。

三、数据描述及分析

（一）延庆区小微企业的创业创新服务情况

小微企业在创业中面临的主要障碍排序依次为：市场拓展、人才问题、资金问题、市场准入、产品研发、信息不对称（图1）。小微企业在创业中急需的服务依次为资金支持、政策咨询、创业培训和创业辅导（图2），说明小微企业在市场开拓、人才引进、资金筹集方面还存在比较明显的问题。

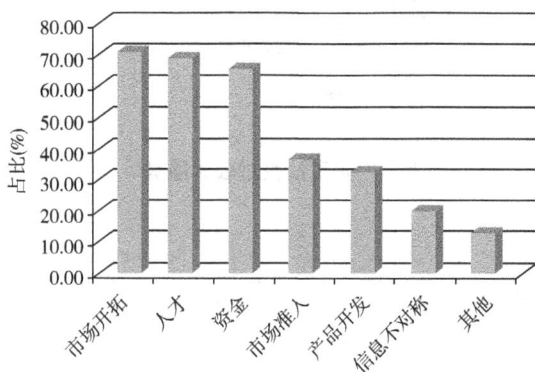

图1 创业过程中面临的主要障碍分析

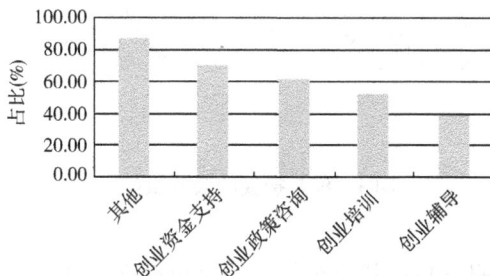

图2 创业期间所需服务

（二）延庆区小微企业的公共服务情况

被调查企业中，仅有27.3%的企业接受过政府中小企业服务以及社会服务机构的相关服务（图3），接受过公共服务的中小微企业相对较少。其中，接受相对多的服务内容是法律与政策咨询、信息服务、人才培训、管理咨询（图4）。企业对中小企业服务的评价情况比较好，87.3%的企业对服务表示满意，说明延庆区中小企业服务的总体情况较好。

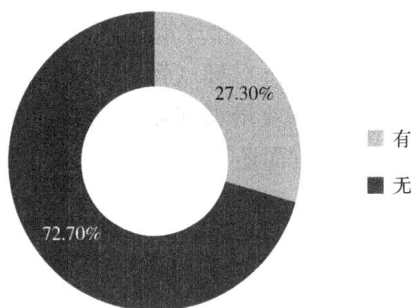

图3　是否接受过公共服务

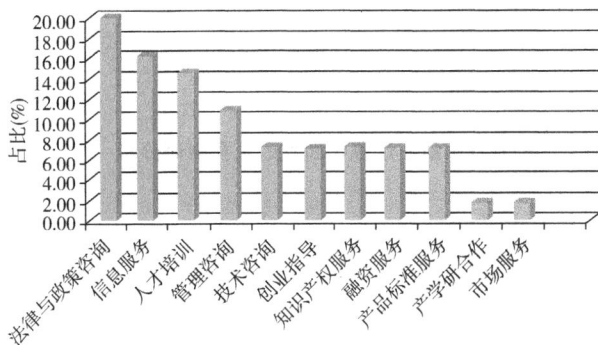

图4　经常接受的公共服务

虽然延庆区公共服务总体状况很好，但是也存在一些问题，主要包括服务种类不足、服务专业性不强、缺乏服务标准规范以及服务机构效率低下（图5）。延庆区还需要进一步完善中小企业服务体系建设的政策，进一步完善在人才培训、政策咨询、技术咨询等方面的服务体系（图6）。

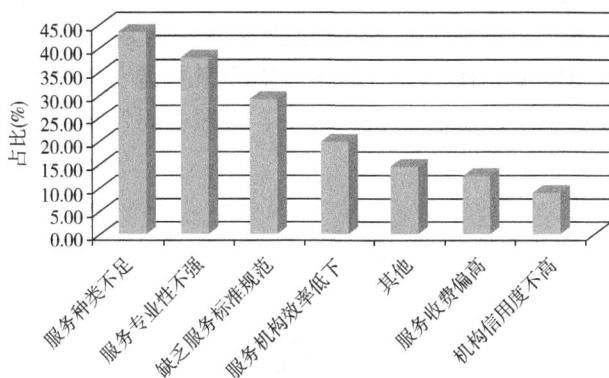

图5　公共服务存在的问题

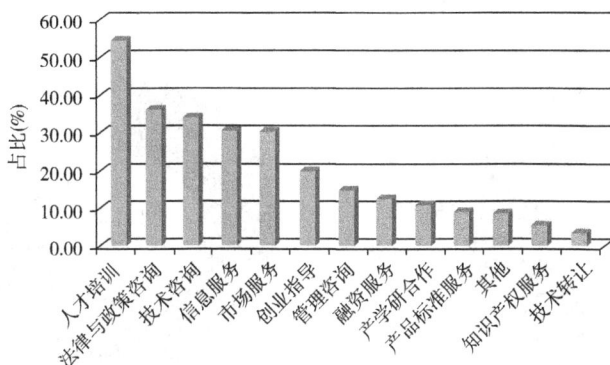

图6　企业急需的公共服务

（三）小微企业的商事制度落实情况

为全面推进商事制度改革措施落地，延庆区专门成立"登记制度改革"工作小组，深入推进改革工作，从注册资本登记、先照后证、三证合一等方面着手，最大限度扶持市场新生力量，方便办事群众。商事制度改革已取得显著成效。

据统计，分别有 64.6%、67.3%、80% 的企业对"注册资本认缴登记制""先照后证""企业年报公示制度"的具体实施情况表示了解（图7）。在"注册资本认缴登记制""先照后证""企业年报公示制度"三项新规定中，企业对"企业年报公示制度"的了解程度比较好，而对"注册资本认缴登记制"和"先照后证"的了解程度相对差一些。大多数企业都觉得进行

"注册资本认缴登记制"等商事制度改革后，相关手续变得简单了，说明延庆区的商事制度落实比较到位。有部分企业不太清楚"注册资本认缴登记制"等相关商事制度的具体事宜。延庆区需积极从源头上做好宣传工作和商事制度的贯彻落地工作，借助"三证合一、一照一码"改革政策，积极引导个人投资者申办企业。

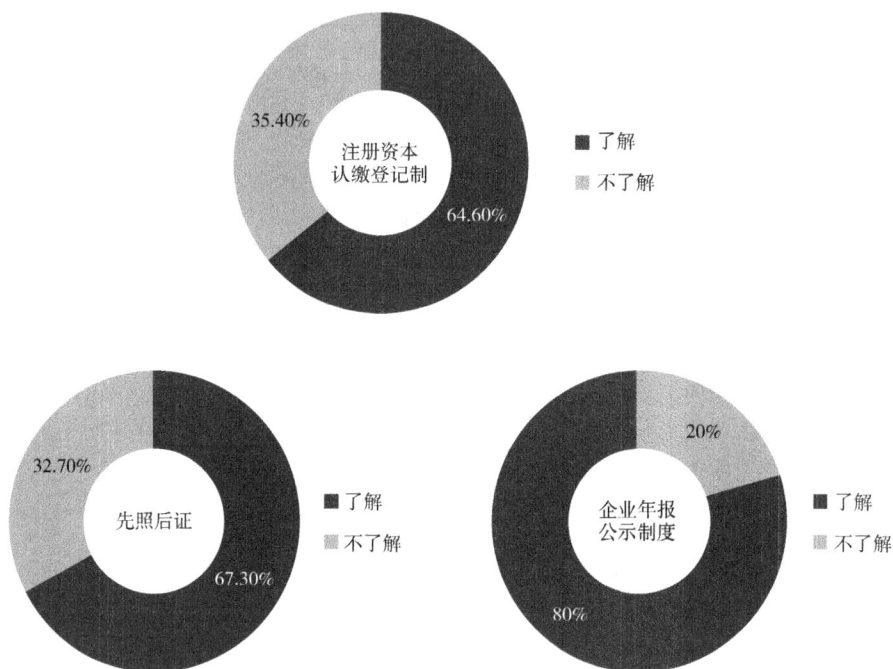

图7 企业对商事制度的了解情况

（四）小微企业的政策需求

63.6%的小微企业了解延庆区的小微企业相关政策，其了解相关政策的渠道主要还是政府部门发送的文件、政府网站公布的信息以及电视等大众媒体。在信息传播的渠道中，政府部门发送文件的宣传效力显著，远远超过其他的信息传播方式（图8）。

延庆区为了鼓励小微企业的发展，构建了资金扶持、税收优惠、人才引进及培训等一系列政策体系。数据显示，大多数（94.6%）小微企业认为延庆区促进小微企业发展的政策环境良好。同时，企业希望能够在减免税费、培训支持、融资支持、市场开拓支持等方面获得更大的政策支持（图9）。

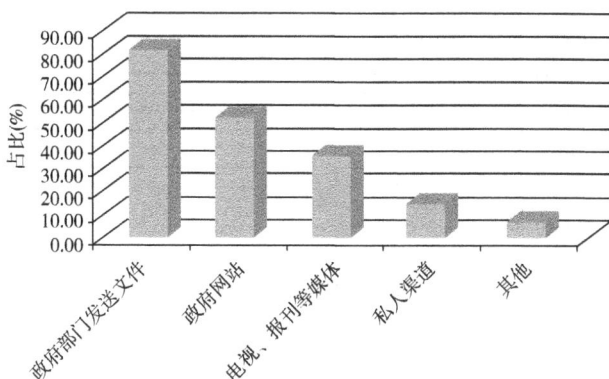

图8 企业对政策的获知渠道

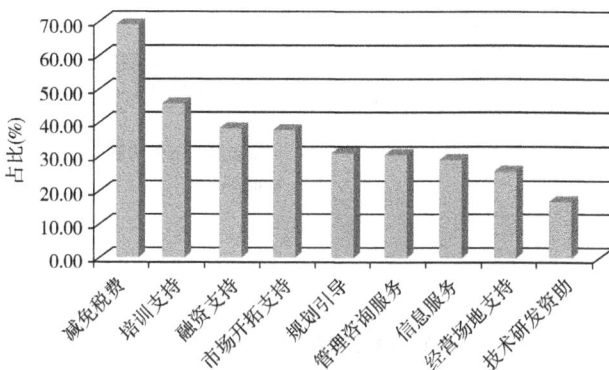

图9 企业需要的政策扶持

（五）小微企业的融资情况

在所有被调查的企业中，有41.7%的企业近三年进行过对外融资。这些融资主要用于补充流动资金（69.2%）、扩大经营规模（38.5%）和拓展新市场（15.4%）。没有融资的企业普遍反映"不了解各种融资途径和方法"和"贷款费用高、审批时间长、手续复杂、不能满足企业需求"。企业的融资渠道主要是"向银行贷款"（图10），比较单一。说明延庆区资本市场利用率低，本地金融业态还不够丰富。

大多数企业（60%）感觉近三年融资难度增加明显。在融资中遇到的主要困难是贷款利率和费用高，无法承受（38.5%）、银行贷款额度不足（30.8%）、手续烦琐（23.1%）、银行和担保机构服务意识差（15.4%）和抵押不足（7.7%）（图11）。目前，金融机构门槛太高，阻碍了大多数小微企业的融资。

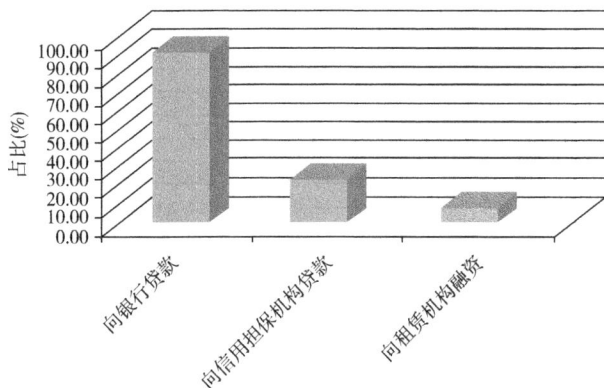

图 10 企业的主要融资渠道

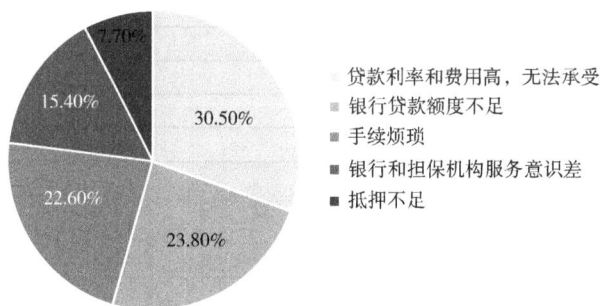

贷款利率和费用高，无法承受
银行贷款额度不足
手续烦琐
银行和担保机构服务意识差
抵押不足

图 11 融资过程中遇到的困难

（六）小微企业的发展环境分析

在所有被调查的企业中，只有 36.4% 的企业对延庆区定位有清楚的了解，大多数企业不是很清楚延庆区的定位（图 12）。同时，大多数企业（91%）的发展与延庆区的定位匹配度能达到一致（图 13）。这说明政府还应该加大对本区定位的宣传。

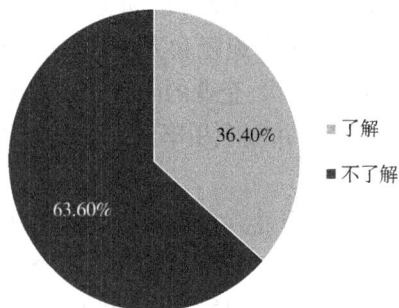

了解
不了解

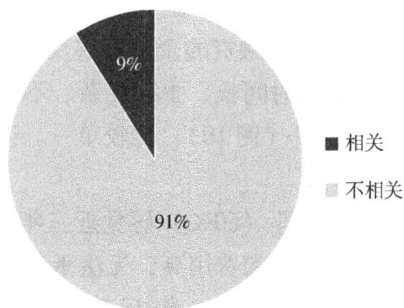

相关
不相关

图 12 对延庆区定位的了解图　　**图 13 企业与延庆区定位的匹配度**

在延庆区为企业带来的发展机遇部分，"政策倾斜"和"成本下降"是企业比较看重的机遇（图14）。在延庆区对企业发展的约束中，"政策""人力成本高""资金缺乏""成本上升"等因素的作用比较突出（图15）。

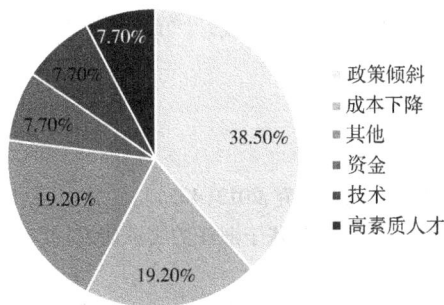

图14 延庆区给企业带来的发展机遇

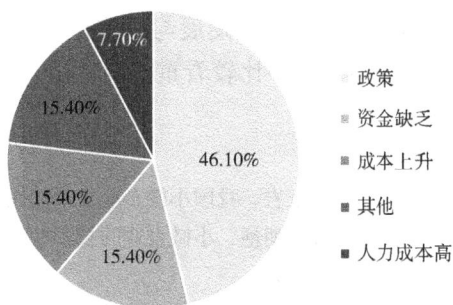

图15 延庆区对企业发展的约束

四、结论和建议

本项目以北京延庆小微企业为研究对象，通过调查数据统计分析，解析了延庆小微企业在创业创新服务、公共服务、商事制度、发展与政策、融资情况、发展环境六个方面的基本情况和问题。本项目研究得出的主要结论如下：

（1）小微企业创业创新发展中的问题主要集中在市场开拓、人才引进、资金筹集上。政府部门还需要进一步推出和落实支持小微企业创立和发展的各种资金扶持政策，设立发展专项资金。积极引导和鼓励金融机构创新融资产品，促进创业投资机构和小额贷款公司的发展，吸引民间资金投向小微型企业。

（2）延庆区中小企业服务的总体情况较好。延庆区以政府中小企业服务机构为主体，扶持社会中介服务机构（行业协会、商会和非营利组织）。整合带动社会服务资源的作用初步显现，并在中小企业创办、生存、发展中起到了积极作用，但在服务种类多样化、专业化等方面还需要进一步加强。

（3）商事制度改革成效显著。延庆区开展"登记制度改革"，从注册资本登记、先照后证、三证合一等方面最大限度扶持市场新生力量，方便群众办事。制度改革落实到位，获得了大多数企业的认可。

（4）企业希望能够在减免税费、培训、融资、市场开拓等方面获得更大的政策支持。

（5）延庆区资本市场利用率较低，本地金融业态不够丰富，融资方式不够多样化。大多数企业感觉近三年融资难度增加明显。政府应该出台担保机制，降低门槛，通过建立小微企业贷款风险补偿机制，推动银行扩大小微企业贷款规模。同时，可以通过成立创业投资的风险基金和引导基金，丰富小微企业的融资渠道，可以建立银企合作平台，扩大信息交流渠道。

（6）多数企业的发展与延庆区的定位匹配度能达到一致。"政策"和"成本"是企业发展中比较看重的两个因素。

参考文献：

［1］王俊峰,王岩. 我国小微企业发展问题研究［J］. 商业研究,2012（425）.

［2］郑健壮,武朝艳. 小微企业的技术获取渠道及对策研究:基于浙江的实证研究［J］. 科学学研究,2014,32（8）.

［3］北京市人民政府关于贯彻国务院进一步促进中小企业发展若干意见的实施意见［EB/OL］.［2011－5－16］http://www. beijing. gov. cn/tzbj/tzzzc/gjtzzc/t1166994. htm.

［4］北京市人民政府关于进一步支持小型微型企业发展的意见［EB/OL］.［2012－12－28］. http://zhengwu. beijing. gov. cn/gzdt/gggs/t1292966. htm.

［5］中共北京市委关于制定北京市国民经济和社会发展第十三个五年规划的建议［EB/OL］.［2015－11－04］http://zhengwu. beijing. gov. cn/gzdt/gggs/t1409569. htm.

河北省中小型企业的生态文明意识建设研究

王　迪

摘　要： 随着近年来国家环保政策的相继发布，环境保护意识渐入人心，企业的生产结构正经历着深刻的变化。本文主要运用理论与实务相结合的方法，着重对企业的生态文明意愿进行研究。对河北省部分中小企业进行深入的调研，对企业主要的责任人进行访谈，以期了解并研究企业生态文明的意愿，了解企业管理者的企业家精神及当前企业生态文明建设的程度，了解在生态文明的建设方面有哪些举措，国家的相应政策有哪些。最后总结我们从中受到的启示。

关键词： 企业；生态文明建设；措施；启示

一、引言

企业环境责任意识指导企业环境责任行为。企业环境责任意识是指企业在从事生产经营活动的过程中对它所依赖的资源与环境的反应。企业作为社会系统的有机部分，作为市场经济中最活跃的主体，其社会活动同社会的整体发展密切联系，在生态文明建设当中，企业承担起应负的环境责任，不仅是社会对企业的要求，同时也是企业自身发展的要求。河北省是"京津冀一体化"的重要发展对象，中小型企业在全省企业中所占比例较大，因此，中小企业的发展影响着京津冀的协同发展，责任重大。以河北省为蓝本，有针对性地研究和探索中小型企业在生态文明背景下的环境责任、生态文明建设意识，对我国突破能源资源环境瓶颈约束、促进经济增长方式转变、树立和落实科学发展观、实现经济社会可持续发展，能够发挥积极和有效的作用。

二、河北省中小型企业的特点

（一）产业结构不合理，技术含量较低

首先，从行业结构看，河北省中小型企业中从事装备制造型、科技型、外向型的企业较少，新兴产业发展缓慢。产品档次和质量较低，品种结构上还存在较

为严重的问题。从产业结构看，河北省中小型企业集中表现为资源开发型产业以及原始型产业。从整体上看，相互配套的产业链条延伸不够，产业集群的发展尚不成熟。

其次，产业结构的不合理致使其中小型企业的技术含量不高。河北省中小型企业大多数是食品和纺织等轻工企业，产品以中低档为主，技术含量低，能耗高，市场竞争力较弱。其中，小型企业的产品类别以食品、机械制造以及纺织服装为主，具有劳动密集程度高、工资成本低的显著优势。但中小型企业存在的普遍问题是自创品牌不多，创新能力不强，市场竞争力较弱。因此，必须着力调整企业的产业结构。在这一关键性的过程中，应当结合周边经济环境及国际市场态势，转变发展思路，早日和国内乃至国际接轨。

（二）政策落实难，发展环境不够宽松

当前河北省中小型企业特别是私营企业的外部环境仍然欠佳。有些部门仍采取审批、检查和处罚为主的措施管理私营企业，企业的负担仍然过重过多，发展中小型企业的政策措施不落实的情况时有发生。政府各个有关部门的服务范围仍然大都限于公有制大型企业，缺乏为中小型企业尤其是私营企业提供全方位、综合性服务的机构，仅有少数的服务机构与中小型企业结合起来，在一定程度上阻碍了中小型企业的快速发展。

三、河北省中小型企业生态文明建设意识淡薄的体现

新制度经济学家诺斯曾经指出："人们在最低程度上假定，每个人的个人行为受一整套习惯、准则和行为规范的协调。这些习惯、准则和规范最初是从家庭，然后通过教育过程和其他机构，诸如教会取得的。但是，当我们认识到我们每个人的生活是由普通的知识来指导和这些知识基本上是理论性的时候，意识就努力使个人和团体的行为方式理性化。"

目前，在河北省中小企业中，高科技得到迅速发展，在裨益企业和社会的同时，也带来不少弊端。以前玉米棒子能自然分解，石头筷子是天然形成的，有机肥是动物和人排出来的粪便，这些对环境的伤害很小。如今使用较多的卫生纸，需较长时间分解，有条件时焚烧，没条件时随地扔，这些都严重污染着环境。

另外，当前农村养猪、养鸡也存在污染、农户散养家禽、家畜，鸡场、猪场采用流水线式生产，污水都随着生产的进行直接排放在外而未进行生产过滤，造成周边河流的污染，人们的日常饮用水日渐匮乏，而且变得不安全。对此，政府应加强对农村的生态文明建设，加大对农村小型企业的管理力度，制定更为严格

的污染物排放规格及标准，除此之外，还要加强人民的思想教育，提高其环保意识。

四、河北省中小型企业生态文明意识的建构

（一）政府层面

1. 强化环境规制的法律体系

政府应当明确相应的法律责任，提高污染物排放的标准，加大对环境污染及破坏主体的处罚力度，从而强化法律法规在环境保护中的规制作用。为了全面有效地预防污染及破坏环境行为的发生，政府需要建立预防污染、防治结合，污染主体承担，以及保证经济与环境可持续发展等可操作性强的法律法规，以及一些保护环境和生态资源的基本法律制度，如环境影响评估制度、环境责任强制保险制度、排污许可证制度以及环境破坏补偿金制度等，使法律法规发挥应有的威慑作用。

2. 提高政府职能部门的执法效率

在当地设立符合地方环境与特色的环境管理部门，将独立的执法权赋予地方环保部门，并保证其他任何机构不得干扰地方环保部门的行政执法工作，提高其执法的权威及执法效率。与此同时，提升环境监督管理及执法人员的素质与水平，增加相应的行政经费。

3. 建立有效的激励和约束机制

首先，合理运用各种环境规制政策工具，采取强制手段对企业施行控制命令，并迫使污染主体将污染的费用和成本内部化，指定排放物的排放量或制定处理回收排放物的技术标准，充分发挥政府的调控功能。

其次，政府应当建立市场激励机制，利用明确信贷、产权、财政、收费等市场信号的手段使市场寻求有效管理环境资源的办法。比如，督促企业签订自愿性环境协议等。

最后，大力提倡推行实施自愿性环境规制的政策与方式，使自愿性规制工具与非自愿性规制工具形成一个复合的紧密联系又相互补充的环境规制政策体系，促使管制工具充分发挥激励作用，从而提高企业在履行环境责任时的自觉性和积极性。

4. 完善相关的制度建设

首先，改革现有的排污收费制度。一些地方存在着排污收费资金使用标准不合理的问题，将大部分应当应用于治理企业污染的资金挪用为环保部门的行政经

费。因此，政府应当重新调整排污收费标准，使排污收费标准不低于企业污染治理的成本，并逐步提高排污收费政策工具的执行效率。

其次，应当设立专门的环境税种，将其纳入国家税收体系。在规制企业的环境行为方面，环境税作为一种重要的环境经济政策，发挥着极其重要的作用。当前，河北省尚未设立真正意义上的专门税种，没有使环境税在保护环境中充分发挥应有的激励作用。因此，河北省应进一步完善环境税收体系，将"设立专门的环境税种"这一环节提到日程上来。

（二）企业层面

1. 转变企业的价值观念

价值观念在一定程度上指导着企业的环境行为。企业应转变传统的价值观念，将绿色企业文化建设融入企业的价值观，提高履行环境责任的意识。绿色企业文化的核心在于节约生态资源能源、保护自然环境以及维护生态平衡。企业应当将企业环境责任的概念及其重要性宣传并贯彻到企业领导者、各级管理人员及职工的内部，使他们充分了解企业环境责任的内涵并认识到承担企业环境责任的重要性和紧迫性；应通过定期举办学习环保知识的培训班，督促企业领导人及各级管理人员、职工积极学习环保知识，增强企业人员承担环境责任的意识和自觉性。

2. 实施企业绿色管理的策略

河北省中小型企业应制定绿色化的经营战略，坚持技术生态化的改造和创新。河北省中小型企业在发展战略上应重视环境保护，自觉把保护环境、节约资源放在突出的位置并将其作为衡量企业决策和企业效益的重要依据。企业应当通过采用先进的管理技术及生产技术加强开发绿色产品和科技产品的能力，将环境保护和资源的节约及合理利用贯穿到企业的生产和经营的全过程。这对于企业树立绿色形象，开发绿色市场，开展绿色贸易和引导消费者的绿色消费，最终促进企业经济的绿色增长有着积极的意义。在企业的资源利用方面，应当实现河北省中小型企业资源利用上的"集约化"；在企业的生产方面，应当实现河北省中小型企业生产过程中的"生物链化"，并着力推行清洁生产；在企业产品的营销方面，应当实现河北省中小型企业在产品营销方式上的"绿色化"。

生态意义上的企业持续发展，提出了产品绿色化的要求，即企业的持续性发展不仅要求企业提供具有竞争力的产品，还要求这种产品具有绿色的特征。绿色生产是产品绿色化的核心环节。从原料的替代和选取、原料输入的绿色化控制到对企业生产工艺流程进行设计改造，采用无废或少废的工艺，提高资源利用率，再到对生产过程中产生的污染物品、废弃物的控制和循环利用，都是产品绿色化进程中不可或缺的重要环节。企业要提升其绿色竞争力，就要把绿色化贯穿于企业产品开发设计、生产制造与回收利用的每一个环节。

五、结论

目前，我国企业履行环境责任的状况不容乐观，企业环境保护意识淡薄，危害环境行为严重，缺乏环境保护措施，对环境标准贯彻不力。这种不良局面的出现有企业自身的原因，有政府的责任，还和我国特殊的国情有关。本文通过分析河北省中小型企业的特点，找出其生态文明意识建设的不足，在河北省中小型企业的环境责任的建构方面提出建议，也对企业自身、政府以及社会公众提出了客观的要求。总之，企业承担环境责任，既是企业生存发展的内在需要，也是适应客观形势变化和构建和谐社会的需要。河北省中小型企业在制定企业战略和实施企业战略的各个环节中都要充分考虑对环境的影响，遵循企业与自然环境和谐发展的客观规律，承担起环境责任，从而达到自身受益与裨益社会环境的双赢。

参考文献：

[1]胡顺林．生态文明建设视阈中的中小企业生态责任探讨[D]．广州：华南理工大学,2016.

[2]邓家姝,张瑞娟．生态文明视角下中小企业绿色财务管理问题研究[J]．经营管理者,2016(1):107.

[3]盛晓娟,张波．中小企业生态文明建设行为和实施意愿的实证研究[J]．生态经济,2015(7):175–180.

[4]龚武煌．"生态文明建设"的提出对中小企业发展的影响浅探[J]．经营管理者,2014,(23):76.

[5]孙志伟．天津市中小企业生态化建设与发展探析[J]∥天津市社会科学界联合会．科学发展·生态文明：天津市社会科学界第九届学术年会优秀论文集(中)[C]．天津：天津市社会科学界联合会,2013:6.

[6]杨媛媛．基于生态文明的安徽中小企业生态化建设路径研究[D]．合肥：合肥工业大学,2010.

[7]何劲．我国中小企业生态化建设的若干思考[J]．管理科学文摘,2003(4):41–44.

中小企业公共服务平台考核评价方法及其应用研究

董文妍　鲍新中

摘　要：中小企业公共服务平台是为中小企业群体提供各类共性服务的经济组织，旨在帮助企业转变经济发展方式，实现资源优化配置，降低其生存和发展成本。本文针对中小企业公共服务平台的考核评价方法问题进行研究，通过设计两个层面七个方面21项具体的评价指标，运用基于区间数的TOPSIS方法对中小企业公共服务平台进行考核评价。区间值的运用使得难以进行赋值的定性指标得到较为合理的体现，并且运用离差最大化原理，可以根据评价对象样本值的实际情况对指标权重进行动态调整，使该方法具有更好的适用性。

关键词：中小企业公共服务平台；区间数；离差最大化

一、引言

国内外学者对中小企业公共服务平台的相关研究通常集中于对研发服务、科技成果转换、信息服务等某一单项服务的研究，且主要关注以下三个方面：中小企业公共服务平台的功能与作用研究、中小企业公共服务平台的建设和中小企业公共服务平台的绩效评价。

当前经济体制下，中小企业在国民经济发展、解决社会就业问题中发挥着越来越重要的作用，而中小企业创新能力不足成为制约其发展的重要因素，所以搭建中小企业公共服务平台，帮助企业提升其技术创新能力成为需要我们深入研究和思考的问题，其中对中小企业公共服务平台的考核评价问题尤其值得重视。为加强对中小企业公共服务平台的规范管理，逐步形成服务平台自我完善、专项考核和社会监督相互促进的评价模式，发挥平台的示范带动作用，确保服务平台实现可持续发展，需要制定相关的考核评价指标，而目前国内外关于中小企业公共服务平台考核评价体系的研究较少。因此，本文从两个不同层面的七个方面建立中小企业公共服务平台考核评价指标体系，并且运用基于区间数的TOPSIS方法对中小企业公共服务平台进行选择，最后通过算例，证明该种方法的有效性和适用性。

二、中小企业公共服务平台考核评价指标体系

中小企业公共服务平台包括实体窗口服务平台和网络服务平台，平台的建设不以营利为目的，其运行中所需的资金主要有政府拨款、社会资助和为企业提供服务取得报酬三个来源，其中，政府拨款占比最大。因此，政府相关部门需要对服务平台开展定期的考核评价。

本文从实体运营的三个方面（运营管理、服务业绩和社会评价）以及网络运营的四个方面（网络稳定性和安全性、网络应用、系统第三方测评和线上服务率）建立中小企业公共服务平台考核评价指标体系。其中，这几个方面又细分为21个具体指标进行量化分析，如表1所示。

表1　中小企业公共服务平台考核评价指标体系

一级指标	二级指标	三级指标	代码
实体运营	运营管理	内部管理服务制度、相关服务支撑体系的完善程度	U_1
		相应团队建设是否能保障平台的正常运行和企业服务的正常开展	U_2
	服务业绩	平台网络自我完善和发展的能力是否良好	U_3
		协助中小企业举办各种会展、论坛、宣传的次数	U_4
		促成企业与各类金融机构的融资合作的金额数	U_5
		为企业提供各类管理咨询服务的次数，如企业家培训服务、战略指导服务、财税政策咨询服务等	U_6
		为企业推荐或直接派遣科技人才的次数	U_7
		为企业提供专业技术及知识产权相关服务的次数，如技术研发服务、专利申报代理服务等	U_8
		是否能为企业提供全面、及时的政策解读和咨询服务	U_9
		是否建立平台服务企业的档案，是否形成定期汇报制度	U_{10}
		统计分析、调查研究结果是否能为政府决策提供支持	U_{11}
		是否做到窗口线上平台互联互通	U_{12}
		企业对平台服务的满意度	U_{13}
	社会评价	平台日常检查、大型活动的完成度	U_{14}
		新闻媒体正面宣传报道数量	U_{15}

续表

一级指标	二级指标	三级指标	代码
网络运营	网络稳定性、安全性	是否能及时处理网络稳定性、安全性方面的问题	U_{16}
	网络应用	网站注册企业数量	U_{17}
		平台入围合作机构服务数量	U_{18}
		日均访问量	U_{19}
	系统第三方测评	第三方测评结果	U_{20}
	线上服务率	第三方评估结果	U_{21}

三、基于区间数的 TOPSIS 方法及其应用

TOPSIS（Technique for Order Preference by Similarity to an Ideal Solution ） 于 1981 年由 C L Hwang 和 K Yoon 第一次提出。TOPSIS 方法又称优劣解距离法，是一种对多种方案在多指标的情况下进行比较或综合评价的方法。人们在进行多属性决策分析时经常采用 TOPSIS 方法。

TOPSIS 方法的基本思路是：首先，将原始的决策矩阵规范化；其次，找出每个指标的正理想解与负理想解，正理想解是决策矩阵中每个属性的最佳值，而负理想解则表现为该属性的最差值；再次，按照一定方法将每个方案分别与正理想解和负理想解的距离进行比较；最后，根据每个方案与正理想解的靠近程度以及与负理想解的远离程度来进行最终的项目评价。最接近最优解同时又是最远离最劣解的方案即最优决策方案。

TOPSIS 方法的优点是能对各种决策方案从多个指标的角度进行排序比较，克服了传统评价决策方案中多元统计方法原理复杂、计算量大、样本容量要求高等缺点，概念简单，计算步骤清晰，可操作性强。

基于区间数型属性值类型的 TOPSIS 方法计算步骤如下：

设 $\tilde{x} = [x^L, x^U]$，$\tilde{y} = [y^L, y^U]$，为两个区间数，为方便定义以下运算：

加法运算：$\tilde{x} + \tilde{y} = [x^L + y^L, x^U + y^U]$

减法运算：$\tilde{x} - \tilde{y} = [x^L - y^L, x^U - y^U]$

数乘运算：$\lambda \tilde{x} = [\lambda x^-, \lambda x^+]$，$\lambda > 0$；$\lambda \tilde{x} = [\lambda x^+, \lambda x^-]$，$\lambda < 0$

针对区间数型属性值运用 TOPSIS 方法的步骤如下：

（1）以原始数据为基础，构造多属性决策的区间数初始决策矩阵 $\tilde{A} =$

$(\hat{a}_{ij})_{m\times n}$，其中 $\hat{a}_{ij}$ 为区间数。

（2）对初始决策矩阵进行规范化处理，构造规范化决策矩阵 $R = (r_{ij})_{m\times n}$，消除指标量纲化对决策的影响，并使它们具有相同的趋势。

$$\begin{cases} r_{ij}^L = \dfrac{a_{ij}^L}{\sqrt{(a_{ij}^U)^2}}, \\ r_{ij}^U = \dfrac{a_{ij}^U}{\sqrt{(a_{ij}^L)^2}}, \end{cases} i \in N, j \in I_1 (I_1 \text{ 表示效益型属性})$$

$$\begin{cases} r_{ij}^L = \dfrac{1/a_{ij}^U}{\sqrt{(a_{ij}^L)^2}}, \\ r_{ij}^U = \dfrac{1/a_{ij}^L}{\sqrt{(a_{ij}^U)^2}}, \end{cases} i \in N, j \in I_2 (I_2 \text{ 表示成本型属性})$$

（3）由属性权重向量和规范化决策矩阵，构造加权规范化决策矩阵 $\tilde{Z} = (\tilde{Z}_{ij})_{m\times n}$，其中 $\tilde{Z}_{ij} = w_j r_{ij}, i = 1, 2, \cdots, m, j = 1, 2, \cdots, n$。

（4）根据加权规范化决策矩阵来确定区间型正、负理想解：

$$\hat{y}_j^+ = [y_j^{+L}, y_j^{+U}] = [\max_i(y_{ij}^L), \max_i(y_{ij}^U)], j \in M$$

$$\hat{y}_j^- = [y_j^{-L}, y_j^{-U}] = [\min_i(y_{ij}^L), \min_i(y_{ij}^U)], j \in M$$

（5）按照下列公式计算每个候选方案分别与正、负理想解的距离：

$$D_i^+ = \sum_{j=1}^n \|\hat{y}_{ij} - \hat{y}_j^+\| = \sum_{j=1}^n [|y_{ij}^L - y_j^{+L}| + |y_{ij}^U - y_j^{+U}|], i \in N$$

$$D_i^- = \sum_{j=1}^n \|\hat{y}_{ij} - \hat{y}_j^-\| = \sum_{j=1}^n [|y_{ij}^L - y_j^{-L}| + |y_{ij}^U - y_j^{-U}|], i \in N$$

（6）按照下列公式计算每个候选方案对理想点的贴近度 C_i^+：

$$C_i^+ = \frac{d_i^-}{d_i^+ + d_i^-}, i = 1, 2, \cdots, m$$

（7）根据各个方案对理想点的贴进度计算结果，对各个候选方案进行优先排序，按 C_i^+ 的降序排列。

四、中小企业公共服务平台考核评价的实证分析

运用区间数的 TOPSIS 方法，基于评价指标体系的两个不同层面七个方面 21 个具体的指标，对 X_1，X_2，X_3，X_4，X_5，X_6，X_7，X_8 共 8 家公共服务平台进行考核评价。

（一）样本描述及原始数据获取

本文选取 8 个样本作为评价对象，分别为 X_1，X_2，X_3，X_4，X_5，X_6，X_7，X_8，而 $U_1 \sim U_{21}$ 分别表示表 1 中中小企业公共服务平台考核评价指标体系中的 21 个具体指标。

为了评价的客观性，本文对每一个指标的评分用区间值来表示，得到初始数据源。针对原始数据，根据公式进行数据的规范化处理，其中所列指标均为效益型指标，经过规范化处理的数据如表 2 所示。

表 2　规范化处理后的决策矩阵 $\widetilde{R}$

指标	X_1	X_2	X_3	X_4	X_5	X_6	X_7	X_8
U_1	[0.362 9, 0.618 1]	[0.155 5, 0.343 4]	[0.155 5, 0.274 7]	[0.311 1, 0.480 8]	[0.207 4, 0.412 1]	[0.103 7, 0.274 7]	[0.259 2, 0.480 8]	[0.414 8, 0.686 8]
U_2	[0.110 4, 0.316 2]	[0.055 2, 0.237 2]	[0.276 1, 0.553 4]	[0.220 9, 0.474 3]	[0.276 1, 0.632 5]	[0.110 4, 0.237 2]	[0.386 5, 0.711 5]	[0.331 3, 0.632 5]
U_3	[0.294 6, 0.639 0]	[0.176 8, 0.456 4]	[0.117 9, 0.456 4]	[0.353 6, 0.730 3]	[0.117 9, 0.365 1]	[0.235 7, 0.547 7]	[0.294 6, 0.730 3]	[0.058 9, 0.273 9]
U_4	[0.133 3, 0.371 4]	[0.400 0, 0.649 9]	[0.266 7, 0.557 1]	[0.266 7, 0.464 2]	[0.200 0, 0.464 2]	[0.066 7, 0.278 5]	[0.200 0, 0.371 4]	[0.333 3, 0.649 9]
U_5	[0.175 9, 0.395 3]	[0.117 2, 0.316 2]	[0.351 7, 0.553 4]	[0.293 1, 0.474 3]	[0.175 9, 0.316 2]	[0.293 1, 0.553 4]	[0.234 5, 0.474 3]	[0.351 7, 0.632 5]
U_6	[0.132 7, 0.366 7]	[0.199 1, 0.458 3]	[0.132 7, 0.275 0]	[0.331 9, 0.550 0]	[0.265 5, 0.550 0]	[0.265 5, 0.458 3]	[0.398 2, 0.400 0]	[0.199 1, 0.366 7]
U_7	[0.286 3, 0.560 4]	[0.114 5, 0.320 3]	[0.057 3, 0.240 2]	[0.229 0, 0.480 4]	[0.343 6, 0.560 4]	[0.171 8, 0.320 3]	[0.229 0, 0.560 4]	[0.400 8, 0.720 6]
U_8	[0.258 2, 0.464 2]	[0.193 6, 0.464 2]	[0.258 2, 0.557 1]	[0.064 5, 0.278 5]	[0.387 3, 0.742 8]	[0.193 6, 0.371 4]	[0.129 1, 0.371 4]	[0.322 7, 0.649 9]
U_9	[0.393 1, 0.709 9]	[0.196 5, 0.354 9]	[0.196 5, 0.443 7]	[0.393 1, 0.621 1]	[0.065 5, 0.266 2]	[0.131 0, 0.266 2]	[0.262 0, 0.532 4]	[0.262 0, 0.443 7]
U_{10}	[0.170 9, 0.372 7]	[0.227 9, 0.372 7]	[0.227 9, 0.447 2]	[0.114 0, 0.223 6]	[0.341 9, 0.596 3]	[0.284 9, 0.521 7]	[0.398 9, 0.596 3]	[0.284 9, 0.447 2]
U_{11}	[0.060 4, 0.245 8]	[0.181 2, 0.409 6]	[0.422 9, 0.737 3]	[0.181 2, 0.327 7]	[0.241 6, 0.491 5]	[0.120 8, 0.245 8]	[0.302 1, 0.573 5]	[0.362 5, 0.573 5]
U_{12}	[0.400, 0.618 7]	[0.133 3, 0.353 6]	[0.200, 0.353 6]	[0.200 0, 0.441 9]	[0.133 3, 0.265 2]	[0.333 3, 0.530 2]	[0.266 7, 0.441 9]	[0.333 3, 0.618 7]

续表

指标	X₁	X₂	X₃	X₄	X₅	X₆	X₇	X₈
U_{13}	[0.322 7, 0.609 3]	[0.258 2, 0.435 2]	[0.258 2, 0.522 2]	[0.193 6, 0.348 2]	[0.451 8, 0.696 3]	[0.129 1, 0.261 1]	[0.193 6, 0.435 2]	[0.129 1, 0.348 2]
U_{14}	[0.400 8, 0.700 6]	[0.057 3, 0.233 5]	[0.114 5, 0.311 4]	[0.286 3, 0.467 1]	[0.286 3, 0.544 9]	[0.171 8, 0.389 2]	[0.229 0, 0.389 2]	[0.343 6, 0.622 8]
U_{15}	[0.165 6, 0.353 6]	[0.276 1, 0.424 3]	[0.276 1, 0.495 0]	[0.386 5, 0.565 7]	[0.110 4, 0.282 8]	[0.331 3, 0.495 0]	[0.331 3, 0.565 7]	[0.220 9, 0.353 6]
U_{16}	[0.314 1, 0.480 8]	[0.209 4, 0.412 1]	[0.157 0, 0.343 4]	[0.314 1, 0.549 4]	[0.261 7, 0.480 8]	[0.209 4, 0.343 4]	[0.366 4, 0.618 1]	[0.261 7, 0.412 1]
U_{17}	[0.218 2, 0.442 3]	[0.163 7, 0.294 9]	[0.327 3, 0.589 8]	[0.381 9, 0.663 5]	[0.163 7, 0.368 6]	[0.272 8, 0.516 0]	[0.327 3, 0.516 0]	[0.109 1, 0.294 9]
U_{18}	[0.109 8, 0.286 4]	[0.274 4, 0.501 3]	[0.219 5, 0.358 1]	[0.274 4, 0.429 7]	[0.329 3, 0.572 9]	[0.164 6, 0.358 1]	[0.439 1, 0.644 5]	[0.219 5, 0.429 7]
U_{19}	[0.058 7, 0.237 2]	[0.293 6, 0.474 3]	[0.117 4, 0.395 3]	[0.352 3, 0.553 4]	[0.411 1, 0.711 5]	[0.234 9, 0.395 3]	[0.293 6, 0.553 4]	[0.117 4, 0.316 2]
U_{20}	[0.413 1, 0.682 0]	[0.103 3, 0.341 0]	[0.258 2, 0.477 4]	[0.206 6, 0.409 2]	[0.309 8, 0.545 6]	[0.258 2, 0.409 2]	[0.154 9, 0.272 8]	[0.309 8, 0.477 4]
U_{21}	[0.265 7, 0.521 7]	[0.212 6, 0.372 7]	[0.265 7, 0.596 3]	[0.106 3, 0.372 7]	[0.318 9, 0.521 7]	[0.159 4, 0.372 7]	[0.212 6, 0.447 2]	[0.372 0, 0.670 8]

（二）基于离差最大化原理确定区间数指标权重

在 TOPSIS 方法中，需要给各指标赋以某个确定的权重，然后运用规范化后的属性值计算出每个方案的综合评价值，从而做出决策。在实际工作中，当各方案在某一属性值上的取值差别较小时，尽管这一指标是影响决策的一个重要因素，但是该属性对于最终方案的排序作用不大，所以，即使给该指标赋予很高的权重，也不会对考核评价结果产生很大的影响。从这个方面来看，就没有必要赋予该指标较高的权重。在对中小企业公共服务平台的考核评价中，就有可能存在这个问题。例如，指标 U_1 内部管理服务制度、相关服务支撑体系的完善程度对于公共服务平台的考核来说是十分必要的，但是如果各平台在该属性上的差距不大，就应该赋予该指标较小的权重。

因此，运用离差最大化的属性权重确定方法来计算各个指标权重的思想是：对于无差别的指标，说明该属性在决策过程中所起的作用较小，赋予该指标较小的权重甚至令其权系数为零；相反，对于那些属性值差异较大的指标，应该将其赋予较大的权系数。

基于规范化决策矩阵，利用离差最大化原理来确定各个指标属性的权重。基于表2的数据，运用上述公式可以计算得到中小企业公共服务平台考核评价指标体系的各个指标的权重。

$$\omega = \begin{pmatrix} 0.051\,4, 0.060\,0, 0.053\,6, 0.047\,5, 0.039\,7, 0.045\,4, 0.053\,9, 0.050\,6, 0.054\,1, \\ 0.042\,3, 0.058\,7, 0.044\,7, 0.048\,7, 0.054\,3, 0.038\,6, 0.032\,2, 0.045\,7, 0.042\,9, \\ 0.054\,1, 0.043\,2, 0.038\,4 \end{pmatrix}$$

利用属性的权重向量 ω 和规范化后的决策矩阵 $\tilde{R}$，构造加权规范化决策矩阵 $\tilde{Y}$，如表3所示。

表3　加权规范化决策矩阵 $\tilde{Y}$

指标	X_1	X_2	X_3	X_4	X_5	X_6	X_7	X_8
U_1	[0.018 7, 0.031 8]	[0.008 0, 0.017 7]	[0.008 0, 0.014 1]	[0.016 0, 0.024 7]	[0.010 7, 0.021 2]	[0.005 3, 0.014 1]	[0.013 3, 0.024 7]	[0.021 3, 0.035 3]
U_2	[0.006 6, 0.019 0]	[0.003 3, 0.014 2]	[0.016 6, 0.033 2]	[0.013 3, 0.028 5]	[0.016 6, 0.037 9]	[0.006 6, 0.014 2]	[0.023 2, 0.042 7]	[0.019 9, 0.037 9]
U_3	[0.015 8, 0.034 3]	[0.009 5, 0.024 5]	[0.006 3, 0.024 5]	[0.019 0, 0.039 1]	[0.006 3, 0.019 6]	[0.012 6, 0.029 4]	[0.015 8, 0.039 1]	[0.003 2, 0.014 7]
U_4	[0.006 3, 0.017 6]	[0.019 0, 0.030 9]	[0.012 7, 0.026 5]	[0.012 7, 0.022 1]	[0.009 5, 0.022 1]	[0.003 2, 0.013 2]	[0.009 5, 0.017 6]	[0.015 8, 0.030 9]
U_5	[0.007 0, 0.015 7]	[0.004 7, 0.012 6]	[0.014 0, 0.022 0]	[0.011 6, 0.018 8]	[0.007 0, 0.012 6]	[0.011 6, 0.022 0]	[0.009 3, 0.018 8]	[0.014 0, 0.025 1]
U_6	[0.006 0, 0.016 6]	[0.009 0, 0.020 8]	[0.006 0, 0.012 5]	[0.015 1, 0.025 0]	[0.012 1, 0.025 0]	[0.012 1, 0.020 8]	[0.018 1, 0.033 3]	[0.009 0, 0.016 6]
U_7	[0.015 4, 0.030 2]	[0.006 1, 0.017 3]	[0.003 1, 0.012 9]	[0.012 3, 0.025 9]	[0.018 5, 0.030 2]	[0.009 3, 0.017 3]	[0.012 3, 0.030 2]	[0.021 6, 0.038 8]
U_8	[0.013 1, 0.023 5]	[0.009 8, 0.023 5]	[0.013 1, 0.028 2]	[0.003 3, 0.014 1]	[0.019 6, 0.037 6]	[0.009 8, 0.018 8]	[0.006 5, 0.018 8]	[0.016 3, 0.032 9]
U_9	[0.021 3, 0.038 4]	[0.010 6, 0.019 2]	[0.010 6, 0.024 0]	[0.021 3, 0.033 6]	[0.003 5, 0.014 4]	[0.007 1, 0.014 4]	[0.014 2, 0.028 8]	[0.014 2, 0.024 0]
U_{10}	[0.007 2, 0.015 8]	[0.009 6, 0.015 8]	[0.009 6, 0.018 9]	[0.004 8, 0.009 5]	[0.014 5, 0.025 2]	[0.012 1, 0.022 1]	[0.016 9, 0.025 2]	[0.012 1, 0.018 9]

指标	X_1	X_2	X_3	X_4	X_5	X_6	X_7	X_8
U_{11}	[0.0035, 0.0144]	[0.0106, 0.0240]	[0.0248, 0.0433]	[0.0106, 0.0192]	[0.0142, 0.0289]	[0.0071, 0.0144]	[0.0177, 0.0337]	[0.0213, 0.0337]
U_{12}	[0.0179, 0.0277]	[0.0060, 0.0158]	[0.0089, 0.0158]	[0.0089, 0.0198]	[0.0060, 0.0119]	[0.0149, 0.0237]	[0.0119, 0.0198]	[0.0149, 0.0277]
U_{13}	[0.0157, 0.0297]	[0.0126, 0.0212]	[0.0126, 0.0254]	[0.0094, 0.0170]	[0.0220, 0.0339]	[0.0063, 0.0127]	[0.0094, 0.0212]	[0.0063, 0.0170]
U_{14}	[0.0218, 0.0380]	[0.0031, 0.0127]	[0.0062, 0.0169]	[0.0155, 0.0254]	[0.0155, 0.0296]	[0.0093, 0.0211]	[0.0124, 0.0212]	[0.0187, 0.0338]
U_{15}	[0.0064, 0.0136]	[0.0107, 0.0164]	[0.0107, 0.0191]	[0.0149, 0.0218]	[0.0043, 0.0109]	[0.0128, 0.0191]	[0.0128, 0.0218]	[0.0085, 0.0136]
U_{16}	[0.0101, 0.0155]	[0.0067, 0.0133]	[0.0051, 0.0111]	[0.0101, 0.0177]	[0.0084, 0.0155]	[0.0067, 0.0111]	[0.0118, 0.0199]	[0.0084, 0.0133]
U_{17}	[0.0010, 0.0202]	[0.0075, 0.0135]	[0.0150, 0.0270]	[0.0174, 0.0303]	[0.0075, 0.0168]	[0.0125, 0.0236]	[0.0150, 0.0236]	[0.0050, 0.0135]
U_{18}	[0.0047, 0.0123]	[0.0118, 0.0215]	[0.0094, 0.0154]	[0.0118, 0.0184]	[0.0141, 0.0246]	[0.0071, 0.0154]	[0.0188, 0.0276]	[0.0094, 0.0184]
U_{19}	[0.0032, 0.0128]	[0.0159, 0.0257]	[0.0064, 0.0214]	[0.0191, 0.0299]	[0.0222, 0.0385]	[0.0127, 0.0214]	[0.0159, 0.0299]	[0.0064, 0.0171]
U_{20}	[0.0178, 0.0295]	[0.0045, 0.0147]	[0.0112, 0.0206]	[0.0089, 0.0177]	[0.0134, 0.0236]	[0.0112, 0.0177]	[0.0067, 0.0118]	[0.0134, 0.0206]
U_{21}	[0.0102, 0.0200]	[0.0082, 0.0143]	[0.0102, 0.0229]	[0.0041, 0.0143]	[0.0122, 0.0200]	[0.0061, 0.0143]	[0.0082, 0.0172]	[0.0143, 0.0258]

（三）基于区间数 TOPSIS 方法的中小企业公共服务平台考核评价

（1）利用下列公式确定区间型正、负理想点：

$$\tilde{y}_j^+ = [y_j^{+L}, y_j^{+U}] = [\max_i(y_{ij}^L), \max_i(y_{ij}^U)], j \in M$$

$$\tilde{y}_j^- = [y_j^{-L}, y_j^{-U}] = [\min_i(y_{ij}^L), \min_i(y_{ij}^U)], j \in M$$

利用公式计算得：

$$\tilde{y}^+ = ([0.0213, 0.0353], [0.0232, 0.0427], [0.0190, 0.0391], [0.0190, 0.0309],$$

$[0.014\ 0,0.025\ 1]$，$[0.018\ 1,0.033\ 3]$，$[0.021\ 6,0.038\ 8]$，$[0.019\ 6,0.037\ 6]$，

$[0.021\ 3,0.038\ 4]$，$[0.016\ 9,0.025\ 2]$，$[0.024\ 8,0.043\ 3]$，$[0.017\ 9,0.027\ 7]$，

$[0.022\ 0,0.033\ 9]$，$[0.021\ 8,0.038\ 0]$，$[0.014\ 9,0.021\ 8]$，$[0.011\ 8,0.019\ 9]$，

$[0.017\ 5,0.030\ 3]$，$[0.018\ 8,0.027\ 6]$，$[0.022\ 2,0.038\ 5]$，$[0.017\ 8,0.029\ 5]$，

$[0.014\ 3,0.025\ 8]$)，

$\tilde{y}^- = ([0.005\ 3,0.014\ 1]，[0.003\ 3,0.014\ 2]，[0.003\ 2,0.0146\ 8]，[0.003\ 1,0.013\ 2]，$

$[0.004\ 7,0.012\ 6]，[0.006\ 0,0.012\ 5]，[0.003\ 1,0.012\ 9]，[0.003\ 3,0.014\ 1]，$

$[0.003\ 5,0.014\ 4]，[0.004\ 8,0.009\ 5]，[0.003\ 5,0.014\ 4]，[0.006\ 0,0.011\ 9]，$

$[0.006\ 3,0.012\ 7]，[0.003\ 1,0.012\ 7]，[0.004\ 3,0.010\ 9]，[0.005\ 1,0.011\ 1]，$

$[0.005\ 0,0.013\ 5]，[0.004\ 7,0.012\ 3]，[0.003\ 2,0.012\ 8]，[0.013\ 4,0.017\ 8]，$

$[0.004\ 1,0.014\ 3]$)。

（2）利用下列公式计算每个方案分别到正理想点和负理想点的距离：

$$D_i^+ = \sum_{j=1}^m \| \tilde{y}_{ij} - \tilde{y}_j^+ \| = \sum_{j=1}^m [\ |\ y_{ij}^L - y_j^{+L}\ | + |\ y_{ij}^U - y_j^{+U}\ |\ ], i \in N$$

$$D_i^- = \sum_{j=1}^m \| \tilde{y}_{ij} - \tilde{y}_j^- \| = \sum_{j=1}^m [\ |\ y_{ij}^L - y_j^{-L}\ | + |\ y_{ij}^U - y_j^{-U}\ |\ ], i \in N$$

利用公式计算得：

$$D_1^+ = 0.179\ 0, D_2^+ = 0.541\ 9, D_3^+ = 0.616\ 0, D_4^+ = 0.259\ 1$$

$$D_5^+ = 0.414\ 4, D_6^+ = 0.672\ 0, D_7^+ = 0.300\ 1, D_8^+ = 0.192\ 1$$

$$D_1^- = 0.689\ 5, D_2^- = 0.179\ 9, D_3^- = 0.108\ 6, D_4^- = 0.485\ 2$$

$$D_5^- = 0.304\ 6, D_6^- = 0.062\ 6, D_7^- = 0.429\ 4, D_8^- = 0.819\ 6$$

（3）根据下列公式计算每个方案对理想点的贴近度：

$$c_i = \frac{D_i^-}{D_i^+ + D_i^-}, i \in N$$

由公式计算得：

$$c_1 = 0.793\ 9, \ c_2 = 0.249\ 2, \ c_3 = 0.149\ 9, \ c_4 = 0.651\ 9$$

$$c_5 = 0.423\ 7, \ c_6 = 0.085\ 2, \ c_7 = 0.588\ 6, \ c_8 = 0.810\ 1$$

（4）中小企业公共服务平台考核评价排序。

按 $c_i(i = 1，2，3，4，5，6，7，8)$ 的大小进行排序，得：

$$X_8 > X_1 > X_4 > X_7 > X_5 > X_2 > X_3 > X_6$$

根据排序结果，对 X_1、X_2、X_3、X_4、X_5、X_6、X_7、X_8 八家公共服务平台进行考核评价。

五、结论与启示

中小企业公共服务平台通过为中小企业提供服务来满足中小企业的需求，具

有服务开放性、公益性、有偿性、资源共享性等特点，已经慢慢成为中小企业生存和发展过程中不可或缺的重要支撑因素。为了督促中小企业公共服务平台不断完善自身，实现服务平台的可持续发展，需要对平台进行多方面的考核与评价，通过设置一定的考核评价指标，实现对平台的综合评价。本文采用基于区间数的 TOPSIS 方法对样本服务平台进行考核评价，该方法解决了定性指标衡量困难的问题，对定性指标在一定区间内赋值，使得评价更加准确。同时在确定各个考核评价指标的权重时采用离差最大化的方法，使得在不同样本取样时，可以根据样本的内部环境不同，产生相对应的更加合理化的评价结果。通过本文的实例分析，验证了基于离差最大化的区间数 TOPSIS 方法在对中小企业公共服务平台进行考核评价时的可行性和有效性。

参考文献：

[1]肖卫东. 中小企业公共服务平台的功能定位与组织创新[J]. 学习与探索,2014,(2)：104 – 107.

[2]刘畅,肖丕楚. 中小企业公共服务平台建设:理论解释与政策含义[J]. 技术经济与管理研究,2008,(1):72 – 74.

[3]李晓峰. 基于科技型中小企业成长视角的新型科技服务平台:科技企业孵化转化载体建设研究[J]. 科技与经济,2011,24(6):52 – 56.

[4]吴成颂,吕娟,范恒冬. 研发公共服务平台绩效评价体系[J]. 技术经济,2012,31(3)：38 – 42.

[5]付鲜凤,梅强. 基于 DEA 的我国中小企业公共服务平台效率分析[J]. 科技管理研究,2012,(22):66 – 75.

[6]付巧峰. 关于 TOPSIS 法的研究[J]. 西安科技大学学报,2008,28(1):190 – 193.

[7]马永红,周荣喜. 基于离差最大化的决策者权重的确定方法[J]. 北京化工大学学报,2007,34(2):178 – 180.

中国企业对北非国家投资问题研究

伊哈布　胡艳君

摘　要：随着中国经济的不断发展，对外开放水平也越来越高，中国企业走出去的步伐也越迈越大。近几年，中国与北非国家关系不断改善和发展，北非国家广大的市场、丰富的矿产资源和日趋稳定的政治经济环境，吸引着大批中国企业。本文将从中国企业对北非国家投资的现状、问题及对策建议等几个方面展开分析研究。

关键词：北非；中国企业；投资

一、中国企业对北非国家投资现状

北非即非洲大陆北部地区，习惯上称为撒哈拉沙漠以北广大区域。北非面积837 万平方千米，人口 1.5 亿，70% 以上为阿拉伯人。

中国与北非国家关系良好，文化经贸迅速发展。中国企业与北非国家发展贸易关系是对双方有利的。

中国企业对北非国家投资始于 1979 年。从总体上看，近 50 年来，中国企业对北非国家投资进展快。中国企业是北非国家第一大贸易伙伴国。2013 年中国企业对非洲投资约 7 亿美元，投资存量已超 70 亿美元，涉及矿业、制造业、农业等多个领域，其中，北非国家存量为 2.8 亿美元，占总存量的 28%。2008—2012 年，中国企业对部分北非国家和地区投资情况如表 1 所示。

表1　2008—2012 年中国企业对部分北非国家和地区投资情况表

（单位：万美元）

国家（地区）＼年份	2008	2009	2010	2011	2012
阿尔及利亚	9 893	14 592	4 225	22 876	18 600
苏丹	5 079	6 540	− 6 314	1 930	3 096
埃及	885	2 498	1 457	13 386	5 156
利比亚	− 851	4 226	1 054	− 3 855	− 1 050
摩洛哥	178	264	688	1 642	175

资料来源：中国企业对外投资统计公报。

中国企业与北非国家在能源领域的合作不断推进。2003—2013 年北非深水勘探开发投资费用增加了 7 倍，而浅水勘探投资费用仅增加了 78%。未来能源开发的重点将聚焦在深水区域。北非国家都是临海国家，具有巨大发展潜力。

2003—2013 年中国企业对北非国家投资流量整体而言呈稳步上升态势。从投资国别看，主要集阿尔及利亚和苏丹等资源丰富国家或地区大国；从投资领域看，中国企业对北非投资已涉及有色金属等多个自然资源领域。

二、中国企业对北非国家投资遇到的问题

（一）经济问题

1. 北非国家社会治安状况比较差，投资贸易缺乏安全防护

目前，北非国家社会治安状况比较差。据相关数据统计，北非国家的犯罪率是世界上比较高的，犯罪的主要形式为持枪或者刀具入室抢劫私人财物、拦路抢劫往来车辆及偷窃，此外还有对妇女实施暴力等。近几年，针对中国商人库房的盗窃案和针对中国车辆及行人的拦路抢劫案时有发生，给中国的企业以及商务人员带来了巨大经济损失。

2. 资金不足和融资困难

中国企业投资北非国家资金不足，尤其一些中小企业和民营企业难以得到足够的商业贷款和政府支持，一些能够拿到的项目也不得不放弃。

在调研过程中，一些企业负责人提到，国家政策导向不够明显，缺乏相关政策的配套和支持。在财政、金融、税收和保险等方面，都是原则上鼓励，实际操作上的优惠不多。一些对外投资企业的投资母体既没有对外担保权和对外融资权，也没有自己的财务公司，使境外企业缺乏正常的融资渠道。目前的一些外汇管理政策对企业"走出去"形成了一定的限制。

（二）政策问题

1. 北非国家均面临政策僵化的问题

北非国家均面临政策僵化的问题。北非国家大多采用家族统治，实行世袭制，统治者独裁专制。随着经济全球化的日益深化，民主、民权思想得到广泛传播，国民的民主需求日益强烈。然而，北非国家长期以来体制僵化、改革严重滞后，加之政府严重腐败，家族和朋党垄断利益，民怨沸腾，导致社会矛盾激化。这些问题影响了中国企业对北非国家的投资。

2. 企业在进行对北非国家投资活动时，缺乏政府战略指导

对北非国家投资是一种复杂的经营活动，困难多，风险大，受诸多因素影响。因此，必须有超前意识和全局观念，长远规划，精心策划，制定正确的战略，才能克服盲目性和随意性，赢得对北非国家投资的竞争优势。在走访过程中，很多企业负责人都感觉到，在国内发展面临很多的"管、卡、压"，国外的发展环境明显要优越一些，应该考虑如何加快到境外发展的速度。

政府、法律在维护公平竞争方面存在许多问题，如政府主管部门的行政干预、总经理的政府委派、投资管理体制改革滞后、产权不明晰等政企不分现象，致使企业既有优势不能按自主意愿实现扩张。

（三）文化问题

1. 中国企业对北非国家的投资面临来自其他国家的文化竞争

北非国家拥有丰富的资源和巨大的发展潜力，因此受到了美、法、英、日、德等发达国家的高度重视。它们与北非国家建立"战略新伙伴关系"，并对北非进行文化渗透，对中国企业的投资造成了影响。

2. 中国企业和北非国家的文化差异影响投资关系

北非国家大都属于阿拉伯国家，人们的观念比较保守，不愿意采取合理的方式"敞开胸怀"。长期以来，传统的价值观念和以美国为首的西方价值观念在北非地区不断发生冲突，导致人们价值观和思维方式比较混乱。这与中国的文化有很多差异，不利于双方的投资合作。

三、中国企业对北非国家投资的对策建议

（一）经济方面

1. 北非国家要加大力度治理社会治安

北非国家政府应该适当地调整法律制度，对情节严重的犯罪行为给予严厉的惩罚，加大打击力度，这样可以给国内居民一个稳定的社会环境，提高就业率。只有一个稳定的社会、好的投资环境，才能更好地促进经济贸易发展。另外，双方经贸主管部门须积极磋商，认真探讨，改善投资及贸易环境。

2. 调动企业海外投资的积极性，健全国内金融体系

调动企业海外投资的积极性，健全国内金融体系，逐步实现资本项下资金的完全流动，进而实现资本市场的完全开放；大力发展股票、债券等融资手段，通过鼓励企业发行 A 股、B 股、H 股、S 股和 N 股等各种股票或外国债券和欧洲债

券等各种债券在国内外证券市场进行融资，增加企业海外投资的融资途径，为企业的对外投资提供充足的资金支持。

（二）政策方面

1. 健全企业对北非国家投资的相关政策

企业对北非国家投资离不开政府和政策的支持。要借鉴国外的成功经验和做法，加快完善相关政策。从政策需求来看，政府应加大财政、税收、金融、外汇等政策支持力度，尽快出台优惠政策，鼓励各类企业"走出去"，促使企业追求的经济效益目标同国家战略和政策目标统一起来。

2. 强化政府职能，建立海外投资保障机制

强化政府作用，完善金融服务体系。在对外投资过程中，政府应充分发挥其在法律保护、政策引导、税收、融资、保障制度、信息和咨询服务等方面的职能，在企业对外投资的整个过程中及时提供有关投资国的政治、经济、法律、社会风俗、市场、行业和产品等各方面的信息。结合国内经济发展情况和产业结构调整，制定对外投资战略，积极引导企业对外投资的地区和产业合理分布，提供税收优惠政策，防止双重征税。建立海外投资保障机制，为海外投资企业因政治风险遭遇的损失提供适当补偿。

3. 强化对企业进行对北非国家投资的相关服务

尽早建立跨部门的领导协调机制，制定对北非国家投资的整体战略，全面指导对北非国家投资工作。结合《行政许可法》的实施，简化审批手续，提高审批效率。

为提高效率，金额较大的项目可以只经过一道审查。可以在项目规模上分工，比如报国家部委审批的，就由部委指定机构进行可行性报告审查，而不要层层审查。另外，投资决策和项目审查乃至核准登记的时间都应该大大缩短，可以授权给企业，让企业报告和备案。金额比较小的项目实行登记就可以了。资金风险和项目风险市场自身会考虑，银行和担保机构也会考虑，不需要政府部门去考虑。政府部门工作中的重点是控制总量、结构和方向，完善监督和管理机制，提高企业素质和国际竞争水平。

4. 结合国内经济发展情况和产业结构调整，制定对外投资战略规划

明确对外投资的重点区位和产业，对已确定的重点区位和产业进行深入研究，提出具有可操作性的战略规划，制定相应的优惠政策，分阶段实施，以求对国民经济发展产生稳定的拉动作用。在区位选择上，应优先选择有资源、有市场、有效益、有优惠政策和双边关系友好的重点国家和地区。

（三）文化方面

1. 中国企业要提高竞争力，抵抗西方国家的文化渗透

在投资过程中，中国企业首先要克服自身观念以及企业经营思路上存在的问题，要明白在这个竞争激烈的市场上需要以最高的质量、最优质的服务才能站稳脚步，要树立良好形象。企业要有品牌意识，加大力度宣传企业自身的品牌，做好优质的售后服务，只有这样才能不断地赢得客户的喜爱，从而保证中国企业在北非国家的优质竞争力，抵抗西方国家对于北非国家的文化渗透。

2. 中国与北非国家积极进行文化沟通

中国应该尊重北非国家的文化和生活习惯，不要破坏人们的生活和环境。可以找当地人对中国企业的员工进行文化培训，让中国投资企业可以更好地理解北非国家的文化，更好地进行沟通和投资。

参考文献：

[1]何玉江．中国与北非阿拉伯国家文化经贸合作现状及其对策[J]．宁夏社会科学,2011(1)：118－120．

[2]王正伟．中国—阿拉伯国家经贸论坛理论研讨会论文集[M]．银川：宁夏人民出版社,2010．

[3]张小峰．中国对北非阿拉伯国家投资现状、动因及策略选择[J]．上海师范大学：哲学社会科学版,2010(9)：97－103．

[4]杨惠．中国与北非阿拉伯国家经贸关系简析[C]∥第二届中国·阿拉伯国家经贸论坛理论研讨会论文集(2011第二辑),2011．

[5]布拉黑姆(易卜拉欣)．中国与北非的经贸关系研究[D]．哈尔滨:黑龙江大学,2012．

借鉴中国经验，以信息化促进喀麦隆现代化发展

狄奥多　　张士玉

摘　要：随着信息技术的不断进步，当今世界越来越重视信息化。中部非洲在现代化进程中面临着重重障碍，现代化建设又越来越重视信息化的重要性。因此，加强信息化的建设刻不容缓。本文在分析了中部非洲面临的障碍之后，重点分析信息化建设在喀麦隆现代化建设进程中的关键作用，提出借鉴中国经验，与中国加强合作的信息化发展之路，并从技术途径、融资途径以及发展模式三个方面对喀麦隆完成信息化建设提出了相关的建议。

关键词：信息化；中国；喀麦隆

一、中部非洲在现代化进程中的主要障碍和信息化的作用

（一）金融独立问题

1960 年喀麦隆在国家层面实现了独立，但是金融至今难以独立，仍然使用非洲法郎，而非洲法郎控制在法国手中。

现代金融体系一刻也离不开能够在全国金融体系范围内信息共享、互联互通的信息系统。依靠信息系统，中央银行落实国家金融政策、控制货币发行，银行之间与企业之间进行结算与资金往来，纸币在消费者和社会中减少流行。

（二）基础建设问题

现代基础建设以电力、交通和通信三大基础为支柱。信息系统是各项基础建设离不开的关键环节。例如：一些地区经常停电，无非两个原因，一是发电总量不够，二是电力调配不均衡。电力信息系统不仅可以在全国范围内均衡调配电力，同时也可以促进光伏发电的发展。

（三）大型民族企业发展问题

现代大型企业的管理更是以信息化为基础，典型的信息系统如企业资源计划

系统（ERP）、客户管理信息系统（CRM）、供应链系统（SCM）、财务系统（FS）等。

（四）中小企业发展与民间创业问题

中部非洲和喀麦隆人民具有通过劳动致富的积极愿望，民间孕育着很大的创业热情。但是，电子商务基础建设的滞后，阻碍了中小企业的发展。在这方面，中国的发展提供了极好的借鉴，那就是建立中小企业信息化平台，促进中小企业发展。

（五）政府管理问题

目前包括喀麦隆在内的一些中非国家，在政府管理方面存在效率低下、腐败、地方势力各自为政等问题。采用信息化手段，建立电子政务系统，不但能提高办公效率，更重要的是以下三个方面。第一，促进政府公平、公正、公开，抑制腐败。第二，通过强制业务流程制度化而促进政府工作纳入法制化轨道，减少人为的随意干扰。第三，加强人民与政府的双向沟通，避免或减少基层官僚对中央政策的歪曲。

二、信息化建设是促进喀麦隆现代化的关键环节

纵观全球，世界各国都加快了信息化的建设，都把信息化作为自身发展的重要策略之一。信息化在中国受到政府、企业和社会的高度重视，2002 年中国共产党第十六次全国代表大会上指出"信息化是中国加快实现工业化和现代化的必然选择"，由此提出并制定了"以信息化带动工业化、以工业化促进信息化"的国家发展战略。

借鉴中国经验，中部非洲希望尽快迈入现代化行列，信息化同样是必然选择，并且是关键环节。

（一）发展信息化的内涵

计算机和互联网的普遍使用只是最基础的技术层面，是整个信息化建设的基础。在此基础上需要对已有的资源，即对信息网络、信息技术、信息产业、信息法规环境以及信息人才等信息化资源的各个方面进行科学、系统以及规范化的管理。

（二）信息化对现代化建设的重要性

在政府管理、经济发展和金融管理等诸多方面存在一系列问题并且严重滞后

现代社会的中部非洲，如果要加快发展，必须找到一个可以牵一发而动全身的关键环节。信息化涉及面广、影响大，是现代社会的基础和神经，自然成为这一关键环节。2012 年中国共产党的第十八届全国代表大会不但更加强调了信息化的国家战略的地位和重要性，而且更加具体地提出了一些新的规划，例如：互联网与各行各业融合的"互联网＋"行动计划、"中国制造 2025"计划等一系列以信息化带动经济和社会加快发展的计划。

中国的经验表明，优先发展信息化，可以对社会和经济各方面的发展起到明显带动作用。中部非洲和喀麦隆欲实现后进追赶先进的快速发展，不可能亦步亦趋地完全照搬欧美等国 300 多年的工业化之路。中国以信息化促进和带动各行业发展的经验值得借鉴。

（三）喀麦隆信息化与现代化的联系

目前，喀麦隆面临的是大规模发展的阶段，国家的各方面建设在快速进行中，但是还没有完全从工业经济过渡到信息经济，这个时候就要借鉴先进国家的经验，并结合喀麦隆的实际情况，探索适合喀麦隆的发展道路。

喀麦隆的产业以农业为主，生产香蕉、玉米、木材、棉花、可可和咖啡等。工业方面有发电、石油开采、铝冶金、木材加工等。总之，以生产初级产品为主，制造业不够发达。中小企业较多，主要以维修、贸易、生产食品、手工艺品和各类服务企业为主。喀麦隆政府已经认识到信息化对于国家发展的重要性，建立了部级的信息化管理机构，相当于中国的工业和信息化部、国家统计局。国家和地方的信息中心作为政府和社会信息化的重要技术支持机构，在这个方面喀麦隆还有很大的建设和发展空间。

喀麦隆的信息化发展水平是不平衡的。固定通信还比较落后，低于中国改革开放前的水平，但是已经建立了移动通信网络，相当于中国 21 世纪初期水平。在接入互联网方面，由于有线通信的基础设施相对落后，并且计算机价格较高，大中型企业可以通过有线设备上网，小企业和居民个人更多的是通过手机无线上网。

相对硬件基础建设情况，更加落后的是信息资源管理。目前许多重要方面都没有建立起来或正在建立国家统一的数据中心。而其他方面，如教育、交通、贸易、金融等，在信息资源标准化建设、数据中心建设和应用系统开发这三个层次还有较长的路要走。

相对于信息管理的落后，信息化的普及程度远远不够，这与计算机价格昂贵直接相关。所以，降低计算机包括个人电脑和商用电脑的价格，是加快喀麦隆和整个中部非洲信息化进程的最直接的关键因素之一。

政府要清醒地认识以及了解到喀麦隆现实的国情，认识到生产力不发达等各种问题。在这个过程中，需要国家以及必要的部门正确地引导，利用信息化带动现代化的发展。

三、加快喀麦隆的信息化建设途径

（一）制定信息化战略目标

首先政府要根据本国目标来制定信息化发展的目标，其基本思路如图1所示。

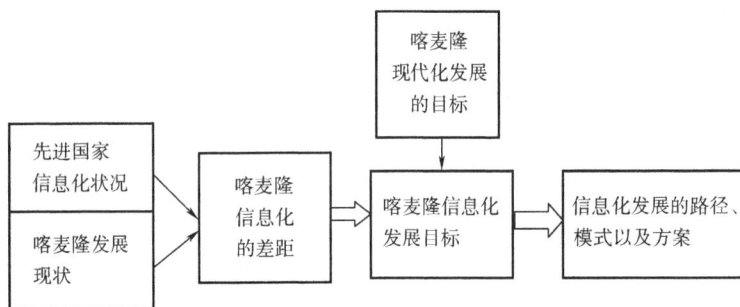

图1　喀麦隆制定国家信息化发展规划的基本思路

（二）与中国建立合资企业，大力普及个人电脑

大幅降低喀麦隆国和中部非洲计算机价格的途径，就是与中国企业合作，建立合资企业，生产本地计算机。这不但可以大力促进信息化发展，而且可以通过出口到其他非洲国家，形成一项国家产业。

（三）发展模式

借鉴中国的发展模式，与中方企业合作，在不同层次上选择不同企业合作，如图2所示。

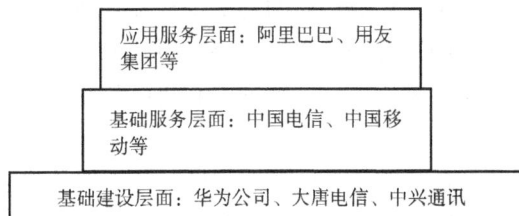

图2　在不同建设层次上与中国的企业合作

（四）融资途径

发挥政府投资、民间投资和利用外资三方面的作用。具体途径，可以利用亚洲基础建设投资银行的作用，向银行贷款进行建设，然后以日后的服务费偿还贷款。其基本途径如图3所示。

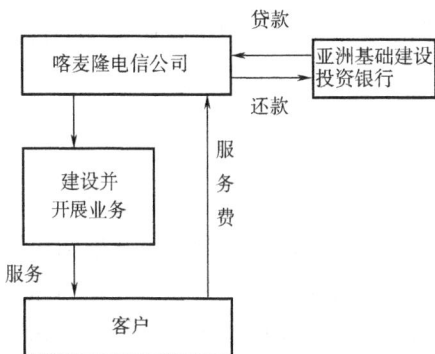

图 利用亚洲基础建设投资银行投资的电信融资模式

（五）中小企业信息化途径

中国在以信息化促进中小企业发展方面，主要的经验就是建设中小企业公共信息平台。图4为北京市政府建设的中小企业公共服务平台。

图4 北京市中小企业公共服务平台

从建设主体上划分，中国的中小企业发展平台分为政府建设和民间建设两大类。其分工和作用不同。政府建设的中小企业信息化发展平台主要是提供政府的政策支持以及金融、法律、会计和培训等服务。民间大企业为中小企业提供的服务平台主要有两大类，一类是帮助中小企业开展电子商务的大型信息系统，典型的就是阿里巴巴。第二类是为中小企业提供在线信息系统服务的平台，典型的如用友集团提供的信息系统应用平台。

喀麦隆可以仿照此做法，建设一些中小企业服务平台，促进中小企业发展。

四、结论

综上，喀麦隆和中部非洲国家，就目前情况而言，已经不可能亦步亦趋地重复欧美300多年的发展历程而进入现代社会。借鉴中国快速发展的经验，应该适当优先发展信息化建设，以信息化促进社会和工业化的加快发展，这是后进国家快速进入现代化行列的正确途径。在信息化发展模式、融资渠道和各个层面的建设方面，不但可以广泛借鉴中国的发展经验，而且可以与中国进行多方面合作。

参考文献：

[1]中国领事服务网网站.了解目的地非洲喀麦隆.中国领事服务网,http://cs.mfa.gov.cn/zggmcg/ljmdd/fz_648564/kml_649931/.

[2]驻喀麦隆使馆经商处.喀跻身20大最具发展前景非洲国家之列.中国商务部,http://cm.mofcom.gov.cn/article/ddgk/zwjingji/201608/20160801380878.shtml.

[3]驻喀麦隆使馆经商处.喀麦隆银行业发展面临重重挑战.中国商务部,http://cm.mofcom.gov.cn/article/ztdy/201604/20160401302953.shtml.

基于中国经验的哈萨克斯坦中小企业发展战略研究①

古娜拉　肖文东

摘　要：本文从总体概况、地区分布及行业分布分析哈萨克斯坦中小企业现状，分析了现有的中国中小企业发展战略模式中的三种成熟模式，即苏南模式、温州模式和珠江模式，最后提出哈萨克斯坦中小企业发展的战略模式选择。

关键词：中国经验；哈萨克斯坦；中小企业；发展战略

一、引言

从 1991 年独立以来，哈萨克斯坦国内的经济经历了衰退、复苏到快速发展三个阶段。在经济快速发展的过程中，哈萨克斯坦国内的中小企业对经济的发展起到了重要的推动作用，表现在中小企业数量显著增加，创造了更多就业机会，对经济起到了稳定及推动作用。但 2009 年的经济危机也对哈萨克斯坦的中小企业造成了一定的冲击，中小企业数量出现了负增长。笔者是来自哈萨克斯坦的留学生，在中国留学期间，也曾在中国的中小企业实习工作，发现中国的中小企业发展十分迅速，而且很有特点。中小企业对一个国家的经济发展具有非常大的贡献，世界各国对中小企业的发展都十分关注。本文对哈萨克斯坦中小企业的发展现状进行了分析，力求借鉴中国中小企业的发展经验，提出有助于哈萨克斯坦中小企业发展的战略。

二、中小企业的概念界定

不同的国家对中小企业的界定标准是不一样的，总体上看一般是从定量（雇员人数、营业额、资产等量化指标）和定性（独立所有、自主经营、市场份额）两个方面进行界定。由于定量的可操作性强，大部分国家采取定量标准。表 1 列出了几个具有代表性的国家对中小企业的界定，其中：美国中小企业的界定标准

---

① 本文是北京联合大学社会科学类新起点计划项目"不同规模银行中小企业融资模式与风险预警研究"的阶段性成果。

最简单明确；欧盟采用的标准多样化；日本等国家一般采取行业界定及复合界定的方法；中国对中小企业的划分非常细致，分别从行业、营业收入及从业人员等方面进行界定。

表1　各国对中小企业的界定

国家	时间及文件	界定行业及方式	标准
美国	从1953年开始，根据不同行业，采用雇员数量、销售额等进行标准制定	制造业、批发业	以雇员人数为标准，500人以下的企业称为中小企业
		零售业、服务业	以销售额为标准，销售额在700万美元以下规定为中小企业
	2001年《中小企业法》	定量	将雇员人数在500人以下的规定为中小企业
	2010年《中小企业状况》	简化标准为两条	规定雇员不超过500人、营业额不超过600万的企业统称为中小企业
欧盟	2000年欧委会	以资产额来界定	小型企业在250万欧元以下
			中型企业在250万欧元到1 000万欧元之间
			大型企业在1 000万欧元以上
		从营业额来界定	小型企业在500万欧元以下
			中型企业在500万欧元到2 000万欧元之间
			大型企业在2 000万欧元以上
日本	中小企业基本法	按不同行业界定	制造业中小企业以雇员少于300人低于3亿日元资本为界定标准
			批发业中小企业以雇员少于100人低于1亿日元资本量为界定标准
			零售业中小企业以雇员少于50人低于5 000万日元资本量为界定标准
			服务业中小企业以雇员少于100人低于5 000万日元资本为界定标准
中国	2011年《关于印发中小企业划型标准规定的通知》	对中国84个行业大类中的小企业划分标准进行统一	此项标准包括84个行业大类、362个行业中类及859个行业小类。不同行业有不同的划分标准

　　哈萨克斯坦中小企业界定由哈萨克斯坦统计署决定，其中，对不同类型企业的划分标准如表2所示。

表2 哈萨克斯坦中小企业界定标准

类 型	标 准
大型企业	雇员在250人以上，营业收入超过30 000万坚戈
中型企业	雇员在50到250人，营业收入6 000万到30 000万坚戈之间
小型企业	雇员在5到50人，营业收入在6 000万坚戈以下
个人企业家	雇员在5人以下，营业收入在1 000万坚戈以下
农场主	雇员在5人以下，营业收入在500万坚戈以下

资料来源：哈萨克斯坦国家统计署。

综上所述，哈萨克斯坦采用"定量"指标为主，另外也通过"定性"指标对中小企业进行界定。本文将中小企业、个人企业家及农场主纳入讨论范围。

三、哈萨克斯坦中小企业发展现状分析

（一）总体概况

自1991年成立至2016年，哈萨克斯坦走过了25年。独立后的哈萨克斯坦摆脱计划经济，走市场经济的道路。国内企业的私有化改革在1997年基本完成，哈萨克斯坦中小企业从数量与质量上都得到了不断的提升。总体看，哈萨克斯坦中小企业的基本数量情况如图1所示。

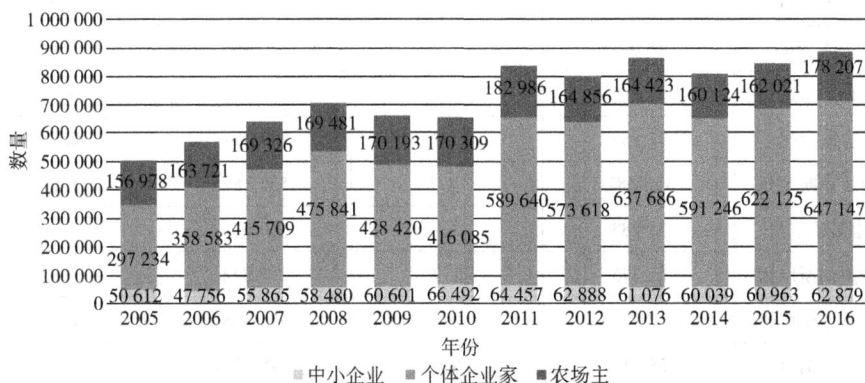

图1 2005—2016年哈萨克斯坦中小企业总体情况

数据来源：http://www.start.gov.kz/.

如图1所示，哈萨克斯坦中小企业的数量在2009年金融危机前保持稳定增

长，2009 年受金融危机影响开始下降，到 2011 年开始恢复增长。2014 年受国际石油价格下跌影响（哈萨克斯坦主要出口石油），国内经济下滑，国内货币贬值，哈萨克斯坦中小企业数量有所下降，2015 年恢复增长。从数量上看，中小企业最少，其次是农场主，最多的是个人企业家。

（二）地区分布

哈萨克斯坦中小企业的地区分布主要受国家政策的影响，国家以重点城市为中心，带动其他地区发展进行政策制定，优先发展阿斯塔纳、阿拉木图等城市，通过这些城市发展带动全国市场一体化的发展。2016 年哈萨克斯坦中小企业的地区分布情况如表 3 所示。

表 3　2016 年哈萨克斯坦中小企业的区域分布

区域	中小企业数量	占比（%）	产值（百万坚戈）	占比 GDP（%）
全国	888 233	100	9 165 412	27
阿克莫拉州	35 097	3.9	301 092	0.8
阿克托别州	39 328	4.4	396 741	1.1
阿拉木图州	95 863	11.0	654 203	1.9
阿特劳州	33 495	3.7	378 929	1.1
西哈萨克斯坦州	30 337	3.4	371 811	1.0
江布尔州	43 658	4.9	268 855	0.7
卡拉干达州	63 791	7.1	533 524	1.5
库斯塔奈州	45 097	5.0	370 764	1.0
克孜勒奥尔达州	27 269	3.1	242 577	0.7
曼吉斯套州	32 835	3.7	325 497	0.9
南哈萨克斯坦州	125 682	14.1	537 182	1.6
巴甫洛达尔州	33 783	3.8	360 633	1.0
北哈萨克斯坦州	25 775	2.9	297 242	0.8
东哈萨克斯坦州	77 951	8.7	513 828	1.5
阿斯塔纳市	58 810	6.6	1 452 776	4.2
阿拉木图市	119 462	13.5	2 159 759	6.3

数据来源：2016 年哈萨克斯坦中小企业统计年鉴。

如表 3 所示，哈萨克斯坦中小企业主要集中在阿拉木图州，占比达 11%，产值有 6 542 亿坚戈，占 GDP 的 1.9%，而阿拉木图市有 119 462 家，占总数的

13.5%，其产值占 GDP 的 6.3%。阿斯塔纳市有 58 810 家，占比 6.6%，产值为 14 527 亿坚戈，占 GDP 的 4.2%。除了南哈萨克斯坦州及东哈萨克斯坦州以外，其他各州分布较为平均。从表 3 还可以知道，阿拉木图及阿斯塔纳作为两个直辖市，也是最大的经济增长点。阿拉木图州及南哈萨克斯坦州地处南部，该地区的中小企业主要是初级产品加工企业，而其他州属于矿产资源比较丰富的地区，该地区的中小企业主要是采掘类企业。

（三）行业分布

哈萨克斯坦的经济部门主要包括政府部门及私有化部门两个部分，而后者占比大。哈萨克斯坦中小企业行业分布的详细情况如表 4 所示。

表 4　2016 年哈萨克斯坦中小企业的行业分布

区域	中小企业数量	占比（%）	产值（百万坚戈）	占比 GDP（%）
全国	888 233	100	9 165 412	27
农林业和渔业	163 428	18	1 016 202	2.9
工业	24 472	2.7	1 598 335	4.7
采矿业	579	0.06	274 915	0.8
制造业	22 850	2.6	1 103 474	3.2
建筑业	22 792	2.5	1 770 956	5.2
贸易汽车维修用品	381 479	43	2 093 280	6.1
运输和仓储	58 763	6.6	551 229	1.6
信息和通信	9 295	1.0	247 031	0.7
餐饮酒店	22 280	2.5	145 777	0.4
金融和保险	574	0.06	70 234	0.2
不动产业	54 459	6.1	313 931	0.9
科学和技术	21 135	2.4	669 482	2.0
国家行政管理	23 468	3.7	320 731	0.9
教育	5 022	0.5	80 631	0.2
卫生和社会服务	5 034	0.6	48 917	0.1
娱乐和休闲	5 119	0.6	105 456	0.3

数据来源：2016 年哈萨克斯坦中小企业的统计年鉴。

从表4可以看出，在哈萨克斯坦中小企业产业分布中，贸易汽车维修类的中小企业数量是最多的，有381 479家，占比43%，产出20 932亿坚戈，占GDP的6.1%。之后是农林业及渔业，其他分布较为分散。从表4反馈的情况看，哈萨克斯坦的中小企业存在历史遗留问题，其中，制造业及轻工业中的中小企业发展缓慢，现阶段哈萨克斯坦中小企业分布的结构类型是"三一二"，第二产业发展滞后，需要向"三二一"的结构进行调整。

四、中国中小企业发展战略模式经验

中国自改革开放后形成三种比较成熟的中小企业发展模式，即苏南模式、温州模式和珠江模式，哈萨克斯坦的中小企业可以根据自身的发展情况对这些模式进行适当的经验移植。

（一）苏南模式

苏南模式是20世纪80年代建立起来的别具特色的集体所有制的乡镇企业发展模式。从体制创新上看，市场化和国家化使苏南形成外资、民资和股份制为主的所有制结构；从增长方式创新上看，采取富民优先政策，进行产业升级，提高自主创新能力，实现可持续发展；从政府创新上看，建立了"市场经济发展，政府管社会发展"的调节结构。

（二）温州模式

与苏南模式的集体经济基础不同，在温州模式中，中小企业发展战略模式主要是基于私营企业发展而来的，最初的形式是一些小作坊。温州农民在改革开放初期走上以家庭工业及专业市场方式发展的非农业道路，生产由市场调节供需的日用小商品，并以此为主导产业，形成"小商品、大市场"的发展格局，在如皮鞋等小商品上实行专业化的生产，逐渐形成生产要素完备、流动性强的小作坊企业集群。温州模式中的私人独资企业是最主要的制度形式。新的时期，"温州模式"向"新温州模式"转变，以产业集聚、生产高附加值"小商品"及拥有多层次的现代营销网络为特点。

（三）珠江模式

珠江三角洲的中小企业发展战略模式最突出的优势，是利用国家发展经济特区以及利用改革开放所带来的大量的优惠政策，形成外向型经济的发展模式。

表5比较了中国三种中小企业发展模式。

表5　中国三种中小企业发展模式的比较

发展模式	苏南模式	温州模式	珠江模式
背景	地少人多，农工相辅	地少人多，基础设施差，无集体经济底子	毗邻港澳地区的区位优势，交通便利
基本经验	发展乡镇企业，在此基础上形成城市工业、乡镇企业及农副业结合的区域经济体系	发展家庭工业，形成专业市场，即"小商品大市场"，生产者与消费者直接建立联系	主要是三来一补、两头在外的外向型企业，与香港形成前店后厂
所有制	地方政府领导下的社区集体制演化	主要以个体户为主，之后出现联合的趋势	介于前两者之间，个人与集体兼有
主导力量	内发型，政府主导，利用城市协力创造企业	内发型，家庭主导创造企业	外地企业主导，利用当地土地及劳动力进行生产的外向型经济
新的变化	强政府、弱市场模式向强政府、强市场模式演变	弱政府、强市场模式向强政府、强市场模式转变	强政府、强市场模式的动态调整

中国中小企业三种成熟的发展模式都具有一定的历史背景和自身的地域特征。在哈萨克斯坦，与外国靠近的省份的中小企业的发展模式可以借鉴中国的珠江模式，推动外向型中小企业的发展。从前文的分析可知，哈萨克斯坦中小企业中有农场主的类型，因此可以考虑采取温州模式的家庭式。另外，对一些地方性的乡镇企业而言，可以考虑借鉴苏南模式。

五、哈萨克斯坦中小企业的发展战略

发展战略对中小企业的成长而言是非常重要的。明确的发展战略，能够有效地避免中小企业经营的盲目性，帮助中小企业集中精力于企业经营绩效的关键因素与环节，从而增强企业的竞争力。哈萨克斯坦中小企业可以采取以下几个战略进行侧重发展。

（一）"小而专，小而精"战略

罗宾逊认为，企业的规模扩大一般有一个限度，超过这个限度之后就会出现规模递减。处于最佳规模的企业，生产率、利润额及利润率最高且长期平均费用最低。企业规模扩大会增加管理层次，降低灵活性。故"小而专，小而精"的战略适合中小企业的规模。这种中小企业的发展战略主要强调中小企业的专业化经营，这和中小企业自身的规模小、资源少的特点是相关的。中小企业资金及生产能力都有限，经营多种产品反而不利于中小企业分散经营风险。哈萨克斯坦中小企业可以集中自身优势，在细分市场的基础上进行"小而专，小而精"的专业化经营战略。大企业偏爱专业化程度高的中小企业，愿意让它们为自己提供配套服务及产品。专业化的发展能够提高企业的专业技术水平，取得有利的市场竞争地位，并获得一定的规模经济效益。

（二）市场补缺战略

产业高度集中容易形成阻碍企业进入的壁垒，而中小企业市场份额小，势力单薄，一般不会引起大企业的关注，因此在产业高度集中的行业，中小企业具有进入的优势。经济学家罗宾逊夫人、张伯伦及哈罗德等认为，市场不完全性及产品的差别性，常常使大企业不能满足规模较小且多样化的市场需求。中小企业生产经营的灵活性不受规模限制，使得它可以避开行业内规模大的企业的影响。

市场结构中存在大量的市场缝隙，中小企业具有规模小、经营灵活的特点，容易获得大企业忽略的市场空隙。市场补缺战略是中小企业在结合自身规模小、经营灵活及对市场的适应性强的特点上采取的发展战略。有些市场对于大企业而言没有进入的价值，而中小企业凭借自身灵活经营的优势，能够迅速地占领该市场。实行该战略的中小企业需要建立高效、灵敏的信息系统，在占领该缝隙市场后要不断扩大该市场，增加产品的深度，扩大产品的广度。

（三）与大企业协作战略

英国经济学家马歇尔在《经济学原理》一书中将整个经济比作一片森林，而小树代表小企业，大树代表大企业。大树在获得阳光及空气方面具有绝对优势，小树虽然大量死掉，但大部分小树能慢慢长成大树。马歇尔强调中小企业的学习效应，中小企业应通过自身的不断学习而拥有创新能力，从而成长为大企业。这就是马歇尔的"森林比喻说"，即新老更替、大中小企业并存的理论。

哈萨克斯坦的中小企业采取与大企业协作的发展战略，能够避开激烈的市场竞争，在与大企业协作战略中中小企业要注重对特定专一产品市场的专注，提高自身的专业化水平及产品质量从而巩固同大企业之间的协作关系。另外，中小企业之间要形成一定的联盟，增强自身的讨价还价能力，获取发展的利润空间。

（四）特色经营战略

特色经营战略是中小企业突出自己产品服务某个方面的特色，从特色经营上吸引顾客的战略。哈萨克斯坦的中小企业擅长生产羊绒包，如果在生产制作成品上强调其经营特色，将会取得更大的国际市场。

采取特色经营战略的中小企业要注重采取新的技术进行工艺创新，积极发展特色产品经营的家庭式或乡镇式中小企业要注重对设计研发费用的投入，另外也要注重产权保护，对自己取得的特色产品技术等申请专利。哈萨克斯坦中小企业在"小商品"生产上，要积极吸收中国"温州模式"的经验，形成一批具专业优势的"小商品"特色生产企业。

参考文献：

[1]贾婧. 哈萨克斯坦中小企业发展模式研究[J]. 西部金融,2016,38(6):145-146.

[2]张和平. 我国中小企业战略创新机制的研究[D]. 长春:长春理工大学,2008(6):6-8.

[3]唐辉音. 温州模式的演化进程及未来发展研究[J]. 经济论坛,2012(8):54-56.

[4]夏永祥."苏南模式"的演进轨迹与城乡关系转型思考[J]. 苏州大学学报,2011(4):169-172.

[5]曾芬钰. 长三角区域苏南模式与温州模式演变轨迹研究考[J]. 湖南科技大学学报,2011(6):108-113.

[6]毛帅,聂锐,程平平. 基于政府机制的创业模式发展研究:苏南、温州、珠江模式再析[J]. 科技进步与对策,2012(4):36-38.

[7]杨云龙,何文虎."三元结构"下地区经济增长的动力机制研究:对"苏南模式"、"温州模式"和"珠江模式"的解读[J]. 南方金融,2013(7):32-36.

俄罗斯中小企业发展的思考

爱 丽

一、俄罗斯对中小企业的界定

对于中小企业的划分，各国都有自己不同的依据，2015 年，俄罗斯对微型、小型和中型企业通过俄总理签署的法令进行了明确的划分，微型、小型和中型企业的年收入分别被界定为 1.2 亿、8 亿和 20 亿卢布（表1）。

表1　俄罗斯中小企业划分

类别中小企业	就业人数	一个企业的收入	独立起源的标准
微型企业	<15 人	<1.2 亿卢布	国家参与的总份额（俄罗斯实体，市政，公共和宗教组织在登记的慈善基金或其他基金）不超过25%
小企业	16 ~ 100 人	<8 亿卢布	股份制投资基金的资产；房地产封闭式共同基金；总物业投资伙伴关系
中企业	101 ~ 250 人	<20 亿卢布	外国公司的总股本总持股比例，属于不属于中小企业的一个或多个组织，不超过49%

二、俄罗斯中小企业发展的历史与现状

俄罗斯过去一直实行的是计划经济，虽然解体后进行了改革，并且这些年以来也一直在鼓励私有企业的发展，但是俄罗斯国有企业仍数量巨大，相对于其他发达国家，俄罗斯的国有企业数量多出很多。由于之前忽视中小企业，并且也没有相应的发展环境，所以俄罗斯中小企业的发展水平较低。近年来，俄罗斯开始注重中小企业的发展。政府也开始鼓励中小企业的发展，在市场经济的环境下，俄罗斯中小企业开始迅速发展，数量在短时间内得到大幅提升。

在俄罗斯经济发展过程中，计划经济慢慢显露出了很多问题和缺点，所以俄罗斯就对国有企业进行股份制改革。在此环境下，俄罗斯国内的中小企业开始发展，慢慢地在国民经济中成为重要的部分，受到政府的重视。中小企业在发达国家中一般发展都是较为成熟的，数量高达总数的95%以上，对于国家的劳动力就业也有明显的贡献，有60%左右的劳动力通过中小企业实现就业，为国民经济贡献了一半的国民生产总值。如果俄罗斯中小企业数量达到300万，通过中小企业就业的劳动力达到2 200万，对国民经济的贡献也要超过30%。可是就现在俄罗斯的情况来看，俄罗斯中小企业的数量以及产量都无法达到这个水平。据统计，到2015年，俄罗斯中小企业有2 590多家，解决俄罗斯就业占总数的20%左右，中小企业产值占国内生产总值的20%左右。

俄罗斯中小企业在地域分布上不均衡。中央联邦区、伏尔加联邦区以及西北联邦区的中小企业数量较多且发展较好，而南方联邦区、远东联邦区以及北高加索联邦区经济发展不平衡，数量不够多、发展程度不够好。俄罗斯中小企业发展的问题比较明显，其中的原因是多方面的，根本原因在于经济体制。由于俄罗斯经济不可避免地受到历史因素的影响，所以发展相对缓慢。在建筑和工业生产领域中，生产型中小企业占25%～30%，距离50%的合理结构还有一定差距；有40%～50%的非生产型中小企业在商业、服务业和中介行业从事经营活动。

表2　俄罗斯中小企业数量统计　　　　　　　　　　单位：家

地区	总数	法人				个人创业			
		总数	微型企业	小企业	中企业	总数	微型企业	小企业	中企业
俄罗斯联邦	5 523 765	2 594 355	2 335 579	238 796	19 980	2 929 085	2 900 085	26 953	372
中央联邦区	1 636 987	899 171	803 309	87 431	8 431	737 816	731 213	8 511	92
西北联邦区	629 902	357 442	323 180	31 875	2 387	272 460	269 894	2 536	30
南方联邦区	569 388	172 704	155 424	15 926	1 354	396 684	393 304	3 341	39
北高加索联邦区	188 631	43 956	39 478	4 116	362	144 675	143 806	856	11

注：截至2016年8月1日。

在俄罗斯经贸部计划的2008年到2010年俄罗斯社会和经济发展方案中，小企业将成为俄罗斯重点发展的对象，具体的发展办法为：为小企业参与和完成俄罗斯的订购任务颁布专门的法律；帮助小企业完善基础设施，促进更多的小企业成立；为小企业制定专门的发展目标和发展计划，对于具备出口优势的项目进行重点扶持；在贷款政策上为小企业提供更多支持；帮助新成立的企业进行相关的专业培训。综合来看，为了促进小企业的发展，俄罗斯制定了各种支持性的措施和政策。

三、俄罗斯政府对中小企业的相关政策与效果

苏联解体后，中小企业的概念才传入俄罗斯。但是受历史因素影响，经济还是以国有企业为主，尽管俄罗斯政府一直在进行改革，但是收效甚微。2008 年经济危机使俄罗斯经济受到重创，俄罗斯政府认识到经济改革的必要性，开始进行国有企业的股份制改革。

1991 年 7 月，俄罗斯政府颁布《关于俄罗斯联邦发展和扶持小企业的措施》。这部法律规定俄罗斯中小企业的成立条件是人数不超过 200，年营业额不超过 1 000 万卢布。

1995 年 6 月，俄罗斯政府颁布《俄罗斯小企业促进法》，对小企业的经营做了一些规范。这部法律明确提出在注册法人制小企业时，各种国有成分的投资份额应该小于或等于 25%。

随着俄罗斯经济改革的进行以及对中小企业的法规不断完善，俄罗斯开始对中小企业发展进行关注，其中重要的举措是通过颁布一些政策法律对中小企业的发展进行扶持和鼓励。俄罗斯政府颁布《俄罗斯联邦国家支持小企业经营的主要措施》《1996—1997 年国家支持小企业经营的联邦纲要》等政府文件，支持中小企业的发展。2007 年 7 月 8 日，俄罗斯政府颁布《关于中小企业租赁归联邦主体或地方自治体所有的不动产特别转让办法的法案》。这部法律也被俄罗斯国内叫作"小私有化"法，因为这部法律让小企业可以在 2010 年 7 月 1 日前按市场价和独立评估人确定的价格优先购买国有资产。2008 年 7 月 14 日，俄罗斯政府颁布《进行国家和地方自治机关检查（监督）时保护法人和个体企业主权利的法案》。该法案规定国内小企业开业实行通告制度。

近年来，俄罗斯领导人对于中小企业的发展更加看重。普京政府主持制定中小企业发展战略，并提出相应的中小企业的发展目标，要将产值提高到超过俄罗斯国内生产总值的一半，让中小企业成为纳税主体。

除此之外，政府颁布的《反垄断法》《俄罗斯联邦行政法》《进行国家和地方自治机关检查（监督）时保护法人和个体企业主权利的法案》等涉及了中小企业的发展与管理，为中小企业的发展提供了法律保障。俄罗斯政府还专门针对

中小企业融资难的问题开通资金支持渠道，其中有国家预算拨款、银行信贷、担保优惠政策、创新发展基金等方式。

投资者对于小企业的兴趣和投资取向取决于其相关的市场准入程度。2007年俄罗斯制定《俄罗斯联邦发展中小企业法》。这部法典使俄罗斯小企业的发展得到进一步规范。小企业的相关管理单位和服务机构也具备了进行正常管理的法律依据。2007年俄罗斯通过《反垄断法》和《关于对俄罗斯联邦行政法第10.6和10.8条进行修正的联邦法案》，进一步对小企业市场和运营环境进行规范。

为了减轻中小企业的负担，俄罗斯政府对中小企业的相关税收进行优惠。将原先的物种税收合并成一种，大大减少了税收负担，合并以后，税额仅仅是以前的一半左右。

按照俄罗斯目前的相关法律规定，小企业通过申领营业执照取得的简化征税制度只限于本企业的一种经营活动。在新法中，这个规定将会被取消，即不仅限于一种经营活动，但是有效期从原来的三个月缩短为一个月，同时对纳税的最后时限做了规定。新法还要求在核算纳税金额时，对取得简化征税制度的纳税人仅核算收入部分。对于纳税人的范围，新法也做了明确规定，包括通过申领营业执照获得简化征税制度的企业，员工人数超过100人的企业，临时经营加油和充气业务的企业以及将土地暂时用作贸易和餐饮的企业。

综上所述，俄罗斯开始经济改革之后，不断地通过各种途径规范和鼓励中小企业的发展，俄罗斯政府逐步完善相关的法律法规，先后通过《扶持和发展小企业国家政策构想》《俄罗斯中小企业发展法》《经济发展与创新经济》《中小企业2020年前战略》。颁布这些法律法规的主要目的，一方面是让俄罗斯中小企业的发展有法可依，为中小企业的发展提供法律依据。如果没有相关的法律法规做基础，中小企业可能会因非法经营而承担严重的责任；另一方面是希望给中小企业一些税收减免或者其他鼓励，鼓励进行自主创业，既能发展国家经济，又能帮助一些特殊的人群实现经济独立，如残疾人。其实，这些法律法规也能给那些已经经营的中小企业带来一些发展机会，降低成本，增强竞争力，让中小企业发展的环境得以完善。普京政府比以往更加重视中小企业的发展，2016年年底通过新的法案为中小企业减免三年的税收。政府之所以这么做，就是希望可以短时间内增加俄罗斯中小企业的数量，让各行各业的中小企业都得到发展。俄罗斯提出并实施了需求侧和供给侧双线支持政策。同时，为了满足采购方的要求，俄罗斯政府正在研究如何进一步提高产品和服务的质量。

四、俄罗斯中小企业与中国国际贸易与合作

当下，中国的小企业数量超过了7 000万家，中国的经济总量有超过50%来

源于中小企业。俄罗斯的中小企业数目大约在 500 万。社会性是中小企业最普遍的特点，国民生活的日常用品和享受的基本生活服务大都由中小企业提供，中小企业在一国的国民经济中占有重要地位。中国和俄罗斯两国的中小企业之间倘若能够建立起紧密联系，加强相互之间的合作，将会帮助俄中两国进一步加强友好关系。在两国政府的支持和推动下，2015 年第一次俄中中小企业合作论坛在北京举行，取得了良好的效果，来自俄中的不少企业相互之间都建立起了合作关系。2016 年的相关论坛在索契举行，共有 300 多家来自俄中的中小企业参与，数量远超上一年度。

在俄罗斯面临一些外部因素以及俄中两国政府的共同促进下，俄罗斯的中小企业希望能和中国的同类中小企业加强合作。加强同中国企业的合作能够帮助俄罗斯企业学习更多来自中国中小企业经营者的经验。俄中两国中小企业的合作事宜，特别是在贸易方面的合作事宜，受到俄罗斯经济主管部门的特别重视，就电子商务的发展程度来讲，中国要领先于俄罗斯。为了促进本国电子商务的发展，加强俄中两国在电子商务领域的合作，俄罗斯政府主管部门专门制定了相关的发展计划。进一步加强和亚太地区国家的经济合作是俄罗斯当前的一项重要发展战略，俄罗斯不论是政府还是企业都表现出了和中国合作的积极态度。而中国经济目前面临的去产能和调整产业结构的压力也促使中国企业走出去，寻找更多的发展机会，俄罗斯对中国企业来讲是一个不错的选择。中小企业的合作已经成为中国与俄罗斯经济合作的重点对象，因为这些企业有着独特的优势和巨大的发展潜力，可以为两国经济创造新的增长点。俄罗斯对于中国中小企业到俄罗斯投资非常欢迎，尤其是零售业、餐饮服务等行业。同时，俄罗斯也积极鼓励本国的中小企业到中国发展，因为中国拥有巨大的消费市场，俄罗斯的中小企业在这里将会得到更好的发展。所以，中俄两国的经济互补性决定了中俄两国中小企业合作的前景是非常好的。现阶段，俄罗斯出口贸易中中小企业所占比例仅不足 1%，俄罗斯政府希望五年内可以提高至 5%。所以，有着巨大潜力的中国消费市场就成为俄罗斯中小企业的目标。目前已经有一些俄罗斯中小企业成功进入中国市场。例如，俄罗斯的鄂木斯克州巧克力厂经营状况一直比较平淡，后来开始向中国市场出口，大大提高了企业的产值。对于中俄合作和贸易中最重要的能源产业，俄罗斯政府也做了相关的要求，为中小企业提供一定比例的订单，其金额可能达 1 万亿卢布。

2017 年美国总统贸易政策推动重点

梁日杰

摘　要：本研究具体将特朗普政府的贸易政策方向归纳为四个重点，分别是确保国家主权不受贸易政策影响、严格执行美国贸易法规、使用各种工具促使他国开放市场，以及洽签既新又好的贸易协议，帮助进一步了解特朗普政府贸易政策的推动方向。

关键词：2017 年；特朗普政府；贸易政策；方向

一、引言

美国总统提交的 2017 年国家贸易政策推动重点，为依据美国法律 19 U. S. C. §2213（a）（1）（B）（注：即美国 1974 年贸易法，以下皆同）要求而提出。而此贸易政策推动重点通常由美国贸易代表署（USTR）撰写。因此，在参议院确认贸易代表，以及美国贸易代表充分参与后，美国贸易代表提交了一份更为详细的总统贸易政策报告。同时，为遵守 3 月 1 日的法定截止日期［见 19 U. S. C. §2213（a）］，特此提交了 2017 年贸易政策推动重点。

二、美国 2017 年贸易政策目标与优先事项

（一）特朗普政府贸易政策目标与重要原则

美国两大党选民都曾于 2016 年呼吁美国贸易政策大幅调整。美国民众对过去的贸易政策感到失望，不是因为不再相信自由贸易和开放市场之重要性，而是因为民众并未感受到国际贸易协议所带来的好处。特朗普总统呼吁采取新方法，落实此承诺。

美国政府当前贸易政策的首要目的为：对所有美国民众以更自由和公平的方式扩大贸易。这一目标是行政部门未来所有行动的指导原则。美国政府在贸易上采取的所有行动，都是为了增加经济增长，创造就业机会，促进与贸易伙伴的互惠，加强制造业基础，加强保卫自身产业的能力，扩大农业与服务业出口。整体

而言，为实现前述目标，将聚焦于双边谈判而非多边谈判，并在重要贸易目标无法实现时，重新进行谈判和修订贸易协议，以达成贸易政策的重要目标。

（二）优先推动的贸易议题与理由

为实现上述目标，特朗普政府确认优先推动贸易的四项议题：①确保国家主权不受贸易政策影响；②严格执行美国贸易法；③使用各种可能工具促进其他国家向美国开放市场，并提供适当有效保护以及执行知识产权法规；④针对全球主要市场国家协商新的或更佳的贸易协议。

1. 确保国家主权不受贸易政策影响

美国国会于 1994 年 11 月通过"乌拉圭回合协议法案"以加入世界贸易组织（WTO）。WTO 会员同意并确认，一国在 WTO 下若败诉且未采取符合 WTO 规定的措施提供补偿，或与控诉国达到相互满意解决的方式，则控诉国有权采取贸易制裁，向败诉国进行报复。

在上述历史背景下，美国国会已明确表示，美国并不直接受制于 WTO 的决议。乌拉圭回合协议法案亦提及，若 WTO 争端解决报告对美国不利，美国贸易代表应就是否实施报告建议与国会相关委员会进行咨商；如果确定实施报告，亦须咨商执行方式和实施时间。WTO 报告对美国并不具有拘束力或有自动执行效果，据 19 U. S. C. §3533（f）。此外，乌拉圭回合协议法案 19 U. S. C. §3512（a）（1）亦特别指出，任何乌拉圭回合协议规定，以及任何条款适用于任何人或情况，均不得与美国的任何法律有所抵触。换言之，即便 WTO 争端解决机构判定美国败诉，亦不代表美国政府必定会修改现行法规或措施。基于此，特朗普政府将积极捍卫美国贸易政策主权。

2. 严格执行美国贸易法

美国国会几十年来制订并维持各项法律，避免市场被进口倾销或补贴等不公平竞争扭曲，这些法律不仅是政府与各产业经营者及劳工之间的共识，也反映了多边贸易体系的核心原则和法律权利。值得注意的是，关税与贸易总协议（General Agreement on Tariffs and Trade，GATT）第六条即明定：有害的倾销行为应予以谴责。贸易救济是 WTO 执行协议的基础，允许进口国在国内产业遭受进口产品不正常竞争而受到损害的情况下，实施暂时性的保护措施。

特朗普政府不会容忍损害美国各产业劳工及经营者的不公平贸易作为，这些作为扭曲了美国和全球市场，降低了美国人民的生活水平，阻止资源以最有效的方式分配运用，甚至是通过妨碍发展中国家或新兴国家与非市场对手的竞争来降低全球效率。美国依据 WTO 规则采用救济措施，以有效应对不公平贸易，倘若 WTO 对协议的解释损害美国及其他 WTO 会员的权利，则同时也会伤害各国对贸易体制的信心，这些结果并不符合美国或全球经济的利益，如此一来，特朗普政府将于必要时采取积极措施，阻止此种情况发生，以促进真正的市场竞争。

3. 使用各种手段以打开外国市场

特朗普政府认为，美国各产业劳工及经营者在世界各地应该享有自由和公平的竞争机会。进入外国市场将有利于美国经济，因为美国能在更大、更具竞争力的市场销售其商品与服务。工业产品、农产品和服务的出口是美国经济的重要环节，出口贸易为美国创造了数百万个高薪工作，美国政府乐见贸易增长。同时，提高美国商品和服务的市场进入水平，亦将有助于全球经济，因为所有人都受益于奖励勤奋工作和创新的体系。

美国政府过去数十年来为提升美国的竞争力，致力于打破贸易障碍及打开外国市场。然而，由于外国政府往往以强烈的政治理由保护国内特定产业，特朗普政府认知到这等努力艰困无比，不过，这种现状不应持续下去——美国长期以来已失去在其他国家的商机，部分原因在于美国企业和劳工在国外没有得到公平的竞争机会。

目前至少有两个重要的挑战必须解决。第一个挑战是，WTO 及部分双边和复边贸易协议的规范，通常由奉行利伯维尔场原则的国家所遵循。然而，部分全球重要的经济体并不完全遵守利伯维尔场原则，分析这些国家是否符合利伯维尔场原则势必更为关键。此外，起草、实施和运用贸易规则也必须寻求调整方式。第二个挑战是，WTO 及双边和复边贸易协议规范往往隐含着执行这些规则的国家具有透明的法律和监管制度。实际上，透明的制度对贸易规则的运作至关重要。在相关法规不符合国际义务时，透明的制度能让利害关系人和他国政府了解运作规则，并预备对此提出外交或法律战。然而，部分全球重要经济体的法律和监管制度不够透明，全球贸易体系难以对这些国家追究责任，导致人们对该体系失去信心。

4. 谈判更新更好的贸易协议

美国自 20 世纪 80 年代末期以来签署的贸易协议，包括北美自由贸易协议（North American Free Trade Agreement，NAFTA）、建立 WTO 的乌拉圭回合协议（Uruguay Round Agreements）、2001 年中国加入 WTO 谈判，以及一系列的贸易谈判协议。这些协议和其他协议共同建构全球化架构，同时也确立管理美国贸易与投资的规则与条件。美国多年来承诺将促使此制度创造更强劲的经济增长，以及提供美国劳工和企业更多的机会。此体系事实上也为美国产业劳工及经营者创造了庞大利益基础，特别是增加了更多的出口机会。

遗憾的是，自 2000 年以来（即中国加入 WTO 的前一年），美国国内生产总值（GDP）增长速度减缓，就业增长停滞，制造业更是产生严重的就业净减少情形。出现这些情况的原因有许多，特别是2008—2009年金融危机和自动化的发展造成了广泛影响。然而，单看贸易数据相当惊人，其显示出全球化体系所造成的结果并不符合预期，产生了许多相反的结果：2000年，美国工业产品的贸易赤字为3 170亿美元，2016年为6 480亿美元，增加100%；美国与中国的货品和服务贸易赤字从2000年819亿美元大幅增长到2015年近3 340亿美元，增加超过300%。贸易赤字增加可能来自更强劲的经济发展，但是这与一般美国家庭的经验有差距。

1984—2000年，美国工业生产增长接近71%；但是在2000—2016年，美国工业生产增长不到9%。

综上所述，目前显然是重新检视这些贸易协议的时刻。美国几十年来签署的重要贸易协议成果往往不如预期。特朗普政府相信自由和公平的贸易，也期待与那些拥有同等信念的国际伙伴发展更深的贸易关系。其未来将侧重于双边谈判，促使贸易伙伴达到更高的公平标准；也将毫不犹豫地采取一切可能的法律措施，打击继续从事不公平活动的贸易伙伴。

三、下一步与结论

特朗普政府已开始在上述目标和优先事项方面取得进展。退出跨太平洋伙伴协议（Trans‒Pacific Partnership，TPP），美国已确认未来将采取贸易新途径，也就是和其他TPP国家进行双边谈判。美国总统已开始与国会协商，讨论如何使未来贸易协议比过去更为有效地利于所有美国民众。美国总统建立了强大的政府团队，致力于捍卫美国国家主权，执行美国贸易法，并以美国为杠杆为商品和服务开放市场。预计在不久的将来，美国政府在所有以上领域将会有更积极的活动。特朗普政府致力于这一新政策，以增加美国工人的工资；使美国各产业劳工及经营者有更好的机会增加出口，强化美国货品和服务方面的竞争力；为美国民众提供更好和更公平的机会，以提高生活水平。

参考文献：
盛垒. 疲弱复苏的世界经济:新变量、新趋势与新周期:2017年世界经济分析报告 [J]. 世界经济研究,2017.

第二部分 企业创业管理

互联网经济形态下大学生创业商业模式研究

曹 敏

摘 要：在互联网经济形态下，创新逐渐代替要素和投资成为经济增长的核心驱动力，创新内含于创业之中，是经济增长的核心要素和重要动力。创业模式是创业的核心问题，在互联网经济形态下，企业拥有核心竞争力的关键是实现商业模式的互联网化，利用互联网精神颠覆和重构整个商业价值链。本文对在互联网经济形态下商业模式的内容构成进行分析后，提出互联网经济形态下大学生创业的商业模式的路径。

关键词：创新；大学生创业；商业模式

一、引言

当前，我国经济发展面临着经济结构调整和增长方式转型升级的重要任务，创新逐渐代替要素和投资成为经济增长的核心驱动力。"大众创业、万众创新"是我国当前经济发展的新引擎之一，"管理型经济"逐渐向"创业型经济"转变，创业逐渐成为推动经济增长的重要动力。创业模式是创业的核心问题，在互联网经济形态下，企业拥有核心竞争力的关键是实现商业模式的互联网化，利用互联网精神颠覆和重构整个商业价值链。

大学生群体相对于其他创业主体，善于自主学习，具有较强的创新创造能力，善于接受和掌握新鲜事物，能够快速地接收信息。创业模式的选择是大学生创业首先要面对和考虑的问题。

二、创业与商业模式的概念

创业的概念随着经济和社会的发展不断演变，由最初的创办新企业、新组织到创业。创业是指创业主体依托自身初始资源，通过识别并把握创业机会开发和提供新产品、新服务、新理念，进而创新商业模式、创立新企业的价值创造和实现的过程。

商业模式是企业在经营中围绕如何使其收益高于其投资在企业与顾客间设计

的模式，是企业跟它的内外部利益相关者形成的一个交易结构。任何商业模式都是由客户价值、企业资源和能力、盈利方式、外部效应构成的四维立体模式。商业模式的本质就是一群利益相关者把自己的资源能力投进来，形成一个交易结构。在互联网经济环境下，商业模式需要借助互联网的力量获得资源并展开经营活动。

大学生群体相对于其他创业主体，善于自主学习，具有较强的创新创造能力，善于接受和掌握新鲜事物，能够快速地接收信息，具有较强的领悟、吸收、内化、迁移能力，具有其他主体无法比拟的独特优势。在互联网经济形态下，创业模式的选择是大学生创业首先要面对和考虑的问题。

三、互联网经济形态下商业模式的内容构成

21 世纪以后，互联网技术的飞速发展，极大地缩短了地区之间的时间和空间距离，为产品和服务的新组合创造了条件。由此，互联网、大数据、云计算成为创业的大的时代背景，以产品组合、功能新组合、材料新组合、服务新组合等方式形成的"企业的新的组织"迅速席卷各个行业和领域，"互联网＋"的经济形态应运而生。互联网经济下商业模式的构成包括价值主张、盈利模式、资源能力和外部效应四个部分。

（一）价值主张

价值主张是商业模式构成的首要部分，主要说明企业向顾客提供何种价值问题。它由目标市场和产品服务两个要素构成：目标市场是企业提供价值服务的对象，由市场和顾客群体两个部分构成；产品服务是企业提供价值的内容，也就是企业通过产品服务来向顾客提供价值。

（二）盈利模式

盈利模式是商业模式构成的关键因素，主要说明企业如何通过向顾客提供价值进而最终实现企业价值。它由收入来源和成本结构两个部分构成：收入来源就是企业获取收入的手段和方式；成本结构是企业为获取价值所耗费的资源，商业模式实现盈利的前提是获得的收入要大于其消耗的成本。

（三）资源能力

资源能力是企业与其商业模式相适应的保障，主要说明企业依赖什么支撑它的价值主张。它由关键资源和核心能力两个部分组成：关键资源是企业拥有而其

他企业难以模仿的异质性战略资源；核心能力是企业在经营过程中获得的特殊能力。商业模式的成败取决于企业拥有的异质性资源能力的稀缺性、难以模仿性。

（四）外部效应

外部效应是商业模式具备可持续性的保证，主要说明企业实现它的价值主张而进行的维护。它由伙伴价值和隔绝机制两个部分构成：商业模式给产业链的合作企业带来的价值称为伙伴价值；为避免商业模式遭受竞争对手的模仿或破坏的机制称为隔绝机制。

四、互联网经济形态下大学生创新创业的商业模式的路径

企业间竞争的核心是商业模式的竞争，不是产品的竞争，在互联网经济形态下，企业要实现商业模式的互联网化，利用互联网精神（平等、开放、协作、分享）来颠覆和重构整个商业价值链。商业模式创新是一个系统性的工程，包含营销模式、盈利模式、服务模式的颠覆性创新。通过调查研究，并根据《21世纪经济报道》对中国最佳商业模式的评选标准，笔者分析总结了如下在互联网经济形态下大学生创业的商业模式路径。

（一）跨界商业模式

一个从来没有做过本行业的企业或个人通过"互联网＋"，从其他行业跨界过来整合改造颠覆本行业，经过激烈的市场竞争最终成为本行业的领导者，此即跨界商业模式。采用跨界商业模式可以减少中间环节，减少渠道和损耗，通过融合而进行重塑，降低成本，最终实现"1＋1＞2"的效果，实现传统产业核心要素的再分配，重构生产关系，提升系统整体效率。跨界商业模式是互联网经济形态下颠覆传统产业的主要商业模式之一。

在互联网时代，跨界企业可以用很短的时间占领新的行业。跨界商业模式打破了原来的利益分配格局，不同部门之间可以通过"互联网＋"实现跨界融合，发挥不同群体之间的智慧。例如，苹果从软件行业跨界到手机制造行业，5年内成了行业的老大；乐视网从视频行业跨界到电视行业，2个月后成为销售冠军。

因此，对于在互联网经济形态下创业的大学生来说，应积极利用跨界商业模式的思维，抓住传统行业价值链条当中的低效或高利润环节，利用互联网工具，重新构建商业价值链，获得创业成功。

（二）免费商业模式

打破传统产业销售模式，在互联网经济形态下，企业的发展由原来依靠收费

变为依靠边际收益，此即免费商业模式。免费商业模式通过免费将用户的注意力吸引过来，形成边际收益。

互联网经济形态下，"注意力"成为稀缺的资源，是互联网创业者们争夺的核心资源。互联网经济以吸引大众注意力为基础创造价值，然后转化成盈利。例如，在杀毒软件领域，奇虎360利用免费商业模式，打破瑞星杀毒和金山毒霸对中国杀毒行业的垄断，通过打造免费的杀毒平台来发展搜索平台，利用边际服务和广告收费，成为中国杀毒软件领域的霸主。免费商业模式可以挤垮当前的市场，也可以统摄未来的市场。

（三）平台商业模式

利用互联网打造足够大的平台，进行产品的闭环设计，重视用户体验，提供多样化的产品，此即平台商业模式。例如，淘宝商城采取的就是平台型商业模式。马云用10年时间打造了世界上最大的网上商业平台，几乎所有的产品都可以在淘宝上买到，占据了平台，阿里巴巴就拥有了永不停息的现金流，可以不断拓展增值服务和产品。

互联网经济形态为大学生创新创业创造了众多的机遇，但创业并不是一件容易的事情，大学生创业者要从互联网中挖掘创业的好项目，思考如何进行跨界和融合，思考传统产业如何与互联网结合创造新的商业价值，思考如何推出新的商业业态和实行新的商业模式，找到有效的商业模式，创新服务，最终实现自己的创业梦想。

参考文献：

[1]李政,柳春江.创业与经济增长理论述评[J].当代经济研究,2005(12):25-29.

[2]姚毓春,赵闯,张舒婷.大学生创业模式:现状、问题与对策——基于吉林省大学生科技园创业企业的调查分析[J].青年研究,2014(4):84-93.

[3]贾文艺.互联网与商业模式创新研究[J].商业时代,2015(36):6-8.

[4]温池洪.经济新常态下的企业战略变革和互联网商业模式研究[J].吉林工商学院学报,2015(4):35-37.

美国孵化器运营模式分析及经验借鉴

黄 艳 任成梅 张 意 刘健飞

摘 要：本文对美国孵化器的运营模式进行了分析，并对我国小企业创业基地的建设提出了建议参考。

关键词：孵化器；运营模式；小企业创业基地

一、引言

小企业创业基地是由具备独立法人资格的机构经营管理，为小型、微型企业创业提供孵育空间和服务的场所，是推动小微企业创新、创业的重要服务平台和空间载体。在当前创新驱动成为我国创新发展战略的大背景下，小企业创业基地在自主创新中的作用更加凸显。小企业创业基地是在引进国外企业孵化器建设的基础上逐渐发展起来的，因此小企业创业基地也可以视为孵化器的一种形式。1958 年，第一家企业孵化器成立于纽约。作为小企业孵化成长的助力空间，企业孵化器模式很快风靡全球。本文对美国孵化器的运营模式进行分析，以期对我国企业孵化器的建设提供经验借鉴。

二、美国孵化器模式分析

美国是企业孵化器的发源地，是世界上孵化器发展最成功、最完善的国家，也是世界上企业孵化器最多的国家。伴随着新技术革命的兴起，自 1958 年创办世界上第一家企业孵化器后，美国企业孵化器经历了初创、推广、成长和变革四个阶段的发展，形成了一定的产业规模，积累了一些企业孵化器发展的成功经验。本文从主办机构、政策支持、政府职能、服务内容、运营机制、盈利模式等方面对美国孵化器运营模式进行解析。

（1）主办机构。主办机构主要有四种：一是政府主办的不以盈利为目标的孵化器。这类孵化器的运营目的是创造就业机会，鼓励经济多样化发展，扩大税收来源。这类孵化器数量较多。二是私人承办的孵化器。这类孵化器一般由风险资本家和种子基金投资集团主办。这类孵化器的运营目的是通过向客户提供新技术的应用和技术转让进行投资，赚取高额利润。三是学术机构开办的孵化器。这类孵化器主要由大学主办，注重学校教师的产学研成就，目的是吸引科研项目和高级研究人才。四是公私合营的孵化器。这类孵化器主要由政府、非营利机构和私营组织合股兴办，这种形式的孵化器既能取得政府在资源方面的支持，又能得到私营部门的专业知识和经费资助。

（2）政策支持。美国政府通过出台鼓励政策和措施，建立和健全法规，为完善孵化器的系统功能提供外力。例如，美国税法允许投资者从某项投资中撤出资金，转到另一家企业后免交资本利得税，使得孵化器能够得到各种赞助和资金支持。

（3）政府职能。政府以间接指导为主，具体表现为政府多以资金或补贴形式提供初创资金，提供政策、立法及信息和网络支持，一般不直接参与，也不干预孵化器的具体经营和管理。

（4）服务内容。美国企业孵化器提供的服务内容不局限于办公服务、基本知识性服务等一般服务，大部分是为企业家提供咨询、法律、公关、战略、金融、市场等专业服务。

（5）运营机制。美国企业孵化器实行现代企业的管理模式，即把孵化器作为一个真正的企业来经营，根据客户的需求来调整自己的服务。

（6）盈利模式。一是通过收取物业租金和提供一些代办企业设立等相关服务收取佣金；二是入股进驻企业，通过推动其实现上市或卖出股份获利；三是以获得投资企业的核心技术为目的，从而贯彻投资方的长远发展战略并最终获利。

（7）投融资渠道。政府投资对孵化器的创办和运营起着重要的作用，同时，孵化器与风险投资紧密结合。风险投资的介入强化了孵化器为初创企业提供资金的资本功能，能够加强资本对孵化器和被孵化企业的带动作用。

（8）功能专业化。孵化器内聚集一批以专业化分工和协作为基础的同一产业或相关产业的初创企业，通过信息交流，将各种资源整合在同一平台上，将强大的竞争压力转化为强烈的创新动力，在创新中发挥集群优势。

（9）创业导师机制。孵化器中大多设有"创业导师"这一职务，他们的职责包括种子前期检测，商业想法是否可行、进行专利检索、注册公司、选择商业模式、进行市场调研等，种子期商业计划书的制定、进行团队建设、筹集种子资金、选择办公场地和实验场地、进行知识产权评估、寻求风险投资及联盟等。这些创业导师一般由具有创业经验的成功人士来担当，其中一些导师还掌控着相当数量的资金，对于有前途的项目会直接进行种子期风险投资。但是创业导师这一创业服务形式在国内的孵化园区中出现得还不多。

（10）人才管理。孵化器的创始人大都具有丰富的创业经验。他们熟悉创业的整个环节，从融资、咨询、公关等各个角度都对初创企业的需求和发展有着深刻的认识，懂得如何建立好的管理团队为初创企业服务。

三、经验借鉴

通过以上分析，美国孵化器的运营模式可以为北京市小企业创业基地的建设提供以下经验参考：

（1）统一规划，实现差异化有序发展。从国外孵化器的情况看，政府从科技园、孵化器建立初期就注重统一规划，差异化定位。当前，北京市各类基地、企业孵化器如雨后春笋般迅速发展起来，相比而言，北京市小企业基地缺少总体的规划，处于一种自发的发展状态，其结构体系和管理模式较为多样化。从基地产业定位来看，部分基地较为模糊，一些基地间也存在一定的同质性。需引导小企业创业基地朝着专业化、差异化的方向发展，更好地集中资源，取得突破。

（2）注重公平，发挥好优惠政策的普适性。国外针对孵化器的优惠政策具有较好的普适性，一视同仁，符合条件的企业都可以享受。由于之前我国和北京市的优惠政策集中在海外高端人才的引进上，小企业创业基地和企业孵化器为争取相关优惠政策，特别重视引进创业人员，特别是留创人员。这种局面造成园区过分追求在孵企业的数量，忽视企业的培育和孵化，也使一些留学人员企业在不同创业园之间游走，搞投机性经营。

（3）孵化升级，引入创业导师机制。当前，多数企业孵化器或小企业创业基地还停留在"保姆式"的管理服务模式上，缺乏对创业者在商业策划、融资、产品方案、市场策略等创业链条上的指导，在这种环境下孵化出的企业，市场应变、抗风险能力和国际化能力比较欠缺。参照国外经验，引进成功的企业家作为创业导师对在孵企业进行指导，可以增加企业成功的可能性，让企业少走弯路，为加速企业快速成长奠定基础。

（4）整合资源，完善中介服务体系。数量庞大的中介服务机构为创业企业的快速成长提供了重要的支撑，同时也丰富和完善了孵化器的服务内容。政府应加大力度对中介服务机构进行资源整合，提高小企业创业基地或企业孵化器的服务质量和后续发展能力，为入孵企业营造良好的生存和发展空间。

（5）灵活运营，提升市场化程度。国外孵化器采取企业化运作，以市场为导向，专业化管理，为在孵企业提供多种服务的同时，设立多种盈利模式。当前，北京市不少小企业创业基地盈利模式较为单一，主要收入来自房租、物业管理收费以及政府支持资金，公益性和商业性较为模糊，在很大程度上制约了服务功能的完善和增值服务水平的提高。同时，多数小企业创业基地所获得的收入不能直接对基地内创业企业投资，致使一些有发展前途的企业无法获得成长所需要的资金，很难谋求共同发展。

（6）以人为本，完善管理团队。在管理团队建设方面，国外孵化器的管理者基本上是稳定的，且大都有过从事企业管理的经历。而北京市小企业基地的管理者稳定性不高，尤其是具体办事人员流动性较大，很难形成高素质、专业化的管理团队。

（7）要有全球视野，提升国际合作能力。大多数发展较好、规模较大的国外科技园区、孵化器都十分重视加强国际交流与合作，搭建国际关系网络平台。对比本市的小企业基地，虽然个别发展较好的基地与国外开展了一些合作，但是大多数基地国际化发展环节较为薄弱，缺乏国际化发展的人才基础，难以充分利用国外资源。

参考文献：

[1]范兴丰.中国和美国孵化器经营模式的比较和分析[J].江苏科技信息,2016(28):1-2.

[2]施勇峰,刘斌.美国孵化器模式创新案例研究[J].杭州科技,2015,(3):58-62.

[3]陈晴.美国硅谷孵化器的发展经验对我国的启示[J].中国科技产业,2014(8):36-39.

[4]雷文艳.美国现代非营利性组织孵化器的发展现状及启示:以美国非营利性组织协会（NCN）为例[J].中国社会组织,2013(11):52-54.

国外创业理论综述

邹建刚　　汪昕宇

摘　要：近年来中国小微型创业企业快速发展，在缓解就业压力和促进经济发展中贡献巨大。为给小微型创业企业的可持续发展提供理论指导，本文溯源国外创业理论，对创业主体、创业环境、创业动机、创业机会、创业绩效、创业学习与教育这六大核心基础理论进行梳理与总结，并提出创业基础理论研究的完善、小微型创业企业实践的理论体系构建以及创业理论与实践的互动机制与平台建立三个发展方向。

关键词：小微型创业企业；国外创业理论；核心基础理论

一、引言

自 2011 年发布的《中小企业划型标准规定》首次在中小企业划型中增加"微型企业"类别，国务院在 2012 年与 2013 年陆续出台了小微企业政策扶植文件，为我国小微企业的发展营造了良好的政策环境。小微企业在缓解就业压力和促进经济发展方面起到了巨大的促进作用。2013 年年末，我国小微企业数量为785 万家，占企业数量比重达到 95.6%，就业人员达到 14 729.7 万人，占全部企业从业人员的 50.6%。我国小微企业有很多来自创业型小微企业，因此有必要对创业理论尤其是国外创业理论进行梳理，为我国创业型小微企业的发展提供相应的理论借鉴和指导。本文使用 entrepreneur（企业家），new venture（新创企业）和 founder（创始人）等关键词，使用百度学术与谷歌学术对 EBSCO 和 Springer Link 等数据库进行检索。

二、创业概念的界定

1725 年，理查德·坎蒂隆（Richard Cantillon）首次使用"entrepreneur"一词，意为承担不确定性。通过梳理我们发现，人们主要从创业风险、创业资源、创业特质、创业价值等视角界定创业概念，其中，由于创业理论研究与创业实践的共同推进，创业特质视角的合理性日益受到学术界质疑，但行为认知、创新以及创业机会资源等理论视角的界定日益得到创业研究的支持和推崇。但总体而言，创业的概念应具备几个显著特征：具有创业特质，识别、利用机会的能力，对资源的高效利用，开创新业务或者创建新组织。基于以上几大特征，本文将创业的概念界定为：具有创业特质或精神的创业主体通过创业机会的发现、识别，将创业机会与其他资源高效组合和利用，进而开展新业务甚至创建新组织的活动过程。

三、创业研究核心基础理论综述

创业理论研究边界极为宽泛，除创业主体、创业环境、创业动机、创业机会、创业绩效、创业学习与教育这六大核心基础理论外还包括其他研究，如创业组织结构、创业模式与创业风险等，但国外现有创业研究的推进大部分是基于上述六大核心基础理论。因此，本研究将对这六大核心基础理论进行逐一梳理。

（一）创业主体

对创业主体的界定及其一般特征的分析，对于明确和揭示创业活动和规律、促进创业理论研究具有重要的意义。广义上来讲创业主体不仅包括单个创业者，也包含创业团队或群体，甚至包括为未来前景以及组织利益而不断革新或创造的营利或非营利组织。

1. 创业者概念的界定

在创业研究初期，创业者被定义为在不确定性环境下承担风险并通过努力和创新，实现新的素材要素组合而实现创业价值的人。经济学视角则认为，创业者是在保持强烈的环境敏感度下，将市场从非均衡状态向均衡状态转变的同时，把资源从低效用向高效用转移，进而获取创业价值的人。与此同时，创业者必须是具有强大的愿景和强烈的企图心，有足够坚强的承诺与毅力等心理特征的人。随着创业环境的变化，创业资源日益受到关注，创业家也被定义为会明智地利用稀缺资源，同时通过对资源的高效管理和风险承担获取利益的人。

故此本文将创业者界定为：通过对创业机会及创业资源的发现、识别，并将创业机会与资源进行高效重组、利用和风险管控，在强烈的创业意志与坚韧的毅力下实现创业价值的人或者群体。

2. 创业者特征理论

创业者特征理论是最具代表性的创业主体研究。麦克莱兰（McClelland）在20世纪60年代早期明确提出：创业者素质与创业成功率密不可分。早期的创业研究主要通过创业者个性等心理学特征来对创业现象及活动进行剖析，若想要对创业活动进行完整、科学的研究，最好的方式就是以其活动主体自身为研究出发点，在对创业特质理论进行研究的同时可以将创业者与非创业者进行区分，并分析何种特质有利于创业。通过相关文献梳理发现，控制欲、成就需要以及风险偏好是普遍提及的三大特质。

也有学者对此提出质疑，认为仅仅对创业特质进行研究极大地限制和忽视了人为因素和情景因素，并且该理论对创业者与非创业者的区分效应有限。鉴于此，创业理论研究从创业主体研究扩大到创业活动研究、创业绩效研究等。

（二）创业环境

动态的创业环境对创业实践和理论研究提出了巨大的挑战，而创业环境的定义对创业环境的理论研究起着奠基的作用。创业环境是指对创业过程产生影响的所有外部因素，这些因素构成一个有机整体影响着创业者行为和创业的成功与否。创业环境研究主要集中在创业环境的分类及模型上。其中，最为著名的是伦敦商学院和百森学院合作的 GEM 模型。GEM 模型包括资金、政府、教育、技术、供应链、市场和基础设施七大要素，为全球不同地区提供了统一的比较窗口。通过查阅大量相关文献可知，创业环境研究在很大程度上借鉴了一些理论研究的成果，这些理论包括资源依附理论、供给理论和种群生态学理论等，这对于深化创业活动的认识、制定创业政策具有重要的作用。此外，建立与创业理论相配套的环境理论体系在当下多变的环境中是极为重要的。

（三）创业动机

作为创业活动背后的重要推动力量，创业动机研究有助于揭示创业主体及其规律。创业动机作为一种自发性的心理活动是不断演变的。创业动机理论的代表有推—拉理论和解放理论：推—拉模型有助于对其动态的活动过程进行形象阐述，即以受到负面的推动力和积极的吸引力来表明创业动机动态变化过程；解放理论则是从个人解放和自由视角出发，对以寻求自主、创作、做出声明三要素为核心的创业活动进行分析。对创业动机理论的研究视角主要包括动机内涵的量化研究、创业动机影响因素研究。大量学者通过量表的形式对创业动机进行研究，较为普遍的是问卷调查。量表既包括创业动机内涵的测量量表，也包括基于创业动机内涵量化研究的统计报告。众多量化研究的积累，使创业动机的内涵得以完善。研究发现，创业动机与创业主体个性特质、创业环境、组织发展及经营现状等因素相互影响、密不可分。创业动机是创业活动极为重要的心理活动过程和诱因，随着创业群体的扩大，创业动机是否也会发生变化，这是亟待解决的问题，心理学以及社会学甚至是大数据技术的应用可以为创业动机理论研究提供更为完善和科学的研究工具。

（四）创业机会

对机会的识别是创业的重要驱动力之一，把握创业机会是成功创业者的最重要的能力。创业机会来源于经济环境的变化，这种环境变化可以是宏观环境中人口的变化、社会政治的趋势变化、执政党的变化，也可以是微观情景中消费者偏好变化等。但并不是每个人都能及时、全面地获得创业信息，这取决于创业者拥有的知识和信息（Cooper et al，1981），并且由于每个创业者所处环境、教育背景以及思维方式等存在差别，形成了不同机会类型的创业者，主要有搜索者（仔细搜索机会）、规划者（会拟写正式的计划书并进行机会评价）、自由者（按灵感识别聚会，不受任何约束）和巧遇者（将机会视为偶然过程）四种主要类型（Teach，1978）。同时创业者捕捉机会的敏感性和洞察力即创业警觉性，是一种持续关注那些尚未被发觉的机会的能力。此外，发展机会、识别机会和评估机会是创业机会理论的三个核心概念（Alexander et al，2003）。完善和科学的创业机会理论构架可以指导未来的创业政策制定及创业活动实践，同时由于创业极具灵活性，因此在现有创业理论研究中也同时强调对现有环境的适应性和内外部资源的及时识别、评估和发展。

（五）创业绩效

创业绩效的有关研究主要是为了促进创业成功率的提升以及提升创业管理效率，进而更加专业有效地指导创业实践。但通过文献梳理发现：创业绩效在如何评价和测量方面面临巨大的问题，其中不仅包括测量的方式、方法和维度，也包括数据搜集。尽管如此，创业绩效研究仍旧取得一定成果，一方面是研究创业绩效模型的构建及其影响因素，其中具代表性的有新创企业绩效函数 New Venture Performance $=f$（Entrepreneur，Industry Structure，Strategy），其中战略是基本原因（William & Sandberg，1987），另外无形资产相对有形资产更有代表性也是不可忽视的重要因素；另一方面，企业绩效维度的构建、检验及完善一直倍受关注，很多研究把生存作为企业创业成功的基本维度，并且把它作为自我持续经营的创业企业的绝对测量（Bamey，1986）。此外，创业者满意度作为绩效测评维度也被提及，由于与客观的绩效水平存在误差，所以把创业者满意度纳入创业绩效维度时必须考虑个人主观判断成分。

（六）创业学习及教育

1. 创业学习

创业学习不仅是创业活动的补充，有时甚至是创业活动的核心，著名创业期刊 *Entereprenurship：Theory and Practice* 在 2005 年就以"创业学习"为主题进行了专刊征稿。受个人知识局限性、资源的有限性和机会的短暂性及动态性制约，创业学习贯穿于创业活动整个过程中（Ravasci et al，2005）。创业学习理论研究主要体现在模型的构建及其作用机制上，包括创业学习动态模型及创业学习回路模型（Kolb et al，1984），而创业学习模型的作用主要体现在机会的识别、评估和利用上，并且创业机会反过来也是创业学习研究的重要切入点（Lumpkin，2005）。

2. 创业教育

创业教育是普通教育的重要组成部分，创业教育的主要作用就是提高创业者的素质，改善创业者结构和经济产业结构。创业教育这一理念首先在西方国家形成，作为一门独立和专门的理论，创业教育在国外开始的时间并不早。印度早在 1966 年就提出"自我就业教育"，1982 年印度科技部成立"国家科技创业人才开发委员会"，并实施长期的科技创业人才开发计划。英国在 20 世纪80 年代开始大学中的创业教育，随后在 90 年代中后期开始在中学开展创业教育，其创业教育的主要特点是政府的扶持。美国从 20 世纪 20 年代到 80 年代实现由中学的商业教育到大学的创业教育的转变。创业教育作为一个国际性的教育改革和研究项目，全称为"Joint Innovative Projection Education for Promoting the Enterprise Competencies of Children and Youth"，曾是联合国教科文组织亚太地区办事处教育革新为发展服务计划（APEID）1987—1991 年项目周期性活动之一。通过对创业教育实践发展的梳理可知，创业教育的社会支持是创业教育成功的必要条件。

对创业六大核心基础理论的梳理可知：创业核心基础理论对于创业理论的价值提升具有重要的奠基作用，对于扩大创业理论的研究领域具有重要的促进作用，对于创业实践具有重要的指导作用。虽然创业研究成果丰硕，但不可忽视的是由于创业实践的日新月异、科技的进步和研究方法的日益科学化和复杂化，必须提升创业基础理论研究的科学性和时效性，继续扩展创业理论研究边界，完善创业理论体系，提升话语权。

四、创业理论总结与讨论

（一）创业理论总结

现有创业理论可概括为：基础理论研究日臻完善，创业理论体系完整性与科学性有待进一步提升。一方面，六大基础创业理论研究成果丰硕，并且仍旧在推陈出新，与时俱进，其研究领域随着创业实践的丰富和理论研究的进步也在逐步扩展，反映创业理论研究的活跃性、前沿性和任务的艰巨性；另一方面，上述研究成果很大一部分是来自学者自身的研究领域，因此在创业理论研究过程中，亟须进一步完善框架体系，形成特有的研究范式和独有的研究领域及边界。

（二）创业理论讨论

创业理论研究目前有三大研究方向：创业基础理论研究的完善、小微创业型企业实践的理论体系构建以及创业理论与实践互动机制与平台的建立。首先，创业实践新特征的出现，以及创业平台数量的增长和创业政策的推广，为创业理论研究提供了更前沿、更全面以及更能体现时代特征的现实素材，因此要进一步加强创业基础理论研究，基于创业实践和其他学科研究方法与工具，从创业基础理论的构建和完善上促进创业理论发展；其次，小微创业型企业近年来在中国的迅速发展，其创业资源、创业成员数量、创业机会和创业动机等具有自身特色，因此，要针对小微创业型企业形成理论体系；最后，小微创业型企业要获得长远发展，需要更具有前瞻性的理论体系和更具有实践价值的指导理论，因此有必要建立创业理论与实践的互动机制与平台，通过理论与实践的沟通与互动实现小微创业型企业的长远发展。

参考文献：

[1]田芬. 小微企业发展状况研究[J]. 调研世界,2015(9):7-10.

[2]克罗茨那. 企业的经济性质[M]. 上海:上海财经大学出版社,2000.

[3]马歇尔. 经济学原理:下册[M]. 北京:商务印书馆,1965:29-39.

[4]Busenitz L W,Plummer L A,Klotz A C,et al. Entrepreneurship Research (1985-2009) and the Emergence of Opportunities[J]. Entrepreneurship:Theory and Practice,2014,38:981-1000.

[5]Redlich. The Origin of the Concepts of "Entrepreneur" and "Creative Entrepreneur". Fritz Explorations in Entrepreneurial History,1949:1-2.

[6]Gartner W B. A Conceptual Framework for Describing the Phenomenon of New Venture Creation[J]. Academy of Management Review,1985,10(4):696-706.

［7］Shaver K G,Scott I R. Person,Process,Choice:The Psychology of New Venture Creation［J］. Entrepreneurship Theory and Practice,1991,16（2）:23 － 45.

［8］Bygrave W. The Entrepreneurship Paradigm（I）:A Philosophical Look at Its Research Methodologies［J］. Entrepreneurship Theory and Practice,1989,14（1）:7 － 23.

［9］Timmons J A. New Venture Creation:Entrepreneurship for the 21st Century with Power Web and New Business Mentor CD［M］. Singapore:Irwin/McGraw － Hill,2003.

［10］Schumpeter J A. The Theory of Economic Development［M］. Translated by Redvers Opie Harvard:Economic Studies,1934.

［11］Cauthorn R C. Contribution to a Theory of Entrepreneurship［M］. New York:Garland Publishing,1989.

［12］Brockhaus R H. Entrepreneurial Folklore［J］. Journal of Small Business Management,1981, 25（3）,1 － 6.

［13］Timmons J A. New Venture Creation［M］. 5ed. Singapore:Mc Graw － Hill,1999:37 － 40.

［14］Durand,Douglas. Entrepreneurial Activity as a Function of Achievement Motivation and Reinforcement Control［J］. Journal of Psychology,1974,（1）:57 － 63.

［15］Stevenson H. The Heart of Entrepreneurship［J］. Harvard Business Review,1985,March － April:p85 － 94.

［16］Jerome Katz,William B Gartner. Properties of Emerging Organizations［J］. The Academy of Management Review,1988:429 － 441.

［17］Gnyawali D R,Fogey D S. Environments for Entrepreneurship Development［J］. Entrepreneurship Theory and Practice,1994,Summer:43 － 62.

［18］Mac Arthru R H,Wilson Eo. The Theory of Island Biography［M］. Princeton:Princeton University Press,1967.

［19］Olson P D. Entrepreneurship and Management［J］. Journal of Small Business Management, 1987,25（3）:7 － 13.

［20］Shane S,Locke E A,Collins C J. Entrepreneurial Motivation［J］. Human Resource Management Review,2003（13）:257 － 279.

［21］Gilad B,Levine P. A Behavioral Model of Entrepreneurial Supply［J］. Journal of Small Business Management,1986,24:45 － 54.

［22］Rindova V,Barry D,Ketchen D J. Intruduction to Special Topic Forum:Entrepreneuring as Emancipation［J］. Academy of Management Review,2009,34:477 － 491.

［23］Nancymc et al. The Career Reasons of Nascent Entrepreneurs［J］. Journal of Business Venturing,2003,18（1）:13 － 39.

［24］Weatherston J. Is a Spin － Off Company Too Risky?［C］. Academic Entrepreneurs,1995: 18 － 21.

［25］Kirzner I M. Entrepreneurial Discovery and the Competitive Market Process:An Austrian Approach［J］. Journal of Economic Literature,1997,35（1）:60 － 85.

［26］Balaji S Chakravarthy. Measuring Strategic Performance［J］. Strategic Management Journal,

1986(5):437 – 458.

[27] Van de Ven AH, Hudson R, Schroeder D M. Designing New Business Startups: Entrepreneurial, Organizational, and Ecological Considerations[J]. Journal of Management, 1984, 10(1):87 – 107.

[28] Cooper A C, Artz K W. Determinants of Satisfaction for Entrepreneurs[J]. Journal of Business Venturing, 1995, 10(S):439 – 457.

[29] Shane S, Venkataraman S. The Promise of Entrepreneurship as a field of Research[J]. Academy of Management Review, 2000, 25, 217 – 226.

第三部分 企业人力资源创新

"互联网＋"时代企业人力资源管理变革研究

程雅馨　何　勤

摘　要："互联网＋"时代在给社会带来便捷的同时也为企业的发展带来了巨大的挑战。我国企业人力资源管理经历了从人事管理、人力资源管理、战略性人力资源管理到"互联网＋人力资源管理"的不断变革与发展升级，本研究在梳理不同阶段人力资源管理特点的基础上提出"互联网＋人力资源管理"的发展方向。

关键词：企业；互联网＋；人力资源管理；变革

一、我国企业人力资源管理的发展阶段

（一）"传统化"人力资源管理阶段

"传统化"人力资源管理阶段跨越时间较长，从新中国成立初期到 20 世纪 80 年代末。此阶段的人力资源管理以发生的具体事件为中心采取措施进行管理，即传统的人事管理阶段，人事管理阶段是我国人力资源发展的初级阶段，也是整个人力资源管理发展史的初级阶段。人力资源管理的特点是由时代背景下被管理者的性格特征、需求、价值追求以及人力资源管理的工具所决定的。人力资源管理发展程度也与社会生产力发展程度和社会制度变迁有着密不可分的关系。此时的主要劳动力人群主要集中在"40 后"到"60 后"，这一代人经历了贫穷和饥寒交迫，受到革命的影响，造就了他们相对呆板、守旧、求稳定、思维固化的特点，物质需求的满足是他们的普遍需求，计划经济体制和与之相适应的分配制度为这群人的发展和需求满足提供了契机。一方面，劳动者就业方式实行"统包统配"，劳动者对于择业、就业、换岗等没有自主权，与他们服从安排的特征相匹配，"平均主义"思潮盛行，这既满足了劳动者简单的物质需求又为他们创造了近乎零竞争的稳定的工作、生活环境，但这也造成了劳动者无竞争压力、不求上进、企业缺乏活力的僵化局面；另一方面企业无权任免赏罚。企业不能决定人员的选聘、流动、晋升和罢免，无优胜劣汰，虽然为劳动者提供了"铁饭碗"，避

免打破他们现有的生活模式，遵从了墨守成规、求稳定的需求，但这种做法缺乏对企业员工的激励和监督，导致企业的粗放管理和员工的消极怠工。此时企业中的人事管理职责仅仅是简单的管理档案、人员调配、职务职称变动、工资调整等具体的事务性工作，以手工录入资料、人为管理的方式为主，不借助任何辅助管理工具，人力资源管理的职能全部由企业独自承担。此时的人事管理属于静态管理，日常管理的职责极大地匹配了此阶段劳动者的特点和需求，也正是劳动者的性格特征和需求使人力资源管理在劳动者发展方面的功能受限，发挥的作用微乎其微，人工的人力资源管理采取制度控制和物质刺激手段管理，被动呆板，着重于眼前的事物，更倾向于发挥行政管理的职能。

（二）"活力化"人力资源管理阶段

20 世纪 90 年代初到 21 世纪初，人力资源管理的概念已突破人事管理阶段的狭隘认知，逐步被企业所接受。此时的互联网技术逐渐兴起，并渐渐渗透到企业管理中，随着科技的发展，劳动者的自由意识逐渐觉醒，劳动力市场自由度不断提升，此时劳动力市场上的主要劳动者集中在"70 后"人群，他们不再满足于获得平均的劳动回报和基本的物质需求，不再抵触打破现有社会和生活中的平衡状态，开始追求高于现阶段劳动报酬的回报，对现有的刻板、缺乏自由的管理制度是否能满足自身发展需要提出质疑，劳动者开始逐渐关注职业竞争和自身发展。随着劳动者需求的变化，企业开始意识到了人事管理与企业发展之间的不匹配，加之电脑的普及，数据库技术、客户/服务器技术，特别是互联网技术的发展为人力资源管理提供了便捷的工具，企业管理者开始将先进的技术融入人力资源管理中，使复杂的人力资源管理职能发挥得方便快捷。随着人才市场不断改革，人力资源服务机构被催生，企业的管理思想逐步变革，开始借助人才中介的力量进行组织管理。人才的竞争、管理思维的变革以及科技的进步和社会性机构作用的发挥都为企业人力资源管理带来巨大的活力。

企业人事管理较之原来发生了巨大的变化，从一开始的放任管理到开始实行激励监督，初步具备了人力资源管理"进、管、出"的基本职能，处于由传统向现代的过渡阶段，为人力资源管理在我国的发展奠定了基础。最初的人事管理部门属于执行部门，将人视为成本，而现在的人力资源管理部门逐渐发挥决策的功能，把人力看作企业发展的资本，完成了从"以事为主"到"以人为本"的转变，初步形成了相对完整的理论体系，在企业中初步建立了人力资源构架。将人力资源管理从执行层提到决策层的高度，作为制定企业战略的参考凭证和决策支持。我国人力资源管理在理论和实践两个层面不断脱离传统人事管理的禁锢，开始着眼于长远的人力资源开发，走向"战略化、柔性化、专业化、合作化"，不断向现代人力资源管理跃进。

（三）"持久化"人力资源管理阶段

"持久化"人力资源管理阶段的主要特点是人力资源管理内容和形式不断丰富，注重企业和个人的可持续发展，这是由劳动者性格丰富化和需求多样化发展不断推动的。长期以来，企业的人力资源管理大都采用"战术性""应激性"的管理方法，就事论事地解决问题，即传统人事管理的方法。传统的人事管理缺乏长远性、系统性、前瞻性、灵活性，对于人的发展忽略了可持续性和人文关怀，这与劳动者的需求和性格相悖，因此人力资源管理也往往成为企业管理的弱点。

自 21 世纪以来，组织所面临的外部经济环境发生了根本性变化。竞争的全球化、信息技术的飞速发展、顾客需求的不断变化、知识经济的兴起等使企业面临前所未有的变革和激烈的竞争，也使企业更为注重培育自身的核心竞争力。此时的劳动者主要集中在"80 后"，作为中国第一代独生子女，他们在物质上基本得到了满足，他们生活的时代是传统与现代、中方和西方、道德与个性互相冲击的时代，受教育程度有了极大的提高。他们的需求不再局限于满足现阶段的物质目标，而开始重视职业生涯的规划、职位晋升和自我价值的实现，这也促使企业在组织管理中将人力资源管理和企业的战略发展相结合，也将人力资源视为一种获取竞争优势的首要资源，强调通过人力资源规划、政策及具体实践，获取能与企业战略垂直匹配并能在企业内部活动间水平匹配的具有竞争优势的人力资源配置，并强调所有的人力资源活动都是为了达到企业目标。由于人力资源和人力资源管理在企业核心竞争力培育过程中的增值性、稀有性和难以复制性，人力资源管理的价值逐渐被认可。把人力资源管理提升到战略的地位，就是由静态的被动管理转变为动态的主动适应调整，系统地将人与组织联系起来，建立统一性和适应性相结合的人力资源管理。随着市场竞争的自由化和互联网技术的不断发展，人力资源管理的需求变得多样化、市场化、现代化和即时化，社会性中介机构开始帮助企业分担人力资源管理的职责，人力资源管理服务外包、人力资源管理"线上化"等需求不断涌现，人力资源管理服务的内容日益丰富。前期人力资源管理工具开发和使用的经验以及互联网技术的飞速发展都为管理工具的进化提供了基础。人力资源管理工具用集中的数据库将几乎所有与人力资源相关的数据统一管理起来。友好的用户界面，强有力的报表生成工具、分析工具以及信息的共享使得人力资源管理人员得以摆脱繁重的日常工作，集中精力从战略的角度来考虑企业人力资源规划和政策。

战略性人力资源管理强调管理与战略的匹配、人力资源发展与战略的契合，强调通过人力资源管理活动实现组织战略的灵活性，强调人力资源管理活动的目的是实现组织目标以及员工自身价值的实现，系统地将人与组织联系起来实现组织和个人的发展目标。人力资源管理增加了更多的形式和内容，推动企业管理发展和个人发展的持久性。

（四）"个性化"人力资源管理阶段

2014年11月，李克强出席首届世界互联网大会时指出，互联网是大众创业、万众创新的新工具。2015年3月5日上午十二届全国人大三次会议上，李克强总理在政府工作报告中首次提出"互联网＋"行动计划，推动移动互联网、云计算、大数据、物联网等与现代制造业结合，促进电子商务、工业互联网和互联网金融健康发展，引导互联网企业拓展国际市场。此时，市场中的主要劳动力被"90后"取代，他们爱自由，注重自我实现，喜欢用互联网解决问题、完成工作，标榜个性化，强调自身价值，新的时代特征赋予了他们新的特质，这也推动了"互联网＋人力资源管理"逐渐进入企业管理的视野，面对互联网时期的大数据、强竞争、跨边界等特征，企业的招聘、培训、绩效考核等业务不断升级重构，被"互联网＋"赋予新的内涵和新的特征，互联网思维也愈来愈被企业重视，在企业来看，互联网思维意味着，最大限度激发企业内外部人力资源的潜力，挖掘更多的信息、产生更强的动力及更高的效率，鼓励企业员工抓住可能的机会，注重员工自我价值的开发，鼓励企业内外部小微组织或者自组织的存在与发展。

此时，国家"互联网＋"发展战略出台，以互联网为媒介的企业井喷式发展，互联网思维开始影响企业的人力资源管理，此时的人力资源管理倾向于从人性角度出发，关注人性、人心，以及人如何成为一种可再生资源，重视人的价值和可塑性，追求最大限度地激发人的价值，而非一味强调实现企业的发展目标，在正确发展观念的引导下，最终达到企业目标与个人价值的契合。此时的人力资源管理工具不再是简单的互联网技术在企业内部的应用，而是在大数据库以及众多企业和社会性中介机构作为支撑的外向型管理工具系统。在"互联网＋"时代，既要打造人才供应链，又要构筑人才防护链，发展与防护相结合，个性与共享相结合，形成人力资源管理的生态系统。人力资源管理要和大数据相结合，数据化的人力资源决策与人力资源管理的技能管理成为人力资源的核心。基于数据的分析、整理成为人力资源管理的重要工作。通过现代化的人力资源管理系统使工作变得更为简便快捷、客观公正，并能极大地节约管理成本。为人力资源管理中人员的选拔、培训、考核提供可靠的数据支持和衡量依据。人力资源管理不再重视管理而是重视人力资源价值的发掘与共享，随着共享经济思想的日益深入，平台型企业为灵活就业人员提供了大量的发展机遇，灵活就业实现了人力资本的分享，同时也打破了人力资源管理的企业间壁垒，人不再属于某一组织，而是属于社会，企业间人力资源管理的高效对接是需要考虑的重要问题。"互联网＋人力资源管理"到底如何"＋"才能更好地为企业所用、最大限度地发挥价值，将成为企业管理探索的重点和难点，并决定着"互联网＋人力资源管理"发展的质量和高度。

人力资源管理的不同阶段，组织关系是演进的。

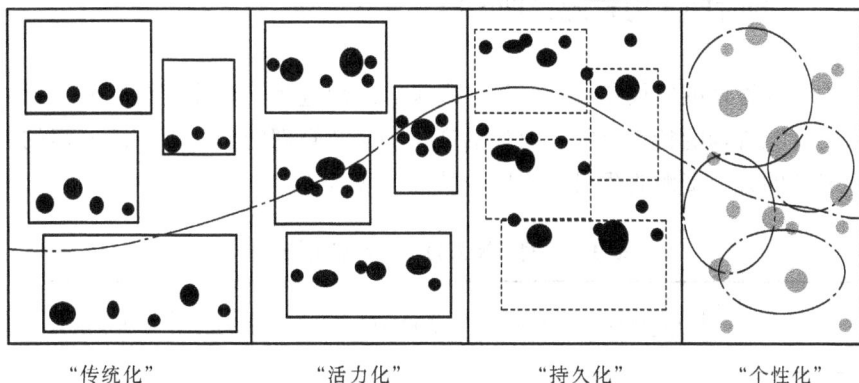

注：图中的矩形和圆形代表不同企业，实心圆形代表人力资源管理包括的内容。

图1 不同阶段人力资源管理发展演进图

由图1可知，人力资源管理在不同的发展阶段，各职能以及组织内部和组织之间的关系不断发生变化。在"传统化"阶段，企业中的人力资源管理内容较少，并且都处于行政管理的级别，各管理模块之间较分散，各职能模块间联系和交叉较少，各企业之间相对独立，人力资源管理缺乏交流与联合。此时，由于人力资源管理内容少，主要集中在人工手写信息、归类整理档案，因此人力资源管理成本较少；在"活力化"阶段，人力资源管理的内容逐渐增加，人力资源管理不再只是简单的行政管理，人力资源管理的各模块初步形成，管理内容之间的联系日益紧密，互相影响，增添了企业的活力，管理日益规范，各企业间的壁垒逐步打破，联系增多。随着人力资源管理现代化工具的引进以及管理内容丰富，管理成本逐步增加；发展到"持久化"阶段，人力资源管理不再是一个企业内部的管理，而是各企业间的联合，合作使人力资源管理的效率最大化，企业之间联系日益密切，人力资源管理各个内容模块互相融合，出现职能分化，社会中的人力资源服务机构为企业承担部分职能。一方面，随着对人力资源管理地位的提高和重视程度的增加，企业对人力资源管理投入更多的资金，另一方面管理工具的更新换代与分化职能由社会服务机构承担，增加了管理成本，这两方面使人力资源管理的成本在各发展阶段中达到峰值；在"个性化"人力资源管理阶段，企业边界逐渐模糊，组织柔性化发展，人力资源管理突破企业的界限，企业间的合作增强，人力资源管理的职能逐步弱化，更加强调自我管理和自我实现，部分功能被机器替代。随着共享经济的发展，信息及管理工具的共享极大地节约了管理成本，促使人力资源管理成本逐步下降。因此各阶段人力资源管理的成本呈现出倒"U"形。

二、不同时期人力资源管理的特点

人力资源管理的发展是社会经济、政策、思想进步与企业变革共同作用的结果，人力资源管理的特点是随着时代的变化和企业管理的变革而不断丰富的，因此不同时期的人力资源管理具有不同的特点（见表1）。

表1　不同时期人力资源管理比较表

比较＼阶段	人的定位	功能	管理目标	管理方式	职能划分	地位
人事管理时期	成本	行政	工作绩效	以"事"为主被动管理	传统，模糊	执行部门
人力资源管理时期	资源	整合资源	对组织目标的贡献	"弱沟通"管理	六大模块	管理部门
战略性人力资源管理时期	核心资源（资本）	战略制定与实施	通过人实现组织目标	"沟通式"管理	职能分化	核心部门
"互联网＋人力资源管理"时期	服务对象	价值创造	发挥人的价值	自我管理	职能弱化	动力部门

在人事管理时期，人事管理所呈现出来的特点主要取决于计划经济的经济制度。此时，企业将人看作企业运营中不能避免的成本，人事管理工作局限于日常档案的归类、人员调配、职务职称变动、工资调整等具体的事务性工作，因而人事管理在企业管理中的地位较低，在企业中发挥着行政管理的功能，管理者着眼于提高本部门的工作绩效，并以此作为衡量工作效果的主要标准，人事管理以"事"为核心，依事进行管理，管理缺乏主动性，职能划分模糊。

人力资源管理时期，人被看作一种会给企业的发展带来回报的资源，由成本到资源，对人力资源的认知发生了跨越式的改变，人力资源管理由行政管理转向间断性贯穿于企业的战略制定和发展的过程中，强调人力资源管理对组织目标的贡献，人力资源管理目标包括全体管理人员在人力资源管理方面的目标任务与专门的人力资源部门的目标与任务两部分。受传统人事管理的影响，对于人力资源还是以管理为主，但管理方式更加人性化，组织间和组织内部的"弱沟通式"管理取代命令式的管理，人力资源管理的六大职能模块划分日益清晰，人力资源管理部门在企业管理中的地位也日益提高，由被动执行向管理转变。

战略性人力资源管理时期，人力资源被看作企业战略制定和实施的核心资源，甚至是企业发展和竞争的重要资本，与企业的发展战略息息相关。"沟通式"的管理方式增强了企业的活力、提高了管理的效率，更加人性化、柔性化的管理方式为人的发展提供了更多的机遇，人力资源管理的六大职能将随着企业外部经营环境的变化和社会专项咨询服务业的发展再次分化，一部分向社会化的企业管理服务网络转移，人力资源管理的各部分职能不再是独立的存在，而是人力资源管理系统不可分割的组成部分，随着人在企业中的地位日益提高，人力资源管理部门也逐步成为企业管理中的核心部门，决定着企业发展的活力与高度。

"互联网＋人力资源管理"时期将把前三个阶段对人力资源管理的认知完全颠覆，人不再是单纯为组织和企业服务的资源，相反，企业的一切资源都将为人力资源服务以实现人力资源的价值创造，企业由管理者变身为组织者，为小微组织或者个体的发展提供平台和机遇，人由被管理变为自我管理，人力资源管理职能不断弱化和分化，人力资源部门将成为企业发展的动力部门，为企业的发展提供创意，奉行相对宽松自由和以人为本的理念以求最大限度地激发人的价值，成为企业发展的不竭动力。

三、"互联网＋人力资源管理"发展的方向

（一）人力资源管理整体个性化

共享经济的蓬勃发展带来新一轮的变革，颠覆新的组织模式，重构组织与人之间的关系，深刻地影响着经济理论和实践的发展。共享经济的本质可以说是"不求所有，但求所用"，人力资源管理发展到共享经济时期，其个性化的需求不断凸显，个性化将是人力资源发展的必然趋势。

共享经济把闲散的社会资源与消费者通过互联网平台有效连接，实现资源的集约化与共享。这种新型的用工关系打破了对于劳动关系的传统看法，劳动者不再属于某个组织，随着时代的变化，任何一个组织都必须是以需求方为核心的组织。组织的变革也将围绕需求变化才具有强劲的竞争能力。整个市场竞争环境的制高点发生变化了，产品导向变成了消费者导向、客户导向。个性化的产生使需求者倒逼组织和管理发生变革。劳动者根据自己的需求选择不同时间、不同地

点、不同形式的劳动。此时劳动者的价值需求不再是单一的功能诉求、碎片化的价值诉求，而是一体化的体验价值诉求，即整体个性化价值诉求。因此人力资源管理也将适应劳动者个性采取按需分配劳动的工作形式和思想，不断向个性化的趋势发展，以满足劳动者的需求。

（二）人力资源管理的"人机共生"化

在新时代，组织形式被颠覆重组，每个细胞组织被赋予充分的自主权和决策权，充分激发组织的活力。互联网的不断发展为人力资源管理提供工具，帮助进行数据收集，使人力资源价值计量管理成为提升人力资源效能管理的有效途径。大数据和人工智能逐渐被应用在各行各业，随着机器人越来越会学习、越来越会思考、越来越融入生产作业过程中，跟人和组织产生互动，会形成新的生态关系。未来在智能化生产条件下，要解决的不是人与人、人与组织之间的关系问题，而是要解决组织跟机器、人与机器共存共生的关系问题。

人与组织之间、人与人之间的互联互通累积、集聚的巨量大数据为人力资源的程序化决策与非程序化决策提供了无穷的科学依据。企业随时随地收集关于工作现场、员工个人和员工互动互联的数据，将员工行为数据化，依靠大数据或人工智能帮助做出选人决策，制定薪酬策略，提升人才匹配决策的科学性，减少企业内部的矛盾与冲突，降低管控与交易成本，减少内耗。通过互联网和大数据系统可以对组织的价值创造过程及经营绩效进行客观公正的定量化评价，使人力资源的价值计量化管理成为可能。

（三）人力资源管理的自然化

未来组织与管理的发展、变革不是人为设计的框架、标准化流程化的变化。未来的组织一定是在自然进化迭代的基础上，不断去优化演化的。在企业经营和管理中，将奉行极简法则，管理将专注于目标。简单管理，过程中顺其自然发展，把所有的能量聚集到为客户提供好的产品服务上。自然并不意味着无为，而是指组织回归到人性需求的本质，符合人性的发展需求，即满足劳动者在人力资源管理方面的需求。劳动者不再是被动的接受者，而变成了主动的改造者，管理要顺应劳动者特征的变化，顺势而为，更多地强调自我管理、自我约束和自我发展。所以企业要转换思维，在新生态下遵循生态的规律，让各要素价值重构，自我进化，不断增强组织的自适应性。

参考文献：

[1]吴斌．我国民营企业人力资源管理与企业可持续发展的对策分析[J]．山西财政税务专科学校学报,2012,(1):40-43.

[2]孔令刚,吴淑芳.挖掘人力资源管理潜力促进企业经济发展[J].中国商贸,2012(33):93-94.

[3]张航,徐珂.企业人力资源管理的创新发展策略[J].学术交流,2015(5):153-156.

[4]吉瑞.浅谈人力资源管理对企业经济发展的促进作用[J].现代商业,2015(13):56-58.

[5]高海莲.人力资源管理与企业经济效益初探[J].内蒙古煤炭经济,2013(4):174,177.

[6]刘玉娇,孟飞.当今经济时代企业人力资源管理的创新问题[J].企业研究,2013(16):104-106.

[7]杨建东.大数据时代企业人力资源管理变革的思考[J].商品与质量,2016(15):266-267.

基于互联网思维的小微企业人力资源创新管理

郝卫峰

摘　要： 本文分析了现阶段小微企业人力资源管理存在的人才设置不合理、培训体系不健全和绩效考核不合理等问题，围绕员工招聘这一人力资源管理重点内容，结合如何充分利用互联网，提出了团队人员的选聘、团队人员的培训、团队人员的激励和团队化思想的固化和理念提升等建议，提升小微企业人力资源管理水平。

关键词： 小微企业；人力资源管理；员工招聘

一、引言

随着我国经济的全面发展，小微企业在国民经济中的重要地位凸显出来。统计数据显示：我国小微企业规模已近 5 000 万家，为国家提供了大量的就业机会和缴纳了近三分之二的所得税。目前，伴随着我国经济体制改革的深入和产业升级，实体经济尤其是传统制造业下行压力加大，小微创新型企业逐渐成为稳定我国经济形势、搞活我国社会主义市场经济的重要组成部分。2012 年 2 月 1 日召开的国务院常务会议专门研究部署进一步支持小型和微型企业健康发展，并明确指出，小微企业是提供新增就业岗位的主要渠道，是企业家创业成长的主要平台，是科技创新的重要力量。帮助小微企业快速、可持续发展，亟须提高其各项管理水平。

然而，由于受到资金、技术、人才等方面的影响，小微企业现代化管理水平普遍较低，企业信息化率还不到 3%，仍然面临管理不规范、融资难、效率低下、竞争能力弱的问题，严重制约了小微企业发展壮大。实践中，小微企业却一直存在用工困难、人力资源管理不善等突出矛盾，制约着小微企业的进一步发展。基于此，探索如何提升小微企业人力资源管理水平，具有现实意义。

二、我国小微企业的压力

小微企业是小型企业、微型企业、家庭作坊式企业、个体工商户的统称，是由经济学家郎咸平教授提出的。国家对小微企业主要从三方面界定，一是微利，二是从业人数少，三是税收，详见表1。

表1　小微企业的定义

划分标准 ＼ 企业类别	工业企业	其他企业
资产总额	不超过 3 000 万元	不超过 1 000 万
从业人数	不超过 100 人	不超过 80 人
年度应纳税所得额	不超过 30 万元	不超过 30 万元

我国小微企业的压力集中体现在以下两个方面。

（一）劳动密集度高，利润空间窄

调查显示，从小微企业的经济增长模式来看，多数小微企业以低端服务型和资源消耗型为主，且小微企业技术水平较低，主要依靠市场机会和本地资源，投入产出效益低，经济增长模式的利润空间较窄。加之多数小微企业所在行业的进入门槛低，行业内新创办的小微企业数目增加迅速，导致市场趋于饱和，利润空间极度缩水。

（二）抗风险能力弱

小微企业多因国家政策和市场机会而迅速创建发展，当国家政策变动或市场趋于饱和时，多数小微企业会由于缺乏资金和技术而快速消亡。小微企业因天生不足而具有较弱的风险抵抗力，易受政治经济环境影响，在同样的市场机制下，小微企业很难在与大中型企业的激烈竞争中存活。

资料显示，在市场经济更为成熟的美国，在企业初创的5年中68%的小微企业倒闭，生存时间达到5~10年的只有约19%，超过10年的小微企业所占比例更是低到13%。在我国，小微企业生存和可持续发展的比例更低，小微企业平均寿命只有2.9年，能够坚持超过10年的不到总数的10%，这一切都显示了小微企业抗风险能力弱。

三、现阶段小微企业人力资源管理存在的问题

小微企业人力资源管理存在的问题较多，突出的几个问题如下。

（一）人才设置不合理

小微企业大多是家族企业，出于节约成本和信任等考虑，在人才设置方面会

优先选择家人或者好友，因此存在人才设置不合理的问题。具体而言，对于招聘理解不足，基于薪金和福利等的限制，很难吸引到专业性人才，即便幸运聘请到优秀人才也很难留住，勉强留下的员工存在对企业忠诚度差的问题。

（二）培训体系不健全

小微企业主在员工培训和开发上花费精力和资金的意愿不足，不能满足员工在工作中自我提升、自我实现的需要。此外，员工深层次的精神需求不易被企业主看到，加剧了人才流失。即便不得不招聘员工，大多也是进行被动或者应急式的技能培训，缺乏对包括团队合作和职业道德在内的组织文化的培养，使得员工缺乏归属感、凝聚力低下。

（三）绩效考核不合理

小微企业大多是家族型企业，在薪酬、福利等待遇上不易做到公平，易存在家族成员待遇高于外聘人员的情况。此外，小微企业大多财力不足，无法满足员工更多的物质激励需求。或者即使有物质激励举措，其如何实施往往决定于企业主的个人意志，因此绩效考核形同虚设。

四、基于互联网思维的小微企业人力资源管理对策

人力资源管理涉及面多，与其他企业相比较，对于小微企业尤显重要的是，要围绕员工招聘开展工作。员工招聘工作直接关系到企业各项工作能否顺利开展，招聘结果直接影响企业今后发展，招聘质量直接影响企业人员的稳定性和人力资源管理的成本费用。小微企业需要从众多求职者中选聘出最适合的员工，建立高效的团队。

在今天互联网高速发展的社会环境中，企业应利用互联网提高信息化水平，提高工作效率，建立基本的管理规范，实现管理从粗放型到节约型的转变。具体而言，在互联网经济的思维下，人力资源管理要把"人"作为至关重要的战略资源来经营，把"人"变成企业的生态资源，为企业建立起良性发展的生态环境。为此需做好以下工作。

（一）团队人员的选聘

用互联网的思维选人，突破传统的招聘方式，聚焦网络平台，快速建立候选人资源圈，从而更加有目的性地获取人才资源信息，更有针对性地建立吸引人的机制。

在招聘过程中，要凸显小微企业工作灵活度高、鼓励创新、职业发展度高等优势，避免与大中型企业进行面对面的报酬、福利比拼，突出与企业一同成长的理念，吸引更多符合企业需要的人才加盟。

（二）团队人员的培训

基于小微企业规模较小且职能部门不多的特性，允许新员工在较短时间内调换不同的工作岗位以更快了解企业。

培训的内容应该注重塑造共同理想和加强团队协作等，注意受训者的意见反馈，落实新技能在工作中的使用，达到学以致用。

（三）团队人员的激励

在互联网思维下，人力资源部要充分利用企业微博、个人微信及微信公众平台、电子邮箱等方式，让员工感受到自己参与了人力资源管理，让员工成为人力资源部的"粉丝"，能为企业建言献策，从而提高员工的归属感和参与感，达到企业对员工激励的效果。

此外，要激发共享成员的创新能力，重点在于以共享成员的创新能力带动企业可持续发展，激发小微企业的创新成长潜力，将科技成果转化为经济效益。

（四）团队化思想的固化和理念提升

对于小微企业，基于互联网思维下的人力资源管理要求：改变指令性的领导指挥干的模式，发挥所有人的才智才能。这就要求：改金字塔形的组织为扁平、网状的组织，激发企业中每个人的创新能力，使得企业从不断的创新中获得发展的原动力和生命力。

结合企业的规范化，以团队为载体，通过企业文化的灌输，在员工对企业发展前景持肯定态度的前提下，在企业发展和自我提升中找到共同利益，提升员工对企业的归属感和忠诚度，进而提升企业的凝聚力和向心力。

五、结语

小微企业对我国经济的重要性不言而喻，其在发展过程中不可避免会遇到人力资源管理困境。为此进行相关研究，把研究成果转化到小微企业发展的实践中，在实践的过程中进行完善，有着现实的意义。

参考文献：

[1]高宏．基于管理团队的小微企业人力资源管理研究[D]．武汉:华中科技大学,2013.

[2]赵根良. 我国小微企业人力资源管理研究[J]. 哈尔滨学院学报,2013,34(7):17-18.

[3]王晔. 小微企业人力资源管理的困境及模式选择[J]. 中国管理信息化,2014,17(4):77-78.

[4]马越. 小微企业人力资源管理问题研究[J]. 中国市场,2014(14):71-72.

[5]贾瑞仙. 基于互联网思维的人力资源管理转型研究[D]. 大连:大连海事大学,2015.

[6]艾华. 小微企业员工招聘对策研究[D]. 西安:陕西科技大学,2015.

[7]魏斌. 我国企业人力资源管理创新问题探究[D]. 长春:吉林大学,2015.

[8]尚文捷. 小米:用互联网思维颠覆传统产业[J]. 中国品牌,2013(12):24-25.

[9]姚树莲. 我国小微企业困境成因和对策讨论[J]. 产业与科技论坛,2011(14):10-15.

京津冀一体化 R&D 人才流动研究及配置[①]

边婷婷

摘　要：通过对京津冀 R&D 人才流动的现状分析，揭示出目前存在的问题，提出京津冀一体化 R&D 配置的相关策略。

关键词：京津冀；人才；一体化

京津冀人才一体化是指这三个地区一起有系统、分阶段、全面协调发展人力资源的过程。

一、京津冀区域人才一体化实施现状

2005 年《京津冀人才开发一体化合作协议书》的签订，意味着京津冀人才共同开发模型基本形成。2006 年《京津冀人才交流合作协议书》《京津冀人才网站合作协议书》等文书明确了人才交流的具体事项。2011 年《京津冀区域人才合作框架协议书》进一步地深化了人才交流的具体内容，此协议中的各项指标及步骤如下。

（一）人才交流

行动规划是建立高层次人才柔性流动机制，通过定期举办大型人才交流洽谈会和制定高层次人才技术合作的优惠政策，推动高层次专家共享，实现国际顶级知名专家为三地共同开展科研指导和技术交流。实施现状是从 2007 年开始每年举办"京津冀地区招才引智交流会"，有一定的积极作用。

（二）人才网站建设

行动规划是拓展三地人才网络联合市场，实现一地网站注册、三地可用，达到人才信息共用。实施现状是：①三地正准备构建统一信息平台发布和共用人才信息；②河北人才网已开设三地人才信息专区；③"环渤海人才网站联盟"的

---
① 本文由北京市社会科学基金研究基地项目（项目号 14JDJGB029）和北京市青年拔尖人才培育计划（项目号 CIT&TCD201504040）资助。

设立将这三个地区的人才网统一，并设置联盟网站的展示区。

（三）博士后工作站建设

规划是三地联合招收培养博士后，建立博士后工作站。现状是在一些区域已实行，如在 2011 年三地的三个大医院一同招聘高端人才。

（四）人才工作站，人事代理、人才派遣

规划是开设人才工作站平台，为户籍在本地而工作在其他两地的人才提供绿色快速服务通道。实施现状是人事代理、人才派遣行动规划已实现，社保可以实现异地缴交。

（五）技术资格互认互准

规划是三地互认专业技术资格和职业资格。实施现状是截至目前，专业技术资格和职业资格还在推行中。

（六）人才创新创业载体建设

规划是共同创办高水平科技研发中心，设立研究生实践基地。实施现状是：①2013 年 9 月，在面对京津、立足全国、远观全球的招才原则指引下，河北创建了高端人才创业产业园；②中关村于 2014 年 5 月份在秦皇岛地区成立了园区，它是中关村在本国成立的第一个分园。

（七）社会保障体系建设

规划是实现京津冀异地就医结算、三地企业职工基本养老保险关系转移接续。实施现状是在京津冀地区不论是省内跨区看病还是异省看病都不能够实现现场结算。

从以上人才计划的具体实施状况来看，京津冀人才一体化历经十年，在人才交流、人才招聘网站建设、博士后工作站建设、人才工作站、资格认定、人才创新创业载体建设、社会保障体系建设七个方面实施成效有限。

二、京津冀地区 R&D 人力资源现状

（一）京津冀 R&D 资源现状

据《中国科技统计年鉴》2012 年的数据，从 R&D 人数总量和质量、科技经

费的投入、仪器设备的购置看，北京科技资源的拥有量遥遥领先，甚至高于天津和河北两地之和。2012 年北京 R&D 人数为 322 417 人，约为天津、河北的 2.5 倍，北京 R&D 经费投入高于天津、河北，北京 R&D 经费投入强度最高为 5.95，超过 2% 的中等发达国家平均水平近三倍。北京用于购置仪器设备的费用支出达到 123.955 1 亿元，相当于天津支出的两倍、河北支出的四倍。可见，三地在 R&D 合作上前景乐观。

（二）京津冀区域 R&D 人才结构

京津冀区域的 R&D 创新能力由人才学历、研发总量、经费支出总额、专利申请授权数、新产品开发项目数决定。

1. R&D 人才学历比较

《中国科技统计年鉴（2012）》的数据显示（以研究机构的研发人员为例），北京地区研发人员 103 017 名，其中本科学历 29 380 名，硕士学历 32 892 名，博士学历 26 467 名；天津地区共有研发人员 8 467 名，其中本科学历 3 703 人，硕士学历 2 174 名，博士学历 570 名；河北地区共有研发人员 7 573 名，其中本科学历 3 841 名，硕士学历 2 101 名，博士学历 354 名。可见，北京不仅人才的总数远超天津和河北，而且高端人才也大大多于天津和河北二地，而河北在人才总量和高学历人才上都是最少的。三地 R&D 人才差别极大。

2. 研发人才经济指标比较

依《中国科技统计年鉴（2012）》提供的数据，对比分布在北京、天津和河北三地的企业、研发单位、高等院校中人才总数可知，北京研究机构的研发人才数量最多，为 75 543 人，天津、河北在企业的研发人才最多，而在研究机构的研发人才较少。在经费支出方面，北京明显高于其他两地，其中主要科研机构的经费有 371 765 万元，非常充裕，天津经费支出其次，河北偏低。在专利的申请授权方面，北京地区以总量 50 511 件远超天津（19 782 件）和河北（15 315 件）两地的总数，而且河北明显落后。在新产品研发方面，北京地区以 5 135 项和实现销售收入 13 152 739 万元领先于天津（3 807 项和 11 564 670 万元）和河北（1 444 项和 1 537 199 万元），天津处于中间位置，河北最末而且远远地低于天津。

总之，北京由于地理位置具优越性和政府扶持力度较大，高学历人数众多，研究机构人才的数量和经费优势明显，所以专利申请授权数、新产品开发项目数量突出，天津次之，河北最低，京津冀三地差距较大。

三、京津冀 R&D 人才流动存在的问题

京津冀地区持续推动人才一体化战略，必将加速人才的双向流动和资源的融

合，实现较高级别人才共用，共同建设人才创业基地，达到政策方面互联互通，协作范围更加宽广，协调持续深化。然而，现实却是需改进的地方很多。

（一）人才战略缺乏统一规划，产业同构导致人才流动不合理

从 2010—2020 年人才发展纲要可以看出，北京未来的发展方向是国际型大都市，尤其注重在科教、文卫、社会等公共区域内培育和引入全球型顶端人才。但是天津和河北两地在工业和经济社会两个方面缺乏专业型人才，而且没有相应的引入机制。这两个地区紧缺的人才主要集中在石化、设备制造、医药制药、新型材料、金融、财务、电子商务、物流管理、环境保护等方面，人才需求重复。由于这些地区缺乏统一的发展计划，所以在决定主导业务的时候，不能够从全局利益的视角出发，无法实现统筹发展，造成产业间同质化严重，加剧了对人才、科技和资本方面的争夺，最终造成这三个地区不能够根据自身特色发展，混乱的竞争局面造成较大的资源浪费。

（二）人才协作统筹层次较低，难以形成深度有效的人才协作机制

由京津冀省级机关牵头、连同相关部门共同开展了关于人才协作的事宜，但因京津冀三大行政区域各自独立，内部的市场机制发育水平不高，所以在经济、社会和环境保护方面所进行的沟通效果不明显，没有形成长期高效的互认方式。诸如跨省份的社保统筹、户籍管理、专业技术职务任职资格申请、博士后工作合作协议签订、专家信息库建立、人才间沟通平台构建等，都要在更高层级间的筹划下进行全方位的协作，需要相关单位共同参与才能落实。目前的联席会议对于这三个地区间的人才协作来说规模较低，不同层级行政主体之间的联动推进缺乏积极性。

（三）地区间经济差距悬殊导致人才分布高度不均衡

因为三个地区在经济水平、教育、人才数量、员工素养上存在较大的差距，区域间不可避免地存在着内部竞争。北京因为经济发展迅速、文化环境好、医疗卫生条件高，对周围区域人才具有较大的吸引力，使得高端人才竞相涌入，津冀特别是河北的高端人才不断外流。河北目前的发展情况已无法满足人才的自身需求，具有国家级别的学科、实验室、工作站等和北京、天津相比，都存在非常大的差距，人才外流使得河北高技术人才短缺现象加剧。

四、京津冀 R&D 人才流动与配置的探索

京津冀人才一体化，主要是指增强该区域内人才的综合竞争实力，强力促进

人才的相互流通协作，构建在范围内实现人才共用、结构相互补充、交流自如、培育协作共赢的机制，达成在这个范围内的人才流通和高效配置，进而实现整个区域整体竞争能力的较大提高。

（一）统筹协调人才发展战略规划

从区域一体化的视角制定三地的人才发展战略。长期实施、全方位布局，确定重点范围，增强范围内的分工与合作。综合考虑目前三地的人才构成情况，以自身的长处在人才构成和需求方面实现错位布局。在产业结构布局上，要求京津冀范围内的各个城市在挑选发展项目的时候，将注意力放在各自擅长的领域，构成合理分工的初步状况。北京的着力点在第三产业，主要是高层次的服务业；天津的着力点在制造业以及现代服务行业，同时可以兼顾运载量较大的临港化工；河北的着力点在重化工行业、高科技产业、制造业研发、加工配套、农业和闲暇旅游等，努力做好北京和天津的发展后盾。

（二）健全政策协调与制度衔接机制

健全和发展联席会议制度，由这三个地区的相关领导人员组成京津冀发展委员会，高度负责该范围内的经济、科教、社科、人才等方面的协作与发展，主要包括对与发展有关的重大事项进行商议，实施较大工程，对协作工程实现监管，对工程品质进行综合评估，定期沟通，对下一步工作进行部署。此外，还要对目前人力资源方面的一些规定进行融合，使得针对人才的培育、引入、应用、流通、激励、保障等形成新的体系，从而为吸引更多更高端的人才投身到区域的发展提供政策和制度保证。

（三）以柔性引才引智为主，建立京津冀人才共享合作联盟

柔性引进人才智力指的是在保持原有人才和其从业单位之间所存在的人事关系的基础上，突破以前在国界、户籍、区域、档案、人事等方面存在的限制，采用招用、非全职、问询、演讲、顾问等方式，引入发展过程中所需要的各种人才，在"报酬和绩效相联系"以及"优秀人才、优异成绩、优厚酬劳"等原则的指引下，采用灵活的工资制度，如课题工资、研究成果参股，促使并支持高端人才携带科技、研究成果来此区域进行创业。关于人才合作同盟，指的是经过共同建设工作站、举行高端人才研讨会和构建高端人才资源共用平台，高效展现这些精英在科学研究、技术革新、产业培养、顾问咨询等方面的诸多价值。鼓励并协助研究者进行多个区域间的研究协作，促进研究成果在其他地方转化为生产力，给高等院校的高学历学生提供在他乡做顾问、挂职的机会，发现人才具有的

潜力和创造的价值。还可以和其他机构一起到国外实施招聘，聘任国外的高端人才来京津冀地区考察，让国外高端人才和相关单位相互沟通，共用国外高端人才，促进京津冀和国外高端人才资源库之间的衔接应用。

参考文献：

［1］彭黎.京津冀人才一体化协作实施状况分析［J］.北京劳动保障职业学院学报,2014(8)：33－38.

［2］边婷婷.京津冀一体化 R&D 人才流动研究［J］.北京联合大学学报,2015(2):88－92.

基于心理安全视角的中小企业人才流失问题研究

张靖风　朱晓妹

摘　要：新经济时代，企业间的人才竞争日趋激烈。中小企业的人员流动过于频繁，人才流失现象严重，这对中小企业的发展是致命的威胁。因此，如何防范人才流失已成为摆在中小企业管理者面前的重大难题。本文基于心理安全视角，分析了中小企业人才流失危机产生的背景与原因，进而提出了中小企业如何应对人才流失的策略与措施，以更好地促进中小企业的健康、快速发展。

关键词：中小企业；人员流失；心理安全；原因；对策

一、引言

中小企业在我国的经济社会发展中占有重要地位，发挥着大企业难以取代的作用，但是人才流失却阻碍着我国中小企业的发展。目前，中小企业的人员流动频繁，人才流失现象已经十分严峻。据不完全统计，我国中小企业每年人员流动率在20%以上，有些企业的人员流动率甚至能达到50%。企业员工的不稳定，使得企业无法正常有序地开展工作，对企业的发展十分不利。

心理安全感的概念起源于组织变革的研究，由于组织变革包含着许多不确定和模糊性，因此组织需要帮助员工克服变革所带来的不安全感，满足员工心理安全感的需要（Edmondson，1999）。工作场所中的心理安全感是一个多层面（个体层、团体层、组织层）的认知型概念，它指的是个体在如实表现自我时，相信其自我形象、地位和职业生涯等不会受到负面评价的感知，也是个体在群体、组织和人际交互中能够感受到安全的共享信念。个体特征、人际关系质量、群体活动与结构、领导特征等对员工心理安全感具有预测作用。心理安全感对员工的学习行为、进谏行为、创新、工作敬业度和工作绩效、留职意愿等有着积极影响。

在激烈的市场竞争中，为了生存和发展，中小企业管理者经常面临两难的选择：一方面为激励员工主动积极、不畏风险，不断提高工作绩效，需要强化"安全氛围"；另一方面又不得不同时实施裁员、末位淘汰、并购重组等变革措施，使员工知觉和体验缺乏"安全氛围"的感受。这些现象表明，中小企业中员工的心理安全感状况不容忽视。因此，本文旨在从心理安全感的角度来分析中小企业人才流失的原因，针对如何通过提高员工心理安全感来留住人才、降低企业的人员流动率提出建议。

二、中小企业人才流失现状及影响

中小企业人员数量不是很多，企业管理比较灵活，比如在人员的招聘、工资制度的建立以及员工的去留方面都是比较灵活的，这样的环境比较容易吸引来一些优秀的人才，但是与此同时，也容易发生人才流失现象。对于很多中小企业来说，往往中层甚至高层的管理人员，以及许多工作多年具有丰富工作经验的技术人员流动性大，这些精英的流失对中小企业会造成很大的影响。

（1）人员流失额外增加了中小企业的运行成本。中小企业往往面临恶劣的生存环境，为节约成本，许多企业人员配置不合理，没有建立完善的人员储备机制，一旦某个员工离职，企业必须重新招募人员，从而产生发布招募信息、面试等招聘成本，以及因岗位空缺影响生产所受的损失，而且越是骨干人员招聘的难度越大，企业所花费的人、财、物等招聘成本越高。

（2）人员流失削弱了中小企业的竞争力。流失的人员最终会流向与自己的专业相同或相近的行业及与离职企业具有竞争关系的企业，增强了竞争对手的实力。核心骨干人员的流失对中小企业的影响更大。一方面，核心骨干人员流失后，短期内企业无法或很难招聘到该类人员。另一方面，也更为重要的是，核心骨干人员掌握企业最先进的技术或优质的客户资源，一旦流失到竞争对手企业，原本保有的技术优势会大打折扣，优质的客户资源将大量流失，竞争对手有可能因骨干人员的加入而迅速增强竞争力。

（3）人员流失容易引起企业内部的连锁反应。企业人才流失率过高会影响队伍的稳定性，使员工对企业发展前途失去信心，加剧人才的流失。在当前的中小企业，有的员工进企业时是通过熟人介绍的，一旦介绍人离职，被介绍人有可能碍于面子或者基于"共进退"的心理，与介绍人一起离开企业，给企业造成的损失和影响有时企业是无法承受的。同时，人都有怀疑心理，如果员工看到或听说周围的同事离职，就会猜测企业出了问题，如果看到和听说与自己能力相当的同事跳槽后薪酬和福利待遇却比自己高，心里就会产生不平衡，要么考虑自己是否也应该跳槽，要么希望企业给其加薪或提高福利待遇，如果企业达不到他的要求，就会对企业产生不满，工作满意度会降低，工作效率会下降。

三、人才流失与心理安全

心理安全最初仅是个体层面的一个概念，反映个体可以充分展示自我而不担心对自身形象、地位等产生负面影响的一种感受。沙因等（Schein 和 Bennis）在研究个体和组织变革时将此概念推广到群体环境中，指出心理安全是群体内成员间互相支持的一种普遍感受，这种感受能使成员愿意承担具有创新性和需要一定勇气去完成的任务。埃德蒙森（Edmondson）首次在团队学习研究中引入心理安全的概念，在她看来，心理安全是团队成员的一种共同信念，即共同认为在团队内人际冒险是安全的。心理安全的人际信念包括容忍错误、寻求帮助与反馈、冒险、互相鼓励、提出不同观点等，这些人际信念的建立根植于成员间的彼此信任、相互尊重和互相关心。

中小企业往往人力资源管理观念落后，人力资源配置和管理不足，人才存量少流动性大，导致难以形成有效的留存机制，企业内部普遍存在"一言堂"、管理混乱、员工薪酬发放不及时、晋升空间有限、竞争压力大、人际关系紧张等情况，员工缺乏对企业的认同感和归属感，严重缺乏心理安全感。有研究发现，心理安全感对员工的情感承诺（Chen et al，2014）、留职意愿（Kruzich et al，2014）、心理授权（Simonet et al，2015）、团队凝聚力（Guchait et al，2014）和即兴发挥行为（李海东和林志扬，2013）有正向影响，而对他们的沉默行为（何轩，2010）和离职意愿（Chen et al，2014）有负向影响。研究证明，具有高心理安全感的员工，具有较高的留职意愿和较低的离职意愿。因此，中小企业通过提高员工心理安全感，可以降低人才流失率。

四、中小企业人才流失原因分析

（一）企业缺乏竞争力——经济不安全感

中小企业资源有局限，工作环境相对较弱，难以吸引优秀人才。中小企业大都资金紧张，往往将大部分资金投在研发和市场开拓方面，因此，很难以高薪吸引和留住企业所需的人才。根据马斯洛需求理论，人在发展中的不同阶段会有不同层次的需求，其中，生理需求是最基本的需求。员工在企业工作的最初目的就是获得经济上的报酬，以满足其最基本的生理需求。中小企业拖欠或缩减员工工资的行为将严重影响员工获得这一需求的能力，员工的基本生理需求得不到满足，心理安全感更得不到满足，就会选择离开企业。

（二）管理层级扁平化——职业发展不安全感

我国中小企业规模较小、人员较少等，加之很多中小企业都是个体户私营企业，多采用家族式管理，管理层级相对扁平，员工晋升空间相对较小，企业内部容易出现任人唯亲的现象。普通员工就算努力工作，依然很难得到晋升的机会，实现不了自我价值，自然选择到更大的平台发展。同时，企业中一直存在严重的论资排辈、"唯亲、唯私、唯权"现象，晋升缺乏公开、公平，使得员工不得不花费更多的时间调节人际关系，缺乏团队心理安全感，员工认为人际冒险是危险的，不具有安全感，从而愿意去更大的平台上发展。

（三）企业内部管理方式粗放——工作执行不安全感

许多中小企业大致存在两种管理情况：一种是缺乏有效管理；另一种则是进行制度化管理。缺乏制度的企业，处罚是随机的。制度健全的企业，其制度条款中往往处罚多于奖励，而且处罚涉及工作的各个方面。当然，适当的处罚有利于保证工作质量和效率，但处罚过多则适得其反。有研究表明：当员工在一种高度紧张、压力较大的环境下工作时，工作质量和效率反而低于正常水平。严苛的管理制度，往往导致员工长期处在担心被处罚的压力下，工作不可能愉快，工作时间不可能长久，一有机会就会选择离开。目前"80 后"和"90 后"劳动者个性比较强，对待工作的态度和方式与"60 后"和"70 后"有着很大的差异，前者更乐于接受宽松的工作环境。

（四）员工个人与领导风格不符——领导信任不安全感

第一种情况是：许多中小企业规模较小，员工人数有限，常常会出现领导独断专行的情况，领导者对于企业事务拥有绝对的话语权，员工丧失了发言权，创新型或者外向型员工心理安全感极低，从而选择离开。第二种情况是：中小企业内部缺乏明确的管理制度，没有明确的企业定位、发展规划等，领导者对于企业及员工的工作大多采用"放养式"，这不仅容易引起企业内部的混乱，还会导致保守型或者内向型员工缺乏心理安全感，从而选择离开。

（五）企业文化氛围的缺失——人际关系不安全感

很多中小企业的管理者对企业文化缺乏正确的认识或对物质利益过度追求，致使企业长期处于一种企业文化缺失的状态。人际关系是企业员工间在日常活动中形成的以情感为纽带的相互联系。人际关系与企业的文化氛围直接相关。好的文化氛围能调动员工激情，使员工协调配合而形成出色的团队。因此，良好的人际关系是实现工作团队目标、发挥人才效用的必要条件。如果企业在人际关系方面存在问题，是有可能造成人才流失的。中小企业企业文化建设的缺失，使员工对企业缺乏归属感，企业的人际关系较为紧张，员工心理安全感低，最终导致人才的流失。

五、中小企业防止人才流失的对策

（一）增强企业的竞争力

由于企业之间的竞争日益激烈，中小企业只有不断地提高自身的竞争力，才不会被市场所淘汰。首先，中小企业应不断提高自身的创新能力。其次，中小企业应完善企业的薪酬制度。中小企业应提高员工的薪酬水平，而且可以建立自助式薪酬体系，即可以把能够为员工提供的内在薪酬和外在薪酬进行合理的归类组合，员工可以根据个人的喜好来选择薪酬的具体内容。根据马斯洛的需求层次理论，员工在满足了最基本的生理需求之后，会开始追求更高层次的安全需求、社会需求、尊重需求和自我实现需求。中小企业通过提升自身的竞争力，为员工创造更广阔的发展空间，同时给员工提供更多的"容错"空间，员工在充满活力的企业中心理安全感较高，工作绩效会提高，从而正向影响中小企业的竞争力。

（二）倡导合适的领导风格，提高员工心理安全感

支持、灵活和清晰的管理风格能够增加个体的心理安全感（Kahn，1990）。埃德蒙森（1999）研究发现，团队领导的教练行为与团队心理安全感积极相关。罗伯托（Roberto，2002）也提出领导的指导与支持行为对于提升团队心理安全感的重要性。恩姆巴德等（Nembhard 和 Edmondson，2006）研究发现，领导包容性积极影响员工的团队心理安全感。中小企业领导者的开放性、包容性、支持性等领导风格，提高了员工的心理安全感，使得员工更加集中精力于工作，敢于提出风险性的建设性意见，对工作投入度更多，留职意愿更强烈。

（三）创造融洽的人际关系氛围，良好的工作环境

员工与上级或同事之间的人际关系质量能够提高他们对于心理安全的感知。这是因为高质量的人际关系不仅可以帮助员工交换信息，而且还能够促使他们感受到自身价值，消除工作中的不确定性。卡恩（Kahn，1990）认为，基于信任和支持的人际关系能够提高员工的个体心理安全感。卡尔梅利（Carmeli，2009）等以高质量人际关系的两个维度（人际能力与人际体验）作为前因变量，分别

研究了它们与组织心理安全感和学习行为之间的关系，结果证实了高质量人际关系与组织心理安全感和学习行为之间的积极关系（Carmeli et al，2009）。中小企业要在企业中营造出和谐的人际关系氛围，创造良好的工作环境，首先要建立正常的横向纵向的信息沟通制度。一个公平公开且安全的沟通环境，能够保证沟通流畅，做到和谐透明。其次，要做到温情管理与理性管理相结合。一是在企业规章制度的制订上，要有奖有罚；二是在企业规章制度执行上，要奖罚分明，一视同仁，做到公平公正；三是根据企业实际情况，适当满足员工正当合理要求，解决员工工作和生活上的困难，使员工能够在企业安心工作，做到"感情留人"。最后，要建立公平公正的绩效考核机制。

（四）塑造良好的企业文化，营造支持性的组织环境

企业文化是企业员工共同遵守的价值观、经营哲学、基本信念以及行为准则，能够对他们产生巨大的影响。良好的企业文化具有强大的号召力，可以培育员工对企业的忠诚度，防止人才流失。研究发现，支持性组织环境如组织情景成分的一致性、组织信任、组织政治知觉、组织公平和组织支持等显著影响员工心理安全感。李宁和严进（2007）研究发现，组织信任与员工心理安全感正相关。张燕等（2015）研究发现，员工的程序公平和分配公平与心理安全感正相关。Guchait 等（2016）研究发现，组织支持、主管支持和同事支持积极影响心理安全感。企业应该培育良好的企业文化，树立和落实以人为本的理念，营造以关爱人才为基础，以培养人才为宗旨，以企业持续发展为根本的具有强大凝聚力的企业文化。

参考文献：

[1]吕逸婧,苏勇.真诚型领导能否打破员工沉默？一个有调节的中介模型 [J].心理科学,2015,38(5):1178－1186.

[2]张燕,解蕴慧,王泸.组织公平感与员工工作行为:心理安全感的中介作用[J].北京大学学报(自然科学版),2015,51(1):180－186.

[3]张振刚,李云健,余传鹏.员工的主动性人格与创新行为关系研究:心理安全感与知识分享能力的调节作用[J].科学学与科学技术管理,2014,35(7):171－180.

[4]冯永春,周光.领导包容对员工创造行为的影响机理研究:基于心理安全视角的分析[J].研究与发展管理,2015,27(3):73－82.

[5]唐翌.团队心理安全、组织公民行为和团队创新:一个中介传导模型的实证分析 [J].南开管理评论,2005,8(6):24－29.

[6]卞峤.企业人才流失原因及对策浅析[J].科技信息,2008(4).

[7]陈锋.民营中小企业人才流失现状及问题分析[J].科技信息,2008(32).

[8]赵伟丽.员工满意度和离职倾向影响因素研究[J].中国集体经济,2013(2):13－14.

[9]Kahn W A. Psychological Conditions of Personal Engagement and Disengagement at Work

[J]. Academy of Management Journal,1990,33(4):692 – 724.

[10] Edmondson A. Psychology Safety and Learning Behavior in Teams [J]. Administrative Science Quarterly,1999,44(2):350 – 380.

[11]Brown S P, Leigh T W. A New Look at Psychological Climate and Its Relationship to Job Involvement, Effort, and Performance [J]. Journal of Applied Psychology,1996,81(4):358 – 368.

社会资本对企业员工内创业效果的作用机理研究

田威威　何　勤

摘　要：经济新常态大环境下的大众创业、万众创新，激发中小企业创新活力，降低内部阻碍变革的阻力，已进入全面落实的攻坚期。推动新技术、新产业、新业态蓬勃发展，加快实现动力转换，成为国家创新驱动发展的重要举措。目前创业领域研究的焦点大多集中在新创企业的创业行为和创业环境研究，对现有企业员工内创业的影响途径和作用机理模型方面的研究还处于初步阶段。本文在阅读有关文献的基础上，从社会资本视角，将研究过程分解为企业—内创业员工—内创企业三个阶段，最后阶段落脚点放在内创企业的动态竞争能力上，对于解决企业发展内动力不足问题和企业员工内创业成功率不高等问题具有重要的现实意义。

关键词：社会资本；员工内创业效果；影响途径；作用机理模型

一、引言

随着"大众创业"浪潮的掀起，一批又一批怀揣着梦想的"草根族"，四处寻求各种机会。在这种背景下，企业员工内创业不失为一个妙招。它让企业员工能够清晰地看到自己的发展前景，最大可能地调动工作积极性。目前内创业研究更多局限于外部创业环境、内部组织框架、领导扶持或员工创业者素质单一路径的影响研究，还没有从社会资本对创业员工内创业效果的作用途径这个角度来研究。面对这种企业员工创业者数量众多、意向强烈，在行动上却裹足不前，使新企业生成率低的局面，本文从社会资本对企业员工内创业效果这一视角对其作用机理进行研究，有助于揭开其神秘面纱。

二、文献回顾

（一）社会资本

最早对社会资本进行研究的是社会学领域。雅各布斯（Jacobs，1961）研究表明，人与人合作交往中产生信任、组织为核心的群体及个人相互之间的关系。社会资本具有三种比较有代表性的界定：①社会资源观。学者们（Adler & Kwon，2000）认为，社会资本就是社会结构中的资源，可以创造物质资源和人力资源的价值增值，它主要表现在社会网络中的成员身份和个人关系之中。②社会规范观。杨雪冬（2000）认为，"社会资本是社会结构中的规则、信任、制度等，是社会组织的某种特征，体现在人与人之间的关系中，能促进成员间合作。"③摄取能力观。菠茨（Portes，1998）认为，社会资本为个体获取社会稀缺资源的能力。显然，它们之间并不互相排斥，而是从不同的研究视角得到的结果。早期主要从个体出发或者从微观层面对社会资本进行研究，但将研究视角仅仅局限在个人层面是不具备强劲生命力的，还需要进一步深入研究企业团体和社会组织乃至国家的层面。伯特（Burt，1992）把社会资本从个人层次上升到企业层次，认为企业内部之间和企业相互之间存在的关系就是企业的社会资本，他明确认为，所谓的企业社会资本就是企业中所有成员社会资本的集合。边燕杰（2000）把企业社会资本定义为一种"通过行动主体与社会的密切联系而从社会摄取稀缺资源的能力"，企业所处的社会环境不可能孤立存在，个人身处于一个立体的动态环境中，无法避免地要与企业发生纵向联系、横向联系和社会联系。

（二）员工内创业环境

立足经济发展新常态、经济结构调整力度加大的大背景，一方面，围绕稳定就业，加大创业资金的支持，鼓励重点群体的就业创业等，另一方面，鼓励员工进行内部创业，成为国家创新驱动发展的重要举措。企业扩张势必要控制成本投入，内部员工拥有创业的梦想，具有工作经验和胆识，会带来强劲工作动力和创业效果。鼓励员工内部创业，将孵化更多的内部企业家，有利于实现企业和内创业员工的共赢。企业的发展离不开创业员工，需要企业在为内创业员工实施保障制度上突破和创新，在这个机遇与挑战共存的时代，给职工看得见的未来和给职工描绘美好蓝图，也是为企业描绘美好蓝图。即将出台的就业创业政策与以往政策相比，既是继承，更有发展。

三、社会资本作为中介因素在企业员工内创业过程影响途径

（一）第一阶段影响路径和作用机理模型图

正如在图 1 中所能看到的那样，"被利用的熟人的地位被视为地位获得过

程中的动员的社会资本"。创业员工社会资本来源有：创业员工自身资源（接受教育和人生阅历等），创业员工自身地位（父母地位和自身岗位赋予的地位等），创业员工的社交能力（社交能力和为人等），创业员工所处环境和接触到的社会资源。内创业员工在创业合作过程中形成了一系列认同关系，诸如企业凝聚力；创业员工在内创业过程中，可以利用人脉资源。通过弱关系理论我们知道，"创业者的财富和声望并不为个人所直接占有，而是通过个人的直接或间接的社会关系来获取"。"强关系往往是连接那些具有类似资源的人，使相同阶层中的作用并不重要；相反，弱关系却大多是联系不同阶层间的枢纽，因而它在不同阶层间异质资源交换的作用十分重要"。"当行动者采取工具性行动时，如果弱关系的对象处于比行动者更高的地位，弱关系将比强关系为行动者带来更多的社会资源"。林南（2005）的社会资源理论认为，"弱关系的作用超出格兰诺维特（Granoveter）所说的信息沟通的作用，由于弱关系联结着不同阶层和拥有不同资源的人们，所以资源的交换、借用和摄取，往往通过弱关系纽带来完成，而强关系联结着阶层相同和资源相似的人们"。创业员工在内创企业岗位上，借助内创企业平台与外部企业和外部企业员工等长期交往合作中形成的社会资本，在员工创业时就可以发挥作用，内创企业因员工个人原因而获取的某些信息渠道、社会资源等就隶属于此（图2）。内创企业与社会之间的社会资本是指以企业为主体，依据企业的名义而形成的内创企业与社会之间的认可、互助的关系，比如企业声誉的提高、社会信用等级的提升等。企业社会资本直接为内创业员工提供创业所需的关键性资源，增加创业员工的社会资本。

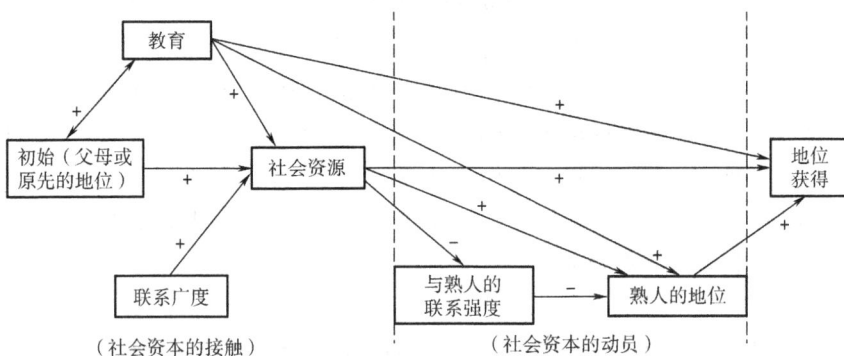

图1 社会资本与地位获得模型（林南，2003）

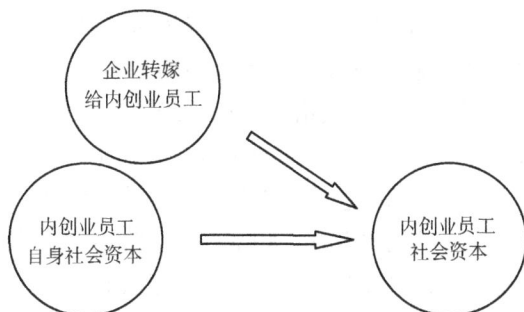

图2　内创业员工社会资本来源

（二）第二阶段影响途径和作用机理模型图

1. 企业员工社会资本影响内创企业外部社会资本

对创业者个人特质在行为层面的研究认为：创业行动效果源于创业者掌握的初始社会资本等资源，创业员工的社会关系网络不仅是在之前企业工作往来中产生的，创业员工在未进入企业之前就拥有对内创企业有利的关系网络。创业员工进入企业前的社会关系网络主要由创业员工的家庭背景、教育经历和人生阅历等决定。内创企业成立后形成的社会关系网络主要在与企业利益相关者的业务往来基础上形成，构成员工企业社会资本的关键性网络，也是转换成企业社会资本的基础和前提。企业员工所创企业与供应商、顾客、销售商等利益相关者在长期的互动交往中产生良好的口碑，获得了较高的声誉，创业员工也容易利用自己的人脉网络打开有利局面。在企业长期经营发展的过程中，当内创企业的外部社会资本发展到一定程度时，内创企业不仅可以从政府、金融机构那里得到资金和政策支持，还可以和大学、科研机构取得技术合作。同时，纵向部门（如下游销售商和上游供应商）和横向部门（类似行业竞争对手）有密切关系，能够给内创企业吸取稀缺和关键性资源，这些静态资源就构成内创企业的外部社会资本，奠定了内创企业的生存和发展基础。

2. 创业员工社会资本影响内创企业的内部社会资本

在个人层面上借鉴边燕杰的理论模型（图3），我们得出："网络特征主要从四个方面影响社会资本：一是网络规模有大小。大网关系相对复杂，信息和人脉资源丰富，社会资本优势明显超过小网。经过内创业企业家和内创企业员工的相互磨合，最后在内创企业达成集体的和谐信任，形成良好内聚力的结构性条件，打造出创新、共享、建设性的、合理的组织结构网络，这样的组织文化对于企业的成长和发展无疑有巨大的积极推动作用，从而最终将企业内部员工与管理者之间以及管理者之间、员工之间的牢固关系网络，发展成为内创企业的内部社会资本。二是网络顶端有高低。高网顶蕴含的社会资本多，获得地位和财富也相应越多。三是网络有差异。不同职业和岗位的人之间网差不同，网差越大，蕴含的社会资本相对越大。创业员工具有高人格、信用等级、良好的人脉资源，创业者除了可以利用它们建构一种相对持久和较强的联结与组成外，还必须要有把它们黏合在一起的黏合剂，而人与人之间的感情可以作为很好的黏合剂，联结和黏合产生过硬的网络内聚力。四是网络结构要合理。和富有社会阶层生成关系纽带很重要。富有社会阶层有着丰富的资源，可以为内创企业提供肥沃的土壤。内创企业的内部社会资本和外部社会资本从整体上形成了内创企业的核心竞争力（图4）。

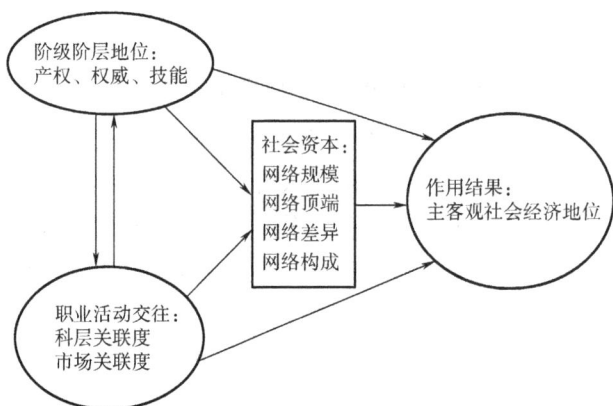

图3　社会资本构成、来源和作用的理论模型（边燕杰，2004）

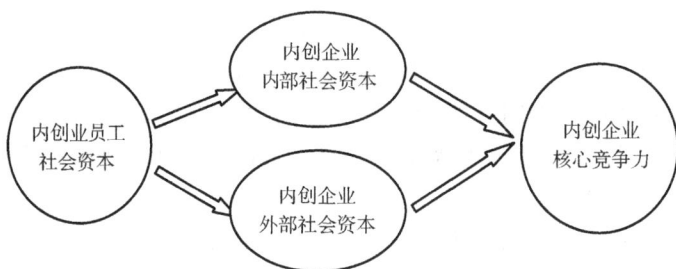

图4　内创企业核心竞争力来源

（三）第三阶段影响途径和作用机理模型图

资源观理论认为，企业核心竞争力的来源在于企业所拥有的特异性资源和能力，企业可以通过价值创造战略获得核心竞争力。随着核心能力理论进入快轨道发展，核心能力的一些局限性也浮现出来。企业所处环境是变化的，企业原有的核心竞争力可能会阻碍企业发展。能力理论遇到前所未有的自身挑战，解释不清动态市场上哪些企业可持续获得竞争优势。面对这种窘境，迫切需要建立新的理论来解释问题。在这种环境背景下，蒂斯（Teece）等人首先提出动态能力的概念，动态能力即改变能力的能力。我们借鉴动态能力理论，把内创企业动态能力定义为整合、优化、战略匹配内创企业内部和外部核心能力以对环境快速变化做出战略调整的能力，改变把企业核心竞争力作为战略能力、基础能力的能力。但对动态能力理论的研究仍处于探索阶段。在当下突变的、非连续的外部环境下，机会窗口往往一闪而过，没法瞄准了再开枪，而只能大致估摸一个方向，先开枪再瞄准。这时我们需要的是创发人才，因为只有人才能把握住外界的不确定性和复杂性，拥有创发性人才的内创企业才能做到进可攻退可守，打造先进的现代企业制度和团队，让人才和制度互为犄角之势。内创企业动态能力不能把焦点都放在组织惯性上，而应该放在克服惯性的创新能力和开拓能力上面。将获取的关键资源提升为企业的动态技术能力以及动态营销能力，从而从整体上增强内创企业的动态能力。因此，本文认为，企业的动态能力可分为动态创新能力和动态营销能力两个维度（图5）。一方面，动态技术能力会使内创企业产生连续的短暂技术竞争优势，从而不断推出新的产品来满足顾客新的需求。同时，伴随着新产品的不断推出，内创企业的动态营销能力又使企业的品牌进一步深入人心，进而把内创企业的核心竞争力升级到具有战略层面的动态竞争能力。

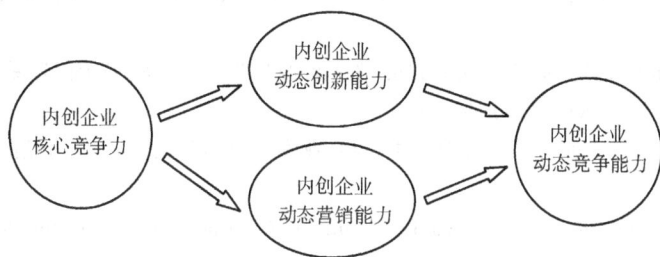

图5　内创企业动态能力形成图

四、结论与展望

本文把社会资本影响企业员工内创业的作用途径分为三个阶段：第一阶段是企业经过内耗转嫁给内创业员工的资本和内创业员工自身的社会资本共同构成内创业员工的社会资本；第二阶段是内创业员工利用社会资本创建内创企业内部社

会资本和内创企业外部社会资本，形成内创企业的核心竞争力；第三阶段是从内创企业动态创新能力和内创企业动态营销能力两个维度把内创企业核心竞争力升级到战略层面的动态竞争能力。本文认为，企业在发展的过程当中应把社会资本作为研究企业成长性的起点。研究还发现，社会资本对内创企业成长的作用途径是分阶段的，丰富了企业员工内创业的理论。影响企业员工内创业的因素很多，本文仅选择了社会资本这一单一因素，对社会资本对企业员工内创业效果的各个阶段的影响范围和深度还需要做进一步的探索。

参考文献：

[1]边燕杰,丘海雄. 企业的社会资本及其功效［J］. 中国社会科学,2000(2):87－92.

[2]林南. 社会资本:关于社会结构与行动的理论［M］. 上海:上海人民出版社,2005.

[3]董俊武,黄江圳,陈震红. 基于知识的动态能力演化模型研究［J］. 中国工业经济,2004(2):77－85.

[4]杨雪冬. 社会资本:对一种新解释范式的探索［C］//李惠斌,杨雪冬. 社会资本与社会发展. 北京:社会科学文献出版社,2000:36.

[5]程民选,等. 信誉与产权［M］. 成都:西南财经大学出版社,2006:4.

[6]杨鹏鹏,万迪昉,王廷丽. 企业家社会资本及其与企业绩效的关系［J］. 当代经济科学,2005(7):85－89.

[7]陈志辉. 中小企业家人力资本与绩效关系实证分析［J］. 科学学与科学技术管理,2005(7):126－128.

[8]王丽娜. 企业家社会资本向企业社会资本转化研究［J］. 市场论坛,2006(3):132－135.

[9]俊,张玉利,杨晓非,等. 关系强度、关系资源与新企业绩效:基于行为视角的实证研究［J］. 南开管理评论,2009,12(4):44－54.

[10]郭毅,朱熹. 企业家的社会资本:对企业家研究的深化［J］. 外国经济与管理,2002(1):104－108.

[11]Portes,Alejandro. Social Capital:Its Origins and Applications in Modern Sociology［J］. Annual Review of Sociology,1998(24):1－24.

[12]Burt R S. Structural Holes:The Social Structure of Competition［M］. Cambridge, MA:Harvard University Press,1992.

[13]Shane S,Venkataraman S. The Promise of Entrepreneurship as a Field of Research［J］. Academy of Management Review,2000,25(1):217－226.

[14]Barringer B R, Jones F F, Neubaum D O. A Quantitative Content Analysis of the Characteristics of Rapid－growth Firms and Their Founders［J］. Journal of Business Venturing,2005,20:663－687.

[15]Liao J,Welsch H. Roles of Social Capital in Venture Creation:Key Dimensions and Research Implications［J］. Journal of Small Business Management,2005,43(4):345－362.

[16] Hite J, Hesterly W. The Evolution of Firm Networks：From Emergence to Early Growth of the Firm[J]. Strategic Management Journal, 2001, 22(3):275 – 286.

[17] Florin J, Lubatkin M, Schulze W. A Social Capital Model of High – growth Ventures[J]. Academy of Management Journal, 2003, 46(3):374 – 384.

第四部分　企业金融创新

"投贷联动"的国内外模式比较研究
——破解科创中小企业融资难的新模式

房 燕

摘 要："债权＋股权"融资的投贷联动，是缓解科创型中小微企业融资难推出的创新金融服务新模式。美国硅谷银行开创的投贷联动和英国的"中小企业发展基金"，就是金融机构服务科创中小微企业的典范。但我国商业银行在试点运作科创中小微企业投贷联动业务中，却面临风险补偿机制、业务退出机制与配套服务机制等不完善的挑战。为推进我国商业银行科创中小微企业投贷联动业务发展，本文提出了对策与建议。

关键词：投贷联动；科创中小微企业；融资难；债权＋股权

一、引言

基于"双创"经济发展新常态，具有高成长性的科创中小微企业蓬勃兴起。为促进科创中小微企业的成长与发展，解决其融资难、融资贵问题，2016 年 4 月 21 日，银监会、央行与科技部联合下发《关于支持银行业金融机构加大创新力度、开展科创企业投贷联动试点的指导意见》，以鼓励和促进银行业金融机构开展对科创中小微企业的投贷联动业务。5 月中旬，银监会又牵头召开了投贷联动启动工作会议，并确定了一批试点地区和试点银行，这标志着投贷联动步入试点推广阶段。投贷联动是金融机构运用"债权＋股权"金融工具，以债权融资和股权融资相结合的方式，为处在不同生命周期阶段的科创中小微企业提供差异化金融服务，并同时联合私募股权基金、风险投资基金或创业投资基金等机构，进行股权投资而形成的"债权＋股权"的新融资模式。投贷联动是哺育科创中小微企业成长的经济孵化器。

二、投贷联动的国际模式

（一）英国中小企业成长基金模式

2011 年 4 月，英国银行家协会、汇丰银行和渣打银行等机构发起设立了企业成长基金（Business Growth Fund，BGF），旨在整合包括政府部门、商业银行、社会团体及个人投资者的资源，为中小微企业提供股权投资基金的"活水"，以弥补成长型科创中小微企业在初创期的资金缺口。

1. BGF 模式的特点

BGF 模式的特点有：一是整合了包括政府部门、商业银行、机构及个人投资者等多方资本，投资对象为具有成长潜力的中小微企业。BGF 投资的企业要为股东带来商业回报，被投资企业进入盈利阶段后要派发股息、支付贷款利息和基金管理年费，以确保 BGF 的可持续运营。二是 BGF 只投资少数股权，约占普通股股权的 10% ~ 40%，但被投资中小微企业的诸如分红、并购和投资等重要事项，需经 BGF 批准后方可实施，基金还参与其所投资中小微企业的部分经营管理。基金会定期从银行股东吸收新的资本来进行扩充，但通常以出售早期投资股权的方式获取收益并回笼资金，并以此进行后续投资运作。三是 BGF 通过专业化信息网站接受投资申请，并按规范的投资流程为通过申请的企业提供 200 万 ~ 1 000 万英镑不等的融资资金，投资时间最长达 10 年，且 BGF 不对其出售投资份额设定时间限制，并可对经营良好的中小微企业追加投资。

2. BGF 的成功经验

BGF 的成功有赖于：一是完善的制度安排。BGF 的运作有规范的制度安排和组织架构，同时 BGF 的运作独立于控股股东，但基金董事会拥有最高监督权，参与 BGF 投资的银行也以"跟贷"方式为标的中小微企业提供配套杠杆融资。二是明确的自我定位。BGF 实际上是以银行为主要投资者的专门支持中小微企业成长发展的私募股权基金，且 BGF 只拥有不超过 40% 的少数股权，以确保被投资中小微企业始终拥有企业的管理权，但基金可适当参与被投资中小微企业的部分经营管理，以免信息不对称。三是特殊的监管办法。英国金融监管局允许银行利用杠杆工具投资 BGF 的项目，银行所购买的 BGF 基金将归于银行的风险投资加权资产，而不是直接扣除资本。同时，BGF 在向中小微企业进行股权投资时，可使用包括普通股、股权贷款和优先股的投资组合。

（二）美国硅谷银行投贷联动模式

成立于 1983 年的美国硅谷银行，创造性地协同了债权投资和股权投资，是投贷联动模式的创始者。

1. 硅谷银行投贷联动模式特点

硅谷银行投贷联动模式的特点有：一是债权投资与股权投资相结合，实现收益和风险的匹配。对于初创期的科创中小微企业，硅谷银行发放贷款时，会收取高于一般贷款利息 2% ~ 5% 的利息，同时与企业达成协议，由硅谷银行金融集团获取一定数量的企业股权或期权，一般为企业总股本的 1% ~ 2% 。在企业公开上市或被并购时行权，便可获得由股权溢价带来的收益，以弥补信贷风险损失。二是与风险投资机构合作，降低信贷违约风险。内容主要包括：首先，硅谷银行向风险投资机构提供开户和基金托管等金融服务；其次，直接投资或打款给风险投资机构，一般每家风险投资机构为 1 000 万 ~ 4 000 万美元；再者，向获得风投机构融资的科创中小微企业提供信贷融资，除硅谷银行进行贷款外，硅谷银行金融集团的创投公司也进行直接股权投资，对每家科创中小微企业的投资额是 100 万 ~ 400 万美元。三是严格控制业务风险，创新风险管控模式。对于业务风险控制，硅谷银行一方面将硅谷金融集团的硅谷资本公司投资业务与集团其他业务分离开来，资金不相互挤占挪用，设置"防火墙"；另一方面，对于早期科创企业，因其贷款风险较高，硅谷银行通过控制贷款余额（通常占项目申请贷款额的 10% ~ 20% ）来降低风险。同时，处于初创期的科创企业可以将知识产权或专利权作为质押对象，处于成长期的企业则以订单或应收账款作为质押对象，并设定了 5 000 万美元的贷款额上限，进行授信额度管理。硅谷银行还通过与企业签订清偿协议，来保障其在科创企业破产清算时享有优先受偿权。

2. 硅谷银行投贷联动业务经验

硅谷银行投贷联动业务的开展得益于三点：一是进行准确的目标市场定位。硅谷银行将目标客户锁定在处于初创期和成长期的科创中小微企业，且是互联网、生命科学、新能源等领域的科创与新兴中小微企业。二是严格控制业务风险。灵活采用多种担保与隔离措施，将硅谷银行的投贷联动业务与集团其他业务分离开来，建立防火墙机制。三是与风险投资机构深度合作。与风险投资机构建立紧密合作关系，分阶段、分行业为科创企业提供金融服务，同时运用向风险投资机构发放贷款或共同设立投资基金的方式，间接为科创中小微企业提供金融支持。

三、我国的投贷联动模式及存在的问题

我国十家试点商业银行探索了与创投机构合作的"银行贷款＋股权投资"的投贷联动模式，主要有：一是"跟贷＋投资选择权"模式，该模式是商业银行与第三方 VC/PE 等投资机构合作而结成投贷联盟；二是商业银行通过子公司参与股权投资模式；三是商业银行设立股权投资公司模式。我国商业银行在投贷联动的业务实践中虽然对投贷联动业务模式、运行机制、风险管控等进行了富有成效的探索，使其促进科创中小微企业成长的重要作用得到凸显，但还存在着一些问题。

（一）"投"和"贷"风险隔离机制还需优化

科创中小微企业往往缺乏抵押和质押资产，因此商业银行应实行投资和信贷的独立审批制度，尤其是如何约束风险投资机构的投资杠杆比重和防范集中度风险，是开展投贷联动业务所面临的主要挑战。

（二）风险补偿机制有待完善

商业银行在为科创中小微企业提供信贷融资时，因受现行法律限制，不能以获取科创中小微企业的股权作为信贷收益，也不能以认股期权的收益来补偿风险。那么，在银行贷款利息收入与其风险不对等的情况下，商业银行投贷联动业务的开展就会受到阻碍。

（三）退出机制亟待进一步完善

投贷联动中的股权和认股期权的退出方式主要有 IPO、回购转让、资产注入、定向增发和解禁股权出售等，但这有赖于科创中小微企业的成长与上市、资本市场、良性互动机制、风险评测信息系统、业务退出触发条件机制等的完善。特别是当科创中小微企业面临破产清算或兼并重组时，应建立商业银行债权和股权的清偿退出机制。

（四）配套机制需整合

针对政府部门、商业银行、风险投资机构与社会中介的信息不共享、平台不联通问题，应尽快推进金融监管、信息收集、资金存贷、风险评估、信用评级与对接处理等配套机制的整合。

四、对策与建议

（一）加强投贷联动的顶层制度设计

发挥政府引导作用，加快推进投贷联动的顶层制度设计，并对《商业银行法》进行修订，允许商业银行以净资产的一定比例直接投资于科创企业少数股权，以及设立投贷联动子公司或资产管理子公司。同时，应制定一定的投资风险缓解措施或贷款损失风险补偿措施，建立政府风险补偿基金和融资担保基金，合理设置投贷联动模式下商业银行对科创企业的不良贷款区间边界，对银行投资于种子期科创企业新发生的投贷损失按照实际损失的一定比例给予补偿。

（二）优化商业银行风险防控机制

商业银行应优化风险防控机制：一是开发适用于科创中小微企业的信用风险评估系统，推出投贷联动的风险定价指引，建立利率风险定价机制，以降低信用和经营风险；二是创新运用知识产权、股权与应收账款质押及多方联保等方式缓释风险；三是按照"投贷分离"原则，优化内部信贷业务操作流程，健全投资和信贷独立审批制度，开发新的风险管理技术和工具。

（三）完善投贷联动风险补偿机制

完善投贷联动的风险补偿机制：一是向早中期科创中小微企业提供贷款，除获得利息收益外，还应通过协议给予部分企业股权或认股期权，以获取溢价收益；二是设立政策性风险担保补偿基金、产业引导基金、股权投资基金、金融机构入驻奖励基金等；三是鼓励商业保险公司开设贷款责任保证保险。

（四）做好市场退出机制安排

业务退出机制是发展投贷联动业务的保证。一是应允许商业银行通过签订远期协议来锁定投贷联动的退出时间和方式，同时商业银行可根据自身的风险偏好和对投贷联动业务的风险监测评估，来设定投贷联动退出的触发条件、标准和价格。二是应加快多层次资本市场体系建设，加速推进"新三板"市场的发展，加强科技成果交易和中小微企业股权交易中心的场内与场外市场建设，搭建好区域股权交易中心平台。

参考文献：

[1]张惠.基于供给侧改革的投贷联动机制研究[J].宁夏大学学报：人文社会科学版，2016,38(2)：161-165.

[2]胡月娇.基于层次分析法的投贷联动风险评价模型[J].金融经济，2016(12)：100-103.

[3]杨再平，白瑞明.探索商业银行投贷联动新模式：英国"中小微企业成长基金"启示与借鉴[J].中国银行业，2015(7).

[4]Feakins M. Commercial Bank Lending to SMEs in Poland[J]. Small Business Economics，2004(1).

基于互联网金融的小微企业融资途径优化研究

曲喜和

摘　要： 小微企业作为国民经济的重要组成部分，在促进就业、增强市场活力、稳定社会等方面扮演着重要角色，然而融资难和融资贵的问题却一直制约着小微企业的发展。近年来，为支持小微企业发展，解决融资瓶颈，政府通过建立法律法规、运用财政货币政策等一系列方法，改善小微企业融资环境，在一定程度上缓解了小微企业融资难的现状，但小微企业的融资困境并未从根本上摆脱，解决这个问题对小微企业生存发展具有重大意义。本文从传统金融服务背景下小微企业融资现状入手，结合互联网平台、大数据等特点，将相关理论与实际相结合，在对现有的小微企业融资模式进行深入了解和分析的基础上，提出对小微企业的融资模式完善和创新的建议。

关键词： 小微企业；融资；互联网金融

到目前为止，我国小微企业已发展到近 5 000 万家，无论是在解决就业还是在增加国家财政收入方面，对国民经济都起到了很大的支撑作用。然而，由于小微企业规模较小、布局分散、原始资本不足，普遍面临管理不规范、融资难、效率低下、竞争能力弱的问题，这些问题的存在严重制约了小微企业发展壮大。尤其是小微企业融资难的问题已经成为制约小微企业发展壮大的瓶颈。据调查，我国 65% 左右的小微企业发展资金主要来源于自有资金，25% 左右来源于银行贷款，10% 来源于民间集资方式，有 2/3 的小微企业普遍感到发展资金不足。

小微企业具有创新成本低的优势，有利于制度创新、技术创新和产品结构的调整；小微企业的大力发展，有利于提高对资源的配置效率，有利于强化社会收入均等化的趋势，有利于弥补大中型企业产品种类单调的缺陷，使商品种类和特色满足不同层次的消费者需求。

如何在完善现有国家政策及金融体制的基础上，拓宽小微企业的融资渠道，改善其融资环境，从根本上促进小微企业的发展壮大，对我国经济发展具有十分重大的意义。

一、小微企业融资现状

（一）融资渠道单一

由于证券市场融资条件门槛较高，客观上造成小微企业很难通过证券市场获得股权融资。另外，由于小微企业通常成立时间较短，缺少外源性融资所需的信用记录和规范的财务信息，以及其他外源性融资所需要的条件，所以小微企业只能依靠企业内部积累的资金或主要依赖亲朋好友等社会闲散资金以及民间信贷资金来促进企业发展。

（二）融资成本相对较高

国务院发展研究中心的研究结果显示，现阶段能够从资本市场上获得融资的小微企业仍然较少，并且融资成本较高，平均融资成本在 10% ~ 15%。多数小微企业面临资金使用成本高、资金链断裂的风险较大的社会现实。商业银行较高的贷款门槛将多数小微企业拒之门外，使得小微企业融资成本不断增加。

（三）小微企业在融资过程中普遍面临信贷歧视

我国银行业金融机构的金融资产主要集中在大型国有商业、股份制银行。这些商业银行信贷机构的贷款程序相对复杂、审批严格，形成门槛较高的融资制度环境，使得规模较小且经营不稳定的小微企业很难获得商业银行机构贷款，因而不得不求助于民间机构。

二、小微企业融资难的成因分析

小微企业之所以融资困难，究其原因与小微企业自身发展特点以及我国金融体系的不健全密切相关。

（一）企业规模小，管理水平相对较低，财务制度不健全

绝大部分小微企业处于创始期和幼稚期，管理经验累积不足，空间布局分散，竞争力弱，经济效益低，生产经营粗放，导致小微企业的盈利能力严重不足，大大降低了依赖自身积累进行内源性融资的可能性。小微企业的固定资产少，缺乏融资担保。我国金融机构目前的贷款基本都以抵押和担保为保障，创新型的融资产品数量太少，不足以满足小微企业的需求。

（二）政府优惠政策难以落实

为支持小微企业发展，国家连续出台了多项政策，但大部分小微企业业主反映其帮助不大。原因是政策多为指导性原则，地方落实起来困难大，而且政策出台过于密集，地方政府多处于观望状态。

（三）专门服务于小微企业的金融机构缺位，金融市场不健全

在我国，专门为小微企业服务的科技银行很少，基本上处于探索起步阶段，且缺乏协同推动机制，尚不能对小微企业形成有效的融资支持。投资者与融资者对金融服务的多样化需求决定了金融市场必须是一个高效、健全的多层次资本市场体系。层次结构完善的资本市场本可以满足各类企业包括小微企业的各种融资需求，而且我国正在大力发展二板市场、三板市场，放宽创业板财务准入条件，但其满足小微企业融资需求的能力非常有限。

缺少针对小微企业的特色金融服务。小微企业在生产经营条件、管理方式和水平、所处的生命周期阶段、产品的科技含量和市场需求程度等方面都有很大差异。因而，不同的小微企业在融资的难易程度上有着很大的差异，它们对金融服务的要求也有很大的不同。然而，我国金融机构业务服务单一，金融细分化、专业化程度不高，很多银行的产品服务和小微融资模式采取跟随策略，造成小微金融的"同质化"现象严重，特别是能够满足小微型企业需要和支持企业快速发展的金融产品和服务还比较欠缺，尚难以有效满足小微企业的个性化金融服务需求。由此可见，我国现有金融市场存在明显的不适应小微企业融资需要的问题。

三、小微企业互联网金融融资优势分析

截至 2014 年年末，我国共有网络借贷平台 1 680 家，是 2009 年平台数量的 4 倍。网贷成交额达 3 291.94 亿元，其中 70% 以上资金流向小微企业。同时，众筹、电商等融资模式也为小微企业提供了更广阔的融资选择。

与传统的金融业相比，互联网金融的融资体系特征在很大程度上弥补了现有金融市场体系不健全的问题，在服务小微企业融资方面具有特有的优势。2015 年 7 月 18 日，央行等十部委联合印发了《关于促进互联网金融健康发展的指导意见》，这一指导意见也是我国首部关于规范互联网金融的纲领性文件。该指导意见以"鼓励创新、防范风险、趋利避害、健康发展"为总体要求，明确了互联网金融发展方向，为促进互联网金融的健康发展提供了政策保障，也

为小微企业利用互联网金融融资创造了更好的环境条件。

（一）互联网金融的进入门槛低

互联网金融为小微企业提供了一个平等的网络融资平台，借助于该平台，小微企业可以公平公正地获取企业发展所需的资金。互联网金融端口具有门槛低、便捷等特征，只要是在线注册的小微企业，均可以通过这一途径进入融资平台，在这个方面具有传统的商业银行无法相比的优势。

互联网金融在一定程度上消除了对小微企业的金融歧视。互联网金融能够运用信息技术、搜索引擎、社区网络和云计算等新技术，在处理贷款审核、资金交易的时候具有比较优势。互联网金融通过线上网络实现了资金融通，使得金融具有普惠性和民生性，极大地降低了小微企业的融资难度。

（二）互联网金融运行机制高效便捷

小微企业进入融资平台之后，互联网金融可以充分利用其渠道优势，通过整合资源，不断汇聚资金，满足小微企业的融资需求。小微企业则依照自身所需，在线提出融资申请，并获得企业发展所需资金。阿里金融在这方面的实践非常值得借鉴。阿里金融基于其电子商务平台上客户积累的信用数据和互联网技术模型，通过交叉检验技术来确认客户信息是否真实，将客户在电子商务网络平台上的信用数据转换为企业和个人的信用评价指标，进而向这些小微企业发放"金额小、期限短、随借随还"的小额贷款。

（三）互联网金融具有良好的风险控制机制

互联网金融利用信息技术、云计算等技术，在小微企业融资的风险控制方面具有相对优势，运用风险控制这一手段来确保发放贷款的安全性、降低违约率。通过对现有多种网络贷款模式考察可以看出，互联网金融业基本建立了多层次的微贷风险预警和管理体系，发放贷款之前、贷款进行中以及发放贷款后三个部分环环相扣，根据企业在交易平台上积累的信用数据，对企业的还款能力及还款意愿进行评估，从而有效地控制贷款风险。

总之，从互联网金融为小微企业融资的服务效果来看，互联网金融能降低信息的获取和处理成本，提升资源配置的效率，从而使得其融资服务具有便捷性、针对性。

四、小微企业融资模式创新的优化策略

（一）促进互联网金融公司提高营运水平

当前互联网金融公司数量多、运作不规范、业务方向不明确，公司运营水平参差不齐。但互联网金融公司在整个小微企业融资过程中又起到最为关键的作用。因此，提升互联网金融公司的营运水平刻不容缓，不仅要对互联网金融公司进行资本金核准，还应该对公司的治理结构、财务管理制度、风险控制等方面有较高的要求。

（二）政府加强对互联网金融公司的监管

政府有关部门应该尽快颁布相关监管法律法规，引导互联网金融公司的良性发展。首先，明确政府监管主体，明确监管责任，同时积极发挥互联网金融协会在行业自律方面的作用。其次，应使针对互联网金融的法律法规区别于针对传统金融机构的法律法规，对互联网金融公司进行适度监管。最后，加强互联网金融平台的管理，严格互联网金融平台的准入审核，加强行业自律以及市场淘汰，针对互联网金融公司制定适当的优惠政策，积极扶持互联网金融公司的发展。

（三）建立和完善小微企业自身的征信体系

互联网金融公司应该建立真实有效的信息和数据库信用评价体系，建立小微企业的征信系统，以其作为小微企业再次融资的评价依据。建议由政府主导，建立互联网金融公司和银行征信系统的网络体系，强化和完善互联网金融的征信系统。通过努力实现互联网金融公司征信系统的全国联网，实现互联网金融行业的征信资源共享，避免融资企业在多个平台上重复借款。

（四）积极引入第三方托管及建立金融保险机制

第三方托管的意义在于资金无须通过互联网金融公司账户或者其法定代表人个人账户进行分批拨款，降低资金被挪用风险的同时提高了融资企业融资效率，且由银行作为主要的第三方托管机构，在一定程度上弥补了互联网金融冲击银行业带来的成本损失，对资金流转也起到监督的作用。金融保险风险补偿机制的引入，将进一步降低信息不对称产生的风险，提高小微企业互联网金融的成功率。

（五）不断推进互联网金融创新

首先，加强互联网企业的金融创新，扩大金融业务覆盖范围，提升服务质量。其次，加强互联网企业与金融机构的合作，二者都具有各自的比较优势，互联网企业具有信息流优势，金融机构具有资金流优势，互联网企业与金融机构的合作利大于弊，能够在供应链上相互支持和整合资源，实现双赢甚至多赢。最后，金融创新不仅体现在产品和服务的创新上，更需要应用先进的信息技术，例如大数据和云信息处理技术，针对市场开发出个性化的产品和服务。

参考文献：

[1] 鲁政委.小微企业融资难的症结是信息不对称[J].中国金融,2012(9).

[2] 赵玉珍.小微企业融资信息不对称及其破解模型研究[J].科技进步与对策,2013(9).

[3] 马秋君.我国小微企业融资困境及解决对策探析[J].科学管理研究,2013(4).

[4] 杨云峰,樊丰.我国小微企业融资困境及其对策研究[J].科学管理研究,2013(4).

[5] 卓尚进.互联网金融:开辟小微企业融资贷款新模式[N].金融时报,2013 – 10 – 09 (5).

[6] 叶盛.关于阿里金融小额贷款模式的探究[J].现代经济信息,2013(3).

小微企业的融资渠道创新研究

段 华

摘 要：本文首先介绍了小微企业融资渠道的现状，主要是依赖银行贷款这一单一的融资模式。接着分析了产生这种现状的原因，并且提出了运用互联网金融拓宽小微企业融资渠道的对策建议。

关键词：小微企业；融资渠道；互联网金融

一、引言

小微企业广泛地存在于我国社会经济生活的方方面面，是我国市场经济的重要组成部分。小微企业的数量占我国企业总数的90%以上，有力地推进了经济的发展，增加了地方政府的税收收入，缓解了一定的就业压力，而且大量的科技型小微企业的存在还有力地推动了我国科学技术的进步。但是由于种种原因，小微企业在筹集资金过程中往往会面临资金来源渠道较少、筹集资金成本高、获得资金支持难度较大等问题。这些问题已严重影响和阻碍了小微企业的健康稳定发展。因此，为了解决小微企业融资难的问题，拓展新的融资渠道已经刻不容缓。

二、小微企业目前融资渠道的现状

2011年6月18日，工业和信息化部、国家统计局、国家发展和改革委员会、财政部联合印发了《关于印发中小企业划型标准规定的通知》，规定了各行业对小微企业的划型标准。通知指出，企业的营业收入、从业人员以及总资产中的其中一项符合小微企业的标准，就应将企业纳入小微企业进行管理。例如，工业企业年营业收入在300万~2 000万元的为小型企业，小于300万元的为微型企业；从业人员在20~300人的为小型企业，小于20人的为微型企业。

目前，小微企业的资金来源主要分为内源性融资和外源性融资两种。外源性融资可进一步分为直接融资和间接融资两种渠道。直接融资主要包括发行股票、发行债券、民间借贷等渠道，间接融资主要包括银行借贷、非银行金融机构借贷等渠道。

（一）内源性融资现状

内源性融资是指资金来源于企业内部，包括资本金、折旧资金和留存利润。企业能否很好地利用内源融资，取决于企业规模大小、盈利能力强弱、组织方式是否先进等，所以获得内源性融资的能力也是一家企业自身实力的最好体现。内源性融资因其获取资金成本较低、抗风险系数较高，是小微企业发展中获得资金支持最可靠的方式。

但是目前，大多数小微企业由于自身实力不足，经营情况不够稳定，不能获得稳定的利润，因此吸收资本金的能力、提取折旧资金的数量都非常有限，很多企业在生产经营的初期处于亏损状态，即使盈利，从有限的利润中获得留存利润的数量也是少之又少，很难满足企业进一步发展的资金需求。

（二）外源性融资现状

外源性融资是指资金来源于企业外部，包括直接融资和间接融资。外源性融资方式相比内源性融资，虽然具有资金成本比较高、资金获取难度大的缺点，但是融资数量多，一旦获批，可以解决企业各种短期的和长期的资金需求。

目前小微企业通过股票市场、债券市场等资本市场直接获取资金的方式处于相当低的比例，资本市场烦琐的审批手续和过高的准入门槛使大部分小微企业望而却步。即便是创业板市场，其容量也极其有限，往往只有那些具有高成长性的科技型小微企业才能取得在创业板上市的资格。因此，资本市场能够为小微企业提供的资金量少之又少。在这种情况下，民间借贷就会自然而然地成为小微企业获得资金的重要来源。民间借贷由于几乎没有什么烦琐的手续，大都是以人情作为基本的交换，且融资速度快，所以也是小微企业最常见的融资手段。但是民间借贷利率高、风险大、资金来源不稳定，并不适合小微企业的长远发展。

因此，目前小微企业获取资金的主要渠道只能是银行贷款，小微企业对银行贷款具有极强的依赖性。银行贷款因方式简便快捷，品类众多，在实际操作中也最容易，所以成为小微企业获得外源性融资的主要方式。在小微企业的实际经济生活中，银行贷款之外的其他间接融资方式，如商业信用融资、融资租赁、典当融资等很少采用。

三、小微企业融资渠道单一的成因分析

（一）小微企业自身的原因

我国小微企业不能很好地利用内源性融资渠道筹集资金，最主要的原因是目

前小微企业普遍盈利能力不强，这样既限制了小微企业内源融资的数量，同时也极大地影响了小微企业利用外源融资获取资金的实力。其次，小微企业自身资产有限，因此也不能通过抵押贷款的方式获取资金。另外，很多小微企业的经营者在遇到经营困难的局面时，往往携款出逃，造成大面积银行呆、坏账，严重危及银行业务的正常开展。

（二）资本市场的原因

目前资本市场正处于发展时期，各项规章制度还处于不完善阶段，市场容量也不是很大，所以，企业如果想通过发行股票或者债券的方式融资，会面临极高的门槛和极其烦琐的手续和审查。资本市场对发行股票或者债券的企业规模、盈利能力等的要求，除少数成长性和盈利性高的小微企业以外，大多数小微企业都无法达到，因此，不能通过发行股票或者债券融资来满足融资需求。

（三）商业银行的原因

商业银行作为企业，本身就以营利为目的，因此，银行会把贷款发放给那些有足够偿还能力且能提供优良信用的优质客户。小微企业在资产总量、清偿能力、信用等级上都无法同大公司、大企业相提并论，加上银行内部在对风险进行把控时，会最大限度地规避风险，把风险性高、收益差的贷款申请拒之门外。因此，商业银行会对小微企业的贷款审批条件、贷款数量等都有所保留。

四、运用互联网金融，拓宽小微企业的融资渠道

我国学者谢平、邹传伟于 2012 年首先提出了互联网金融模式的概念，认为以互联网为代表的现代信息科技，特别是移动支付、社交网络、搜索引擎和云计算等，将对人类金融模式产生颠覆性影响，可能出现既不同于商业银行间接融资，也不同于资本市场直接融资的第三种金融融资模式，称为"互联网金融模式"。通过研究其支付方式、信息处理和资源配置，他们认为，互联网金融模式能通过提高资源配置效率、降低交易成本来促进经济增长，有利于解决小微企业融资难问题。互联网金融具有信息透明、成本低、效率高、范围广的特点，与小微企业的融资特点非常匹配。

（一）信息透明

淘宝、京东等的电子商务平台，支付宝、微信支付等的第三方支付平台，以及微信、QQ 等社交平台上所积累的小微企业交易信息和信用数据，通过大数据

和云计算的处理，可以构建互联网信用评价体系和信用数据库，从中可以甄别出企业的资质及信用情况，在很大程度上为资金需求双方解决了信用评级和风险评估的问题。这样也促使小微企业重视自己的信用管理，诚信经营，也为银行等其他金融机构或者资金提供者降低了风险。

（二）成本低

首先，互联网金融所建立起来的信用评价体系为小微企业和资金提供者节约了信息收集成本和信用评价成本。其次，互联网金融是在线自助式融资，节约了资金供求双方的时间成本和空间成本。再次，很多互联网金融交易平台提供的利率也比较优惠，节约了小微企业的利息成本。

（三）效率高

互联网金融所具有的信息优势，使其在处理贷款需求时，自动化程度非常高，而且不受时间和空间的限制和约束，这样其放款速度以及贷款审批流程也更方便快捷和简单。大部分贷款需求从提出到拿到贷款，一天之内就能完成，解决了小微企业资金需求期限短、频度高、使用急迫的问题。

（四）范围广

由于互联网金融具有很高的透明度，因此参与者更为大众化。一方面，互联网金融平台进行金融产品创新，可以吸引大批有投资需求的小额投资者，将大家的小额投资整合起来，作为资金供应者。另一方面，互联网交易平台将这些资金提供给小微企业使用，使小微企业的融资需求的成功性和数量都大大提高。

五、结论及建议

互联网金融具有的显著特点，使其更为符合小微企业的融资需求，成为小微企业的一种全新的融资渠道，可以在一定程度上解决小微企业融资难的问题。因此小微企业自身、金融机构以及国家政策都应积极地促进互联网金融对小微企业的融资支持。首先，小微企业要提高自身的经营管理能力和盈利能力，提高自身信用，参与多种方式的互联网金融教育，成为市场经济条件下合格的融资方。其次，金融机构也要多多利用互联网金融平台，创新金融产品，从而为小微企业提供更为优质便捷的融资服务。最后，国家要给予互联网金融融资更多的政策支持。2014 年，我国的政府工作报告首次提到"互联网金融"，并增加了"发展普惠金融，促进互联网金融健康发展，完善金融监管协调机制"的表述。

参考文献：

[1] 谢平,邹传伟. 互联网金融模式研究[J]. 金融研究,2012(12):11 – 22.

[2] 戴东红. 互联网金融对小微企业融资支持的理论与实践[J]. 理论与改革,2014（4）: 91 – 96.

[3] 张岭,张胜. 互联网金融支持小微企业融资模式研究[J]. 科技管理研究,2015(17): 114 – 118.

从商业银行角度破解中小企业融资难问题

任旭刚

摘　要：针对中小企业自身特点决定的融资需求特点，商业银行应与时俱进地开拓思路，为解决中小企业融资困境打开新的局面，其主要举措应包括四点：要加强政府和社会合作，培育"合格贷款申请人"；优化"政府助保类"信贷产品；进行金融模式创新，建立一套适用于中小企业实际的信贷模式；充分运用"大数据"技术，预判风险，拓展收益。

关键词：中小企业；融资难；商业银行

一、引言

中小企业融资难是一个客观、普遍存在的问题，这一问题并非我国独有，美国、日本、德国等发达国家也存在同样的问题。因此，国内外学者对中小企业的发展，尤其是融资问题都保持高度的关注。

为了改变中小企业在融资市场竞争中的劣势地位，近年来国家推出了中小企业板和创业板，一定程度上改善了中小企业直接融资困难的现状，但是符合上市资格的企业大多为科技型企业，对于占大多数的劳动密集型中小企业来说，直接融资还相当遥远。目前，我国的中小企业仍处于间接融资为主导的融资体制中，间接融资也以商业银行贷款为主。中小企业本身的经营状况难以满足银行信贷的高标准，加之没有有效的抵质押、担保措施，导致许多中小企业被商业银行拒之门外，难以获得急需的资金支持。2008 年全球金融危机爆发后，银行出于资金安全的考虑抽离信贷资金，大量中小企业关停倒闭。2010 年，央行推出政策收紧信贷，各商业银行的贷款额度受到限制，导致银行大幅削减对中小企业的贷款，甚至抽回原有的贷款，使许多中小企业面临资金链断裂的危险。作为不得已的回应，许多中小企业转而求助于民间融资，但是这一领域也是黑洞重重，问题频发。中小企业经营困难，倒闭停产数量上升，这些都使社会更加关注中小企业的融资问题。

二、中小企业贷款发放困难的原因

从商业银行的角度分析，中小企业贷款发放困难的原因主要有：一是信贷核实难度较大。由于中小企业数量较大，客户分散，客户人员素质参差不齐，所以银行人员无法逐一对中小企业客户进行调查，致使信息沟通不对称，增加了银行对中小企业贷款业务的监管难度。二是信贷成本不易控制。中小企业信贷业务的贷款金额小、周期短，抗风险能力弱，成本很难得到有效控制。如果像大型企业那样对中小企业贷款逐一进行贷前调查，则人工成本较高；如果不调查，则会加大信贷风险。三是信贷风险较大。大多数中小企业内部管理不规范，会计核算水平较低，账务管理混乱，无法真实展现企业的资产负债和经营情况，导致银行难以衡量中小企业贷款的风险。

现实的状况是：一方面，商业银行从成本收益的角度衡量，倾向"惜贷"，缺乏对中小企业提供贷款的动力；另一方面，一些中小企业缺乏自我约束和信用意识，更有甚者采用不规范的资产评估、资产剥离或切块改制等方法变相逃避债务，采取多头开户、多方贷款等方式套取银行贷款资金，给银行造成损失，致使商业银行对其失去信心，不愿对其发放贷款。

作为中小企业融资的主要渠道之一，商业银行在破解中小企业融资难这一难题中承担着重要责任，在这一问题上，它们面临着宏观政策及内部指标的双重压力。激发商业银行为中小企业提供贷款的积极性，从内部信贷政策着手切实解决中小企业融资难题，促使商业银行与中小企业之间的信贷取得良性循环，是解决中小企业融资问题的关键。在这一方面，美国银行的实践为我们提供了宝贵的经验。

2013 年，美国的富国银行取代中国的工商银行，成为全球市值最高的银行，它也是全美唯一一家拥有 3A 级评级的银行。2005 年，富国银行成为美国最大的小微企业贷款发放行，它的社区银行板块为小微企业和个人提供全方位金融服务，收入达到富国银行总收入的 60% 以上，净利润占比保持在 50% 以上。富国银行在小微企业贷款方面取得如此骄人的成绩，是因为它有一套先进的零售信贷风险管理系统。它通过有效地运用数据库资源，合理分类小企业。在为小企业发放贷款后，银行还要跟踪监察小企业的贷款信用风险，对贷款的目的、使用、归还、拖欠额度等影响因子进行综合信用评分，并采用数据技术及时更新。这样一来，银行可以针对企业信用评分情况，随时采取措施降低风险，与此同时大大拓宽了盈利空间。

与大家通常认为的相反，美国大型银行对于中小企业贷款都很热衷。摩根大通、美国银行、花旗银行和富国银行占全美 7 000 多家银行总资产的 45%，它们的小微企业贷款额则占全美银行的 37%。事实上，美国 10 万美元以下的小微贷款主要由大银行控制，原因是只有大银行才有足够的能力提高网点覆盖密度。相较于大型企业，小微企业更依赖区域网点服务，没有一定的网点密度是无法大规模开展小微企业服务的。对中小企业贷款，只有通过集中管理和批量处理才能有效地控制风险和降低成本，需要配备高技术含量的大型数据库和电话直销中心，这些只有大银行才有能力做到。而社区银行的优势在于能够在有限区域内从事存贷款业务，依赖关系型信贷技术，通过与客户建立长期稳定的合作联系来获取企业信息，从而降低信贷风险，拓展收益。运用关系型信贷技术，能够了解企业的许多软信息，包括企业信誉、业主品行等信息，使银行能够更加全面地评估信贷风险，对于企业的可抵押资产的认可范围也相应扩大，更多的押品种类得到应用，这些都大大提高了双方借贷的成功率，使企业的融资需求得到较高比例的满足。

除了商业银行自身的努力，在帮助中小企业获得金融资助方面，美国政府也做出了积极贡献。美国国会于 1953 年 7 月通过了《小企业法案》，成立小企业管理局（SBA），1958 年国会将该机构确立为"永久性联邦机构"。该机构以提供咨询、提供援助、提供帮助和保护等方式，为小企业提供服务，如提供贷款担保、争取政府订单等。我们都了解，美国社会征信体系和信用信息服务机制是相对完善的，诚信经营、守法经营的观念深入人心。各方面因素叠加，使得美国商业银行在中小企业融资方面取得了现在的成果。具体到我们国家，问题要复杂很多，需要银、政、企三方都做出努力，共同解决中小企业融资难这个老大难问题。

三、解决中小企业融资难题的对策

从商业银行的视角来探寻解决中小企业融资难题的对策，主要有以下四点：

（1）作为信贷关系的主导者，商业银行要加强政府和社会合作，对中小企业做出正确的引导，协同政府和社会力量，将其培育成"合格贷款申请人"。商业银行有自身的考核政策，承受着不良贷款的压力，即使政策向中小企业倾斜，也不能有效解决中小企业融资问题。因此，必须协同社会、政府和有关机构，对中小企业的发展做出正面的引导，成立中小企业融资服务中心，由管理部门、银行、会计师事务所、律师事务所等多个机构共同对中小企业进行辅导，在中小企业成立之初建立档案及完善的追踪机制，引导它们诚信经营、规范管理，形成可持续发展。

（2）优化"政府助保类"信贷产品。商业银行与地方政府和第三方合作，批量筛选优质客户，形成"政府助保平台"，实现银政共担风险的合作模式。银行以政府政策及发展方针为导向选择信贷客户，政府借助银行提供的信贷资金扶持企业发展，达到银、政、企三方共赢。在这一问题上，必须发挥政府的助力作用，主要包括：首先，需要政府形成专门机构进行贷前调查，由政府和银行双方调查认可的企业方可获得申请贷款的资格，政府筛选可以更偏重企业信誉、对当地贡献度以及企业生命周期、可持续发展等方面，如果政府调查不能落实，而政府作用仅为化解风险，那么此类产品并不能形成长效的运行机制。其次，优化政府小企业管理机构评价机制，政府中小企业管理机构需要在企业未来规划及发展方面对企业做出相应的指导，放弃为树立标杆企业而鼓励企业盲目扩张的行为。在中小企业资金充裕时，适度控制扩张，减少信贷资金使用量，调整企业资产结构。最后，建立良好的进入退出机制，对关停企业贷款偿还进行妥善的处理。在企业经营业绩下滑、企业主无法正确使用资金时，对企业主的个人资产进行冻结处理，出现贷款无法偿还的情况时及时处置、拍卖企业主个人资产，用以偿还贷款，这不但能够减轻担保企业的压力，也能够在一定程度上对其他有逃废债务想法的企业主起到震慑作用。

（3）进行金融模式创新，建立一套适用于中小企业实际的信贷模式。首先，建立"信贷工厂"，集约化、批量化进行业务审批，降低成本。其次，建立适用于中小企业的评估评价机制，避免小企业粉饰报表、提供虚假数据的风险，合理测算风险敞口。再次，建立企业内控风险管理机制，创新押品种类，针对区域特点制定专属金融产品方案。最后，合理判断企业融资需求，避免盲目扩大授信，降低中小企业业务风险。

（4）充分运用"大数据"技术，通过分析小企业日常结算、资金流向、纳税情况等方面的数据，判断企业风险状况和信贷需求。适应互联网趋势、运用大数据挖掘客户信息。通过对客户历史数据进行分析和挖掘，推出依托结算、纳税、pos收单等数据信息的大数据信用贷款产品，解决小微企业普遍缺乏有效抵押物及其他增信手段的融资难题。用大数据的手段解决中小企业融资难题，可以直击传统信贷业务"痛点"，采用"纯信用、全线上、无须纸质资料、实时审批放款"的模式，一方面能够更加准确地判断客户信贷需求和风险水平，另一方面能够免去商业银行日常业务运行中的大量人力及运营成本。大数据在解决中小企业融资难题时能实现效率与风控之间的最优平衡，能利用先进的建模技术和工具，开发精准的评分模型及策略规则，实现线上自动审批。通过收集大量消费信贷还款数据，持续完善风控模型。建立严格的贷后监控和预警管理机制，在保持业务快速发展的同时有效保证贷款资产质量。在数据技术日新月异的今天，相信通过更加智能的判别，可以更加准确地测算中小企业的融资需求、充分预判信贷风险，在一定程度上解决中小企业缺乏抵押担保、信息不透明等一系列原因造成的融资难、融资贵的问题。

总之，针对中小企业自身特点决定的融资需求特点，商业银行应与时俱进地开拓思路，为解决中小企业融资难题打开新的局面。

参考文献：

[1]陈涛．美国联邦政府支持小企业技术创新的举措：小企业技术创新研究计划和技术转移计划[J]．全球科技经济瞭望,2015(1):1-5.

[2]胡小平．中小企业融资[M]．北京:经济管理出版社,2000.

[3]林毅夫，李永军．中小金融机构发展与中小企业融资[J]．经济研究,2001(1):10-18,53-93.

[4]罗丹阳．中小企业民间融资[M]．北京:中国金融出版社,2009.

京津冀区域金融发展与产业结构调整研究[①]

肖文东

摘　要：产业结构调整与升级是京津冀协同发展的重要方面，实现三地产业的良好对接对金融发展提出了较高的要求。本文在对京津冀近年来产业结构和金融发展变化趋势和现状的研究基础上，运用计量分析方法，实证分析京津冀金融发展对产业结构调整的影响程度，针对京津冀地区金融协同支持产业结构的优化升级提出政策建议。

关键词：京津冀；产业结构；协同

近年来，国内关于金融支持产业结构调整的研究越来越引起学者的重视，他们从理论和实证两方面选取了国内部分区域和省市的金融发展水平与产业结构转型情况进行了深入的研究，从不同角度、不同程度证明了金融协同对产业结构调整以及经济发展的影响程度。

一、文献综述

金融发展与产业结构调整的相关关系一直是学者们重视的研究课题，戈德史密斯（Goldsmith，1969）认为，在经济增长过程中，不同金融结构的差异能够反映在产业结构和经济发展水平上，并提出了金融结构的定性衡量指标"金融相关比率"。麦金农（1973）从金融抑制和深化两个角度揭示了金融发展与经济增长的相关关系，金融抑制即政府的过度干预造成了金融指标的失真，应进行金融深化改革恢复金融体系在集聚和配置金融资源方面的优势，从而推动金融体系的完善和经济增长。沃格勒等（Wurgler，2000；Fismanet & Love，2003）认为，金融配置社会资源效率的提高会对产业结构的调整产生积极的影响。

除了相关理论论证之外，基于实证分析的区域金融发展与产业结构升级的研究也日渐丰富。孙晶、李涵硕（2012）引入区域熵指数来判别地区金融集聚程

① 本文是北京市哲社规划项目"京津冀金融集聚与产业结构升级协同发展研究"（16YJB037）和北京联合大学社会科学类新起点计划项目"不同规模银行中小企业融资模式与风险预警研究"的阶段性成果。

度，并选用时刻个体固定效应模型检验了我国东、中、西部地区金融集聚对产业结构升级的贡献度。向长发（2013）在构建区域金融发展指标体系中加入不同以往的 A 股投资者账户数、政府信贷等指标，指出在金融要素对产业结构调整的影响程度中，金融深度影响最大，金融规模次之，金融效率最小。郭露、丁峰（2015）改进协调发展度模型，构建了长三角 16 个城市的金融集聚与产业结构的指标体系进行判别和评价，认识到近 20 年长三角地区整体上产业结构与金融集聚结构的协调发展度有所提升，产业结构优化程度有所提升，但金融集聚水平相对滞后，二者区域分异现象突出。

产业升级转移是京津冀协同发展的核心和重点，京津冀产业结构的调整离不开金融支持。李蕾（2010）借助产业梯度转移理论，选取了京津冀三地具有优势的产业进行研究分析，从而确定了京津冀首都圈中需要优先发展的行业，又通过相关金融指标对京津冀三地金融业对经济的支持力度做了综合对比和评价。王喆（2014）指出，供给领先型的金融发展模式主导和影响首都经济圈的产业结构调整，金融领域的机制性障碍如金融机构产权多元化程度较低、金融结构与效率的扭曲、金融生态环境问题等成为影响和制约产业结构进一步优化升级的主要因素。宋保庆（2015）从产业结构高级化的角度研究发现，金融发展对京津冀地区产业结构高级化存在促进作用，而金融效率反之。在地区产业结构高级化过程中，应避免政府的过分干预。

二、京津冀区域金融发展与产业结构调整实证分析

（一）指标选取

本文分别从金融发展和产业结构调整两个方面选取了京津冀地区的四个相关指标来进行实证分析。

产业结构的发展可以从合理化和高级化两个角度来进行衡量。合理化主要是指产业结构的优化，用产业结构优化率（ISR）来衡量，具体表现为第二、三产业的产值不断增加，在国内生产总值中所占的比重呈上升趋势。高级化则是指产业结构不断升级的过程，用产业结构升级率（ISU）来衡量，随着经济的发展，第三产业的产值在不断增加，并逐渐超过第二产业产值，即第三产业与第二产业的比值超过 1 代表产业结构的不断升级。

金融发展水平可以通过一定的指标来揭示，对京津冀地区金融发展水平的衡量主要涉及宏观方面的两个指标：规模和效率。衡量金融发展的规模采用金融相关比率（FIR）。金融相关比率已经发展为衡量地区金融发展程度的最重要指标，

一般指金融资产价值与经济活动总量的比值,用来反映金融的深化程度。考虑到较长年度数据的可得性,用金融机构存贷款和与地区 GDP 的比值来表示。再者,金融效率是指金融部门的投入与产出的比率,也就是金融产业对经济增长的贡献程度,用金融机构的贷款余额与存款余额的比值来表示,通过金融机构将储蓄存款转换为贷款的能力来衡量金融系统的资本配置效率。

(二) 数据整理

本文选取京津冀地区 1985—2014 年金融和产业结构发展的相关数据,涉及三个地区的 GDP、第二产业和第三产业产值、金融机构人民币存贷款余额等几个指标,指标所采用的数据主要来源于北京、天津、河北以及全国 1985—2014 年的统计年鉴、国民经济发展和社会统计公报以及金融运行报告,其中,年鉴的统计数据时间跨度较长,统计口径相较于其他数据库来说比较统一,一定程度上保证了数据的一致性。

总体上看,京津冀地区产业结构的优化取得了一定的进步,调整的步伐在加快。三地 ISR 的变化趋势都是逐渐向上的,这表明三地的产业结构在不断地优化,京津地区 ISR 值已经非常接近 1,代表着第二、三产业已经成为其经济发展的主导产业,产业结构优化基本完成,但是河北由于农业发展在经济中占一定比重,其第二、三产业发展还存在很大的上升空间。

经过近 30 年的发展,尤其是 21 世纪以来,京津冀各个地区产业结构升级的发展存在较大差距。北京 ISU 的变化幅度很大,上升趋势非常显著,第三、二产业产值比接近 4,第三产业发展远超第二产业。天津与河北的产业结构升级在小幅波动中缓慢发展。到 2014 年,天津 ISU 值开始超过 1,表明天津第三产业的发展势头开始超过第二产业。河北的经济发展还是过多依赖工业,产业结构升级还有较长的路要走。

北京的金融发展综合实力在三地中居于绝对的领先地位。从数据来看,北京金融相关比率是高速增长的,上升趋势明显,表明北京的金融总量在迅速增加,金融规模在不断快速发展。金融效率基本稳定,略有下降趋势,对北京来说并不意味着金融系统的配置效率下降,多数金融机构和企业总部的集中分布,使得资金沉淀数额较大,扩大了北京整体的存款基数,企业和银行融资渠道的多元化等原因也可以解释此现象。

天津的金融发展水平在 1985—2014 这 30 年间是不断提高的,FIR 的总体发展趋势是逐渐上升的。金融机构的不断增加,金融环境的不断改善,使天津的金融发展规模在慢慢扩大,为天津经济的发展提供了更多的支持。金融效率的下降趋势显著,21 世纪以前存贷比指数很高,说明过去天津融资渠道相对来说比较单一,金融机构的贷款还是主要的融资方式。但相对北京来说,天津的金融效率值较高。

1985—2014 年河北的金融发展波动幅度较大，金融各个方面都发生了很大的变化。同北京、天津一样，河北的金融总量在这 30 年里不断增加，上升趋势显著，金融深化程度逐渐加大，为河北经济发展提供了更加有力的支持，但上下波动较大，可能是由于产业层次较低，容易受外界因素影响。金融中介效率一路走低。

（三）协整分析

本文主要采用单位根检验和协整检验的计量分析方法，运用 Eviews8.0 软件，选取京津冀地区 1985—2014 年的数据，对京津冀产业结构调整与金融发展之间的关系做具体分析。

在现实经济生活中，时间序列数据往往是非平稳的，若仍采用经典的模型关系进行分析，一般得出的结果不具有真实意义。在进行计量分析前，为了防止过程中出现伪回归现象，保证回归关系的科学性和准确度，需要对时间序列进行平稳性检验，若非平稳，则需要将其转化为平稳数列再进行分析和研究。在此本文选用了 ADF 检验方法，结果如表 1 所示。

表 1 京津冀各变量 ADF 检验结果

地区	变量	检验类型	滞后阶数	ADF 值	5% 临界值	是否平稳
北京	ISR	含截距项	1	− 0.604	− 2.972	否
	D（ISR）	含截距项	0	− 5.390	− 2.972	是
	ISU	含截距项	0	0.612	− 2.968	否
	D（ISU）	含截距项	1	4.280	− 2.976	是
	FIR	含截距项	0	− 0.713	− 2.968	否
	D（FIR）	含截距项	0	− 4.715	− 2.972	是
	FIE	含截距项	0	− 1.660	− 2.968	否
	D（FIE）	含截距项	0	− 5.406	− 2.972	是
天津	ISR	含截距项	0	0.030	− 2.968	否
	D（ISR）	含截距项	0	− 3.810	− 2.972	是
	ISU	含截距项	1	− 1.132	− 2.972	否
	D（ISU）	含截距项	0	− 3.612	− 2.972	是
	FIR	含截距项	0	− 1.798	− 2.968	否
	D（FIR）	含截距项	4	− 3.822	− 2.992	是
	FIE	含截距项	0	− 2.537	− 2.968	否
	D（FIE）	含截距项	0	− 6.211	− 2.972	是

续表

地区	变量	检验类型	滞后阶数	ADF 值	5% 临界值	是否平稳
河北	ISR	含截距项	0	− 2.304	− 2.968	否
	D（ISR）	含截距项	1	− 5.248	− 2.976	是
	ISU	含截距项	0	− 2.909	− 2.968	否
	D（ISU）	含截距项	0	− 4.905	− 2.972	是
	FIR	含截距项	0	0.243	− 2.968	否
	D（FIR）	含截距项	0	− 5.519	− 2.972	是
	FIE	含截距项	0	− 2.125	− 2.968	否
	D（FIE）	含截距项	0	− 4.876	− 2.972	是

检验结果显示，北京、天津、河北的 ISR、ISU、FIR、FIE 四个变量原序列的 ADF 检验值都大于 5% 置信水平下的临界值，这种情况下接受原假设，表明四个变量序列都是不平稳的。为了使数据平稳，保证协整分析的进行，需要对所有指标变量进行一阶差分，差分后的 D（ISR）、D（ISU）、D（FIR）、D（FIE）四个序列的统计值均小于 5% 置信水平下的临界值，拒绝变量不平稳的原假设，变量一阶差分平稳，表明所有变量均为一阶单整，即 I（1），符合协整分析条件。以下分析以北京为例。

在做协整检验之前，首先要确定最优滞后。表 2 显示，＊号最多的一行的滞后阶数为 6，可以判定建立的 VAR 模型的最优滞后期为 6，由于协整有约束性，所以协整检验的最优滞后为 VAR 的最优滞后减去 1，即滞后期为 5。做协整检验一般采用 EG 两步法和 Johansen 检验两种方法。EG 两步法比较简单，多用于两个变量之间的协整检验。本文中协整关系涉及三个变量，所以采用多变量检验的 Johansen 检验方法。

表 2　VAR 模型最优滞后期的确定

Lag	LogL	LR	FPE	AIC	SC	HQ
0	83.715 666	NA	2.41e − 07	− 6.726 305	− 6.579 048	− 6.687 238
1	139.766 2	93.417 58 *	4.82e − 09	− 10.647 18	− 10.058 16 *	− 10.490 91
2	148.214 5	11.968 37	5.26e − 09	− 10.601 21	− 9.570 408	− 10.327 73
3	151.950 0	4.359 030	9.11e − 09	− 10.162 57	− 0.609 990	− 9.771 093
4	157.907 4	5.460 262	1.47e − 08	− 9.908 953	− 7.994 615	− 9.401 078
5	181.142 8	15.490 25	6.98e − 09	− 11.095 23	− 8.739 126	− 10.470 16
6	209.108 8	11.652 49	3.45e − 09 *	− 12.675 73 *	− 9.877 854	− 11.933 45 *

从表 3 的检验结果中可以看到，在 5% 的置信水平下，原假设为"至多有两个协整关系"时，P 值为 0.45，明显大于 0.05；在有 1 个协整关系的假设下 P 值是 0.03，是小于 0.05 的。综合来看，变量之间存在两个协整关系。同理，表 3 的检验结果也说明 ISU 与 FIR、FIE 之间存在协整关系，说明河北的产业结构优化升级与金融发展之间存在长期稳定的关系。根据协整检验出的协整系数，可以整理出协整方程为：

$$ISR = 0.071FIR - 0.195FIE$$
$$ISU = -0.056FIR + 0.005FIE$$

表 3　ISR 与 FIR、FIE 的 Johansen 协整检验

Understricted Cointegration Rank Test (Trace)

Hypothesized No. of CE（s）	Eigenvalue	Trace Statistic	0.05 Critical Value	Prob.**
None*	0.920 866	77.504 60	29.797 07	0.000 0
At most 1*	0.487 746	16.625 91	15.494 71	0.033 7
At most 2	0.023 530	0.571 460	3.841 466	0.449 7

同理，通过 Johansen 检验北京与天津的产业结构优化率、产业结构升级率与金融相关比率、金融效率之间都存在协整关系，即产业结构的调整与金融发展之间存在长期稳定的关系。整理出三地的协整关系如表 4 所示。

表 4　京津冀协整关系整理

地区	协整方程
北京	$ISR = 0.044FIR + 0.362FIE$ $ISU = 0.617FIR - 0.945FIE$
天津	$ISR = -0.060FIR + 0.116FIE$ $ISU = 2.093FIR - 3.390FIE$
河北	$ISR = 0.071FIR - 0.195FIE$ $ISU = -0.056FIR + 0.005FIE$

（四）结论与分析

首先，就北京而言，从实证分析的协整关系中可以看到，从产业结构优化角度来讲，金融相关比率和金融效率的系数均为正，对产业结构优化具有正向的促进作用；从产业结构升级角度来看，金融相关比率与产业结构升级率正相关，金融中介效率的系数则为负，且系数较大。整体来看，金融发展水平对产业结构调整有显著影响。北京金融资产的持续高速增长，金融深化程度的不断加深，为产业结构优化和升级提供了支持力量，推动了第三产业服务业的快速发展，使得北京的产业结构优化达到较高的水平，产业结构升级进程加快。

对于天津而言，协整方程显示，金融发展的两个指标对产业结构的影响是不同方向的。金融相关比率与产业结构优化率负相关，但影响系数较小；与产业结构升级率正相关，系数较大。在经济发展过程中，天津的金融规模也在不断发展，存贷款数量增势迅猛，对产业结构的升级有极大的推动作用，资本市场发育相对缓慢，保险市场规模也相对落后，一定程度影响了产业结构的优化。金融中介效率对产业结构的优化具有正向作用，对产业结构的升级具有反向作用，并且影响较为显著。区位优势加上北京的辐射影响，吸引了一些资金的流入，使天津的存贷比提高，对天津经济和产业的发展起到一些积极的影响。近些年天津的第三产业发展迅速甚至开始赶超第二产业，且天津的进出口贸易发展具有相当大的优势，产生了大量的外汇占款，这些都拉低了金融机构的存贷比，所以就表现为金融效率在相当显著的程度上对产业结构升级产生的是反作用。

河北的协整关系与天津恰好相反，整体上金融因素对产业结构的调整作用并不是很明显。从产业结构优化的角度看，金融相关比率的作用是正向的，河北金融总量的增加对经济发展和产业结构调整起到了一定程度的推动作用；金融效率的作用是反向的，河北金融发展水平的层次还比较低，金融机构数量不足，金融系统配置效率不高，较高的不良贷款率使河北被商业银行采取了信贷限制措施，难以得到信贷支持，影响了产业结构的优化。

三、对策及建议

（一）建立金融协同发展机制

首先，中央银行和保监会等主要金融监管部门要从金融政策、监督政策等方面积极推动京津冀三地金融的全方位合作，其次，要完善金融机构之间的沟通和互助机制，主动为京津冀协同发展提供专业完善的金融服务，促进金融业务的一体化发展。再者，要发挥金融中心北京对天津、河北的辐射和带动作用，利用区位优势，提高津冀的金融发展水平和层次，为产业结构的优化和升级提供更加有力的金融支持。

（二）资本市场力量与政策性金融支持相结合

对于京津冀区域企业与金融机构的发展，资本市场的竞争与政策性金融的支持是分不开的。要加快资本市场的发展，大力发展区域股权市场、债券市场等，为企业的发展提供多样化的融资渠道和方式，促使其在市场中不断发展壮大。发挥政策性金融的补充作用，政府的干预对于京津冀的协调发展有很大的影响。政府应通过建立专门的政策性金融机构来为京津冀的产业发展提供商业银行所不能够承担的信贷资金支持，有效解决津冀特别是河北融资难的问题。

（三）加大产业承接与转移的金融支持

在京津冀产业对接过程中，会产生大量的资金需求和金融服务需求。金融机构在北京分布较为密集，天津与河北的金融机构相比之下较为不足，而且缺乏跟进京津冀产业承接与转移项目的金融机构、政策和相关金融服务，很大程度上阻碍了产业对接的进度和进程。要加强京津冀区域内的金融协调与合作，建立京津冀协同发展的金融支持机构，加强与银行和企业之间的协调沟通，便于银行等金融机构为企业的转移提供必要和系统的金融配套服务，实时跟进项目对接进度，及时提供资金支持。

（四）完善金融体系，鼓励金融创新

金融创新是改善金融系统配置效率、提高服务水平的有效途径，日趋完善的金融体系会加快京津冀产业结构的调整步伐。金融机构要提高自身的竞争力，不断对产品和机制进行创新。在京津冀协同发展过程中，金融机构积极参与产业转移和建设项目，对企业转移过程中所需金融服务进行深入的了解和调研，然后有针对性地推出跟进产业对接的金融产品和服务，如推动企业资产证券化以及企业并购类投资银行业务等，帮助满足企业的融资需求，同时提升自身的发展水平。

参考文献：

[1] Rachdi H, Mbarek H B. The Causality between Financial Development and Economic Growth: Panel Data Cointegration and GMM System Approaches[J]. International Journal of Economics and Finance, 2011, 3(1):143 – 151.

[2] 邓光亚, 唐天伟. 中部区域金融发展与产业结构调整互动研究:基于 VAR 模型的实证分析[J]. 经济经纬, 2010(5):17 – 21.

[3] 张思. 金融资源配置与产业结构调整关系研究:以京津冀地区为例[D]. 昆明:云南财经大学, 2014.

[4] 王喆. 首都经济圈金融发展与产业结构调整:来自 1978 年至 2012 年省际数据的实证研究[J]. 经济与管理, 2014, 28(1):90 – 97.

[5] 宋保庆. 金融发展、政府行为与地区产业结构高级化:基于京津冀地区面板数据检验[J]. 产业经济评论, 2015(5):36 – 42.

[6] 王凤娇. 金融支持京津冀协同发展产业升级转移分析[J]. 河北经贸大学学报, 2015(3):101 – 104.

第三方支付发展现状及趋势分析

陈 岩 卿 帅 郑 玮

摘 要： 我国电子商务的发展、网民规模的迅速增长，为第三方支付提供了空前的发展机遇。初步预计 2012 年我国第三方支付交易规模达到 16 740 亿元，账户规模将达到 11.33 亿，可见第三方支付有巨大的发展潜力和前景。本文将讨论是什么催生了第三方支付，以及第三方支付为何发展如此之快，通过分析互联网金融与我国革新走势、第三方大数据技术在第三方支付应用研究、第三方支付与传统业务的博弈以及第三方支付存在的安全问题，提出我们对第三方支付的发展前景预测以及对第三方支付的发展建议。

关键词： 第三方支付；互联网金融；大数据

第三方支付是指具备实力和信誉保障的第三方企业和国内外的各大银行签约，为买方和卖方提供的信用增强。在银行的直接支付环节中增加一个中介，在通过第三方支付平台交易时，买方选购商品，将款项不直接打给卖方而是付给中介，中介通知卖家发货；买方收到商品后，通知付款，中介将款项转至卖家账户。

一、第三方支付的发展背景和意义

（一）第三方支付的发展背景

随着我国电子商务的发展，网络普及率不断提高，网民数量快速增长，线上生活、网上消费成为一种时尚，金融生态环境的变化孕育出了互联网金融这一新的物种。

大数据、云计算等新型互联网技术的飞速发展为第三方支付平台提供了技术支撑。大数据又称"巨量资料"，是指涉及资料的数量规模巨大到无法通过目前主流的软件工具在合理的时间内达到撷取、管理、处理并整理成为帮助企业更积极地经营决策目的的资讯。随着大数据理念的提出，数据分析、数据挖掘等如火如荼地进行。对大数据进行"加工"可以带来"增值效应"，让大数据变得有价值。

传统金融机构在服务弱势群体方面明显不足，互联网金融的出现是顺应市场需求的结果，只不过这些需求在传统银行业看来属于小众市场。互联网企业成功的关键在于解决流量变现的问题，即如何让流量产生最大价值。

监管当局没有在互联网金融兴起时采取鼓励态度，待其发展到一定阶段再因势利导、规范发展，为互联网金融的发展提供了一个相对宽松的制度环境。

（二）第三方支付的发展意义

从过去 10 年的产业发展历程和变化可以看出，第三方支付作为一种新兴金融服务产业，在我国经济发展、金融支付基础设置建设过程中起到越来越重要的作用。第三方支付已经成为中国现代化支付体系不可或缺的一部分，满足了新兴经济发展中日益增长的支付需求，大大降低了整个社会的交易成本。另外，第三方支付可以帮助建立相对完整的信用体系，加强信任与沟通。

二、第三方支付对银行传统支付清算业务的影响

近年来，第三方支付发展迅速，参与商家不断增加，成为继传统银行支付方式后一个新兴的重要支付手段。

第一，对传统支付业务存在挤出效应。中间业务收入尤其是支付结算收入一直是商业银行盈利的重要来源。第三方支付平台通过不断延伸其业务领域，以较低的价格甚至免费提供与银行相同或相近的服务。

第二，对银行存款形成冲击。第三方支付方式派生出新的理财产品。从销售金融产品的机理出发，2013 年 6 月 13 日，支付宝与天弘基金合作推出余额宝。天弘基金试图借助支付宝的互联网平台渠道销售货币市场基金证券，以扩大销售规模、降低销售成本。但未曾想到，余额宝一上线就在金融投资中被个人投资者热捧。第三方支付虽然不能像银行那样吸收存款，但是随着第三方支付平台的高速发展以及业务领域的拓展，其对银行存款业务势必形成较大的冲击。以国内第三方支付市场占有量最大的支付宝为例：支付宝拥有超过 8 亿名注册用户，日均交易额超过 45 亿元，自 2013 年 11 月以来，支付宝手机支付每天交易达到 1 200 万笔，这一数字进入 2014 年之后提升至 1 800 万笔，这是全球手机支付厂商中最好的表现。

三、互联网大数据技术在第三方支付中应用的研究

近年来互联网金融蓬勃发展，互联网大数据技术在融资领域的应用模式主要

有以阿里金融为代表的电商融资平台、以美国的 Kabbage 为代表的第三方电商融资平台、以中国建设银行善融商务为代表的自建电商金融服务平台等。商业银行应当通过自建电商平台、与电商平台合作、拓展互联网大数据来源、研究大数据挖掘技术、招聘培养专业人才以及倡导互联网精神等应对互联网金融的挑战。

四、第三方支付发展中存在的安全问题

随着市场竞争的加剧和监管措施的相对滞后，第三方支付机构管理混乱、违规经营、恶性拼抢市场、冲击正常支付秩序、风险事件频发等诸多问题没有得到明显遏制，反而有愈演愈烈的趋势。目前，第三方支付业务主要存在以下五大方面的突出问题：

第一，第三方支付机构的快速发展与其自身的风险管理能力严重不对称。

第二，第三方支付机构以所谓的创新名义采用违规经营手段，几乎成为行业普遍现象，并呈愈演愈烈态势，严重扰乱正常的支付秩序。

第三，客户信息泄漏、伪卡欺诈、网络欺诈、套现等网络犯罪案件数量快速攀升，已成为银行卡犯罪新的高发部位。

第四，第三方支付机构超越业务许可范围，形成多重金融角色，存在"先违规再审批""先突破再倒逼"的现象。

第五，已经起草的四个办法的征求意见稿，存在涵盖性不广、威慑力不足等问题。

五、第三方支付的发展建议和前景预测

（一）发展建议

我们对第三方支付提出以下发展建议：

第一，注重服务至上原则，注重对用户个人信息的保护。

第二，应加大与传统商业银行、中国人民银行的合作，提供更加安全、更加便捷的金融服务。

第三，加强对支付体系的监管，对支付体系定时进行扫描、监视，以及进行技术上的更新换代，以免发生支付体系上的系统性风险。

第四，坚持理念创新、技术创新、模式创新，扩展第三方支付的业务，拓展对第三方支付的应用，挖掘第三方支付的潜在价值。

第五，企业应该合规、合法经营，在法律的框架下进行商业活动。

（二）前景预测

技术在革新，时代在向前演变，经济发展模式也在变，这将会促进第三方支付的创新性发展以及应用。我们认为第三方支付的未来发展将会有以下三大趋势。

第一，随着跨境电子商务的发展和跨境支付的发展，未来第三方支付将会国际化、全球化，给跨境贸易带来很多便利，提高跨境交易的效率，降低交易的成本。

第二，第三方支付的发展趋势会是移动支付。随着中国网络的普及以及手机的普及，中国产生了一个巨大的网民群体，其中大部分是占消费主力的青少年，而移动支付的便捷性促使更多的人使用移动支付，以便于随时随地进行消费或者进行交易。

第三，大数据、云计算等互联网技术的发展将会助力第三方支付挖掘支付积累下来的巨量数据蕴藏的商业价值，从而将数据变得有价值，最终进行变现。

参考文献：

[1]谢平,邹传伟.互联网金融模式研究[J].金融研究,2012(12):11-22.

[2]邱峰.互联网金融对商业银行的冲击和挑战分析[J].吉林金融研究,2013(8):44-50.

[3]王维安.银行业开放与国家金融安全[J].财经研究,2003,29(12):25-38.

[4]曹少雄.商业银行建设互联网金融服务体系的思索与探讨[J].农村金融研究,2013,5:54-58.

[5]宫晓林.互联网金融模式及对传统银行业的影响[J].南方金融,2013,6(5):12-16.

[6]李颖,田敏.论第三方支付风险评估指标体系的构建[J].西安财经学院学报,2013,26(5):28-33.

[7]乔海曙,王于栋.打造互联网时代"新金融"的旗舰:联合网络银行[J].宁夏大学学报(人文社会科学版),2004,26(2):91-95.

[8]吕曼珍,黎重阳.网上银行路在脚下:兼析中小城市银行网银发展路径[J].金融管理与研究,2013,3(6):374-379.

[9]葛兆强.中国金融发展四题[J].长白学刊,2013(2):101-108.

[10]翟冀.农业银行应对互联网金融挑战的策略探讨[J].农村金融研究,2013(8):59-62.

互联网车险相关法律问题分析

邢秀芹

摘　要：近年来，互联网保险已经成为推动保险业快速发展的重要力量。车险作为标准化程度较高的险种，在我国互联网的渗透率较高，然而互联网保险法规建设的滞后导致出现很多法律问题。本文介绍了互联网车险发展现状，分析了互联网车险面临的法律问题，如车险客户信息安全问题、要约的撤回与撤销问题以及保险人说明义务履行问题，并针对这些问题提出了相应建议。

关键词：互联网车险；法律问题；信息安全；说明义务

一、互联网车险发展现状

在"互联网＋"时代，网络手段和平台为保险创新提供了极好的机会，创新成为这个时代的主旋律。在"互联网＋"时代，借助互联网大数据等先进技术，车险业务将发生深刻变革。

（一）车险定价科学化

"互联网＋"时代，大数据将助推车险定价步入新的发展阶段，而车联网在改善车险定价技术、提升财险公司精准定价能力方面起着举足轻重的作用。车联网可以收集车与人、车与车、车与路的属性信息和静、动态信息，从而形成一个极为庞大的数据库，为使用车联网的行业提供所需数据信息。

（二）车险产品定制化

我国传统车险同质化现象严重，并没有充分考虑客户需求。大数据的出现使得车险产品定制化成为可能。掌握了互联网的大数据，保险企业就可以充分挖掘互联网时代诞生的各种保险需求，及时发现互联网时代产生的新的风险。通过分析客户的驾龄、职业和开车习惯等数据，保险企业能够较为准确地预测客户未来出险的可能性及可能出险的险种，为客户提供定制化的车险产品，满足客户多层次不断变化的需求。

（三）车险营销场景化

随着互联网加速渗入生活的方方面面，保险产品不再依赖传统保险销售的"拉客户、反复推销"的模式，其在互联网端的推广愈发场景化和碎片化。在"互联网＋"时代，保险公司会嵌入消费场景，也就是将保险服务嵌入购买、支付、服务等环节，并根据某些特定用车场景研发销售差异化产品，实行差异化营销，帮助消费者发现自身需求，从而轻松实现对用户的精准营销。场景化营销使客户在购买流程中意识到保险的重要性、必要性，有利于提升客户的参与感，进而使互联网保险产品的购买转化率得到提高，必将成为未来车险产品的首要营销方式。

（四）车险理赔快捷化

通过互联网技术的运用，车险理赔将实现全面电子化运营，理赔材料将实现电子化，客户不仅可以通过互联网进行理赔申请，在理赔过程中还可通过互联网自选修理厂和查勘员，并可实时查询理赔进度等。随着移动互联网在人们的生活中不断渗透，将有越来越多的保险公司开展线上理赔。

二、互联网车险法律问题分析

近年来我国关于规范和促进互联网车险发展的法规、政策在不断增加，为其提供了坚实的法律环境。但是，随着互联网车险超预期的高速发展，实践中新的法律问题不断涌现，互联网车险发展面临较大的法律风险。

（一）车险客户信息安全问题

投保人通过互联网进行保险，保险人会收集到大量的个人信息，其中包含个人隐私。信息系统是互联网车险的主要基础，它使得保险业务数据和客户个人信息全盘电子化。在我国信息安全技术不成熟的情况下，互联网车险客户信息安全存在严重的威胁。互联网的开放性特征，为不法分子和不良商业机构创造了可乘之机，它们往往利用不正当手段窃取甚至贩卖互联网车险客户的隐私信息。在互联网环境下，对个人隐私权的保护面临更大的压力和挑战。

此外，车联网技术在车险业务的充分运用，能够优化车险保费定价方式。保险公司和车联网公司不仅掌握车主的姓名、联系方式等基本信息，还掌握车主驾驶里程、驾驶路线、车辆状况等更为私密的信息。这对保险公司的车主隐私信息保护提出了更大的考验。目前，我国对互联网隐私权的保护制度仅在《全国人民代表大会常务委员会关于加强网络信息保护的决定》及《网络交易管理办法》中有所规定，且规定不够细化。

（二）要约的撤回与撤销问题

《合同法》规定，在传统合同订立过程中，在要约到达受要约人之前，要约人可以撤回该要约；在受要约人发出承诺通知之前，要约人也可以撤销该要约。由于互联网车险合同具有时效性，在投保人用数据电文向保险人发出要约时，要约是瞬间传递给保险人的，承诺的发出也十分迅速。这样的要约是否可以撤回和撤销，法律尚未明确规定。

（三）保险人说明义务履行问题

根据《保险法》及相关法律规定，订立保险合同，采用保险人提供的格式条款的，保险人应当向投保人说明合同的内容。对保险合同中免除保险人责任的条款，保险人在订立合同时应当在投保单、保险单或者其他保险凭证上做出足以引起投保人注意的提示，并对该条款的内容以书面或者口头形式向投保人做出明确说明。为了明确网络保险中询问、提示和说明义务的方式，2013 年 6 月 8 日实施的《保险法司法解释二》对网销保险合同中的提示和明确说明义务的履行进行规定，认可了网页、音频、视频等履行提示和明确说明义务的方式。

但在实际操作中，目前绝大多数保险公司在网上履行说明义务时多将保险条款和免责说明以"链接"的形式展现给投保人，如果投保人没有点击"链接"阅读具体内容，系统也允许直接点击"已阅读"进入后续操作。"链接"形式可能使投保人越过保险条款和免责条款的阅读环节。此外，即使投保人阅读了保险条款和免责条款，也可能不完全理解条款内容，需要保险人进一步解释，而车险条款涉及免除保险人责任的内容又相对较多。因此，现阶段大多数保险公司在开展电子保单业务时履行说明义务的方式并非十分合理，有待进一步改进。

三、互联网车险发展对策

（一）加强对互联网保险消费者权益的立法保护

维护保险消费者合法权益是各个国家保险监管的一项重要目标，也应当是我国互联网保险监管的着力点。我国保险消费者保护领域的法律严重缺失，监管部门在处理投诉时也常常感觉无法可依，因此，我们应积极借鉴国外经验，适时出台相应的保护互联网保险消费权益的法律规范，切实保护消费者的合法权益。

我国在构建互联网保险消费者权益保护制度时，应当考虑如下法律制度的制定：①通过立法，赋予互联网保险消费者安全权、知情权和选择权。在政策法规中尤其要明确个人隐私、个人电子信息等概念的定义。②强化经营互联网保险业务的保险公司的保密义务。一方面，要求互联网保险公司及其工作人员加强对客户资料的保密，防范互联网保险公司内部工作人员在工作中恶意泄露客户信息。另一方面，也应当明确规定互联网保险公司可向第三方披露客户信息的例外情况。③确定互联网保险消费者权益的侵权责任和救济措施。

（二）建立互联网保险交易的安全保障机制

网络保险客户最关注网络平台的安全问题，因此，保险监管机构应对保险公司及相关第三方平台的信息安全保障体系建设做强制性规定。保险监管机构应对保险公司进行定期检查，检查网络保险公司是否通过数据加密、身份认证、入侵检测以及建立数据备份中心等技术和手段来保证网络信息安全、数据传输安全。此外，保险监管机构应采取措施鼓励保险公司积极引进新技术、新设备，提高信息安全保障能力。

（三）完善互联网保险合同制度

可从《保险法》入手，完善互联网保险合同法方面的具体规定，填补我国现行《保险法》对互联网保险规定的空白。具体要求包括：①明确规定要约的撤回与撤销问题，并对要约人不能撤回及撤销要约时的选择权做出权利救济规定，如允许一定期限内退保并能收回全部保险费。②规范保险人说明义务的履行方式。应明确要求保险人以自动弹出免责条款形式进行说明，此外还应限制阅读时间强制阅读并设置"已阅读免责条款"的选择栏供投保人勾选，在得到投保人的肯定反馈后，进一步确认投保行为的完成。

参考文献：

[1]麻荣荣．关于我国互联网保险法律风险的思考[J]．保险职业学院学报（双月刊），2015，12：44－47．

[2]梁俊菊．我国互联网保险法律监管制度研究[J]．济南：山东大学，2016：38－39．

第五部分 企业财务创新

提升小微企业创新能力的财税政策分析

梁 红

摘 要： 规模庞大的小微企业是国民经济和社会发展的重要基础，是创新的重要源泉。小微企业的创新活力和创新环境，乃是一个国家或地区经济结构是否合理的重要标志。本文基于提升小微企业创新能力的视角，梳理和分析了我国近年来相关财税政策，在此基础上探讨存在的问题并提出相关建议。

关键词： 小微企业；财税政策；创新能力

小微企业的发展一直是社会关注的热门话题。为了支持小微企业的健康、良好的发展，近年来，国家各部委相继出台金融扶持、降低税负、减少行政收费等一系列促进小微企业发展的政策措施，为促进小微企业健康成长提供更好的经济和社会环境。

一、促进小微企业创新的财税政策梳理

（一）降低企业所得税负担，简化办税手续

降低企业所得税负担，简化办税手续这方面主要包括四点内容。①税率降低。根据《中华人民共和国企业所得税法》及其实施条例以及有关税收政策规定，符合条件的小微企业的企业所得税减按 20% 征收（简称"减低税率政策"）。②年应纳税所得额减半。继 2015 年 2 月 25 日国务院常务会议将小微企业所得税减半征税范围由 10 万元调整为 20 万元后，8 月 19 日，国务院第 102 次常务会议决定，自 2015 年 10 月 1 日起，将减半征税范围扩大到年应纳税所得额 30 万元（含）以下的小微企业。③扩大研发费用加计扣除范围。《关于研究开发费用税前加计扣除有关政策问题的通知》（财税〔2013〕70 号），对加计扣除的规定做出调整：工薪、仪器设备、模具、工艺装备的扣除范围变宽；临床试验费以及研发成果的论证、鉴定、评审、验证费用由原来的不允许扣除变为允许扣除。④简化办税手续。无论采取查账征收方式还是采取核定征收方式（含定率征收、定额征收），只要小型微利企业符合规定条件，均可以享受所得税优惠政策。同时，

小型微利企业享受企业所得税优惠政策，不需要到税务机关专门办理任何手续，可以采取自行申报方法享受优惠政策。年度终了后汇算清缴时，通过填报企业所得税年度纳税申报表中"资产总额、从业人数、所属行业、国家限制和禁止行业"等栏次履行备案手续。

（二）提高增值税和营业税的起征点

财政部联合国家税务总局下发的《关于进一步支持小微企业增值税和营业税政策的通知》规定，自2014年10月1日起至2015年12月31日，对月销售额2万元（含本数，下同）至3万元的增值税小规模纳税人，免征增值税；对月营业额2万元至3万元的营业税纳税人，免征营业税。其中，以1个季度为纳税期限的增值税小规模纳税人和营业税纳税人，季度销售额或营业额不超过9万元的，免征增值税或营业税。

（三）鼓励对小微企业科技创新的融资合作

《财政部国家税务总局关于金融机构与小型微型企业签订借款合同免征印花税的通知》（财税〔2014〕78号）规定：自2014年11月1日起至2017年12月31日止，对金融机构与小型、微型企业签订的借款合同免征印花税。

（四）免征小微企业的部分行政事业费和残保金

自2015年1月1日起至2017年12月31日，对按月纳税的月销售额或营业额不超过3万元（含3万元），以及按季纳税的季度销售额或营业额不超过9万元（含9万元）的缴纳义务人，免征教育费附加、地方教育附加、水利建设基金、文化事业建设费。自工商登记注册之日起3年内，对安排残疾人就业未达到规定比例、在职职工总数20人以下（含20人）的小微企业，免征残疾人就业保障金。

（五）降低小微企业的科技创新成本

降低小微企业的科技创新成本包括两方面内容。①国发〔2009〕36号文件规定，中小企业投资所需的进口自用设备、技术及配套件、备件，免征进口关税。②增加股权投资方式的税收抵扣项目和金额。《关于促进创业投资企业发展有关税收政策的通知》（财税〔2007〕31号）规定，创投企业以股权投资方式投资于未上市中小高新技术企业，满足投资时间满2年以上（含2年）的条件，按投资额的70%抵扣应纳税所得额。

此外，为支持小微企业提高科技创新能力，引导和促进其创建自主品牌，国家还颁布了《地方特色产业中小企业发展资金管理办法》（财企〔2010〕103号），鼓励传统企业采取商标专用权的无形资产方式，强化传统优势，提升为特色产业。

二、财税政策在提高小微企业创新能力中存在的问题

（一）优惠政策缺乏稳定性与系统性

现行扶持小微企业发展的税收优惠政策在各税种的相关文件中零散可见，税收优惠政策缺乏稳定性与系统性，影响了相关税收优惠政策的实施效果。

（二）宣传力度不够

小微企业财务力量比较薄弱，其对新出台的优惠政策信息的获取和使用能力较差，加之一些优惠政策的内容变化频繁，期限较短，宣传不到位，导致一些小微企业不了解、不熟悉甚至不知道有优惠政策，使得一部分原本可以享受税收优惠的小微企业错失机会。部分小微企业虽然知道优惠政策，但因对相关政策法规了解不深，心存顾虑；还有部分小微企业则因为财务管理混乱，存在偷税等违法行为，担心享受优惠政策后会招致税务机关的税务检查，因此不愿享受优惠政策。

（三）财税扶持力度有待进一步加大

虽然近年来，针对小微企业的税收优惠政策调整频率不断加快，优惠力度不断加大，但从实际情况来看，优惠力度还是偏小。例如，自2014年11月1日起至2017年12月31日止，对金融机构与小型、微型企业签订的借款合同免征印花税。我们知道，借款合同的印花税税率是借款金额的0.005%，然而，由于小微企业向金融机构的借款金额规模不大，所以印花税免征额并不大，以100万元为例，免征的印花税仅为50元。此外，财政资金对小微企业的资助还存在资助类型较多、渠道不一、投入分散、单体资助额度偏少的问题。

三、建议

（一）加大对小微企业税收优惠政策的稳定性、系统性的研究

为更好更快地推动我国小微企业健康发展，一方面，需要进行关于小微企

业税收政策的稳定性、系统性研究，推动针对小微企业发展的整体性税收扶持政策的出台；另一方面，需要着眼于小微企业发展的关键性战略领域，尽快出台一些具有战略意义的重点小微企业税收扶持政策，把税收扶持政策放在最有效的地方。

（二）加大宣传辅导力度，提高纳税服务水平

政策宣传是落实国家税收优惠政策的重要环节，相关部门需要广泛宣传小微企业税收优惠政策，如通过网络、微博、微信、微电影、税法知识讲座等形式，使更多小微企业深入了解优惠政策。通过加强对小微企业税法知识的辅导培训，提高小微企业财务人员的业务水平和税法意识，从而更好地推动国家针对促进小微企业发展的相关优惠政策的落实。加大宣传的同时，进一步优化办税流程，简化办税环节，精简纳税人报送资料，规范涉税文书，提高税务部门为小微企业服务的效率。

（三）继续加大对小微企业的税收优惠力度

1. 进一步提高小微企业增值税的起征点

如前所述，自 2014 年 10 月 1 日起至 2015 年 12 月 31 日，增值税的免征额标准为月销售额或营业额不超过 3 万元，即年销售额或营业额不超过 36 万元。但这个标准指的是销售额总额，而非扣除成本费用后的净额，而且一旦超过 3 万元将全额纳税。此标准过低，不能满足小微企业的实际情况，没有有效降低小微企业的流转税的税负。

2. 取消或延长税前弥补亏损 5 年的时间要求

《企业所得税法》第十八条规定：企业纳税年度发生的亏损，准予向以后年度结转，用以后年度的所得弥补，但结转年限最长不得超过 5 年。这就是说，企业所得税最长补亏年度不超过 5 年，超过 5 年仍未弥补完的亏损，税前不再予以弥补。对于小微企业的亏损弥补，可以考虑取消或适当延长现行税前弥补亏损 5 年的时间要求，从而给小微企业更多的缓冲时间。

（四）进一步完善财税政策，切实提高小微企业的创新能力

财税政策要能够引导部分小微企业特别是科技型小微企业以"专、精、特、新"战略制胜，产品和服务超过同行业企业，重点发展创新型小微企业，促进有条件的小微企业做大做强，以产、学、研带动产品升级与创新。

参考文献:

[1]袁显朋,赵联果.浅析小微企业税收优惠政策产生的社会效应[J].财会研究,2015(2).

[2]夏红雨.基于企业社会责任的小微企业税收优惠政策体系研究[J].税收经济研究,2015(2).

[3]陈梓洋.茂名地税系统小微企业税收优惠政策执行中存在的问题及对策探讨[J].南方论刊,2015(5).

[4]兰飞,王华,沈亚飞.提升科技型小微企业创新能力的财税政策分析[J].中南财经政法大学学报,2014(3).

"互联网＋"背景下的纳税服务优化探析

贾丽智

摘 要： 在"互联网＋"背景下，传统纳税服务面临新兴互联网的挑战，同时也面临着巨大的发展机遇。本文阐述了优化纳税服务的重要意义，分析了纳税人对纳税服务的需求，提出整合纳税服务资源，优化纳税服务流程，加强网上办税平台建设，提供差异化纳税服务等建议以构建"互联网＋纳税服务"新模式。

关键词： 互联网＋纳税服务；资源共享

一、纳税服务优化的重要意义

党的十八届三中全会提出"推进国家治理体系和治理能力现代化"的要求，国家税务总局将这一要求结合税务工作进一步明确为逐步建立包括"优质便捷的服务体系"在内的六大体系，预计 2020 年将基本实现税收现代化。纳税服务是税务工作的核心业务，是政府公共服务职能的体现，纳税服务的优化对税收现代化总体目标的实现具有重要意义。

纳税人负有遵从税法依法纳税的义务，同时享有接受征税机关优质纳税服务的权利。相应地，税务部门享有依法征税的权利，同时负有引导纳税人遵从税法帮助纳税人准确便捷依法纳税的义务。纳税服务是联系税收征纳双方的桥梁和纽带，做好纳税服务工作，持续改善纳税人的办税体验，可以提高纳税人满意度，帮助税务机关广泛获得纳税人的理解和配合，降低征税成本，更能帮助纳税人及时、准确了解和掌握国家最新的税收政策，正确地履行纳税义务，合理维护自身的合法权益。

二、纳税人对纳税服务的需求

纳税服务是政府和社会组织根据税收法律、行政法规的规定，在纳税人依法履行纳税义务和行使权利的过程中，为纳税人提供的规范、全面、便捷、经济的各项服务措施的总称。纳税人对纳税服务的需求主要有以下几个方面：

第一，税法宣传、纳税咨询辅导。这是纳税人最基本的需求，也是纳税服务中最基本的内容。税法宣传的目的是增强全社会的纳税意识，潜移默化地提高纳税人依法履行纳税义务的自觉性。税法宣传的对象是社会大众，宣传的内容应该是广泛普遍的，宣传的形式应该是社会大众喜闻乐见的，宣传的渠道应该是纳税人容易获得的。纳税咨询辅导的对象是特定的纳税人，辅导的内容应该是具体、准确、有针对性的，辅导的方式应该多样化并富有效率。

第二，纳税申报等涉税事项的办理。这是纳税人纳税服务的焦点内容。

第三，个性化服务。这是纳税服务内容中较为深层的内容，它满足的是纳税人的特殊需要。税务机关应对纳税人的个性化信息进行了解、分析、整合，针对纳税人个性化的需求提供纳税服务。

第四，投诉，反馈结果。这是纳税服务中不可或缺的一部分。税务机关的工作应该接受纳税人监督，适当听取纳税人及各方面的建议。

三、优化"互联网＋纳税服务"的途径

在互联网时代，征税机关如何提升纳税服务的质量才能解决纳税人的难点、盼点、痛点问题，助力企业的发展，提升纳税人的办税体验，提高纳税人的满意度，这是一个重要的课题。

（一）整合资源共享信息

对于各个行业的各个系统，从信息的采集一直到使用的要求，可以将分散的纳税服务的职能进行整合及优化。建立以 12366 为纳税服务热线的呼叫中心，构建微信、微博、QQ 群等纳税服务信息交换的平台，对纳税人的需求，对纳税人的税法宣传、咨询、办税服务及保护纳税人的权益等一系列服务，实施专业的管理。

加强数据集成、报表集成，让数据自动归集，精心设计报表的钩稽关系，让数据一次性采集但多次被利用。纳税申报表由系统自动填写，这样可以缩短申报准备和办理时间并能减少差错。

有条件的情况下组织国地税联合办税，工商、金融机构、社保局联合办公。试行银税互动，建立税务机关与银监部门、商业银行的合作框架。参考纳税评级和缴税结果，对纳税信用等级高、税法遵从度高的纳税人提供无担保纯信用贷款。这样既能助力企业发展，解决企业融资难融资成本高的难题，还能培植税源，降低金融机构贷款风险，推动社会信用体系的建设，实现多方共赢。

面对近年来越来越多的税企争议，甚至是复议诉讼，税务机关可以成立涉税

争议互助组。吸收税务师事务所、会计师事务所、律师事务所及其他专业机构的精英，以开放的心态探讨各类税企争议业务的处理方式和方法，开展线上线下交流，促进税企和谐。拓宽渠道鼓励社会大众献言献策，收集纳税人的意见和建议，广泛征集税收热点难点问题，畅通投诉受理渠道，加大纳税人民主听证、监督评议等工作力度，全面提升纳税服务水平，最大限度地规范纳税服务行为，维护纳税人的合法权益。

（二）优化纳税服务流程

互联网时代为税务机关的纳税服务流程再造提供了更加宽广的空间，是纳税人享受更为优质、便捷的办税流程的基础。纳税服务流程优化可以从以下几个方面着手：第一，对互联网信息的技术及管理手段进行最大限度的利用，将业务流程精简，实行纳税服务流程的扁平化。例如，纳税人的发票申领，可以试行对纳税信用等级高、纳税风险等级低的纳税人，允许其通过网络申领发票。纳税人首先在发票管理系统中进行发票验旧，然后提交发票领用申请，税务机关在发票管理系统中审核纳税人的发票领用申请，审核通过后，通过物流将纸质发票邮寄给纳税人，纳税人收到纸质发票后到发票管理系统中进行确认，整个过程实现足不出户。第二，积极试点稳妥推进电子发票的应用。第三，运用互联网络技术设立网络约谈室。例如，纳税评估进入"约谈"流程后，可以采取视频聊天的形式，在设立的约谈室中与纳税人进行约谈，这样可以突破空间的限制，为纳税人提供更便捷的服务。

（三）加强网上办税服务平台建设

加强网上办税服务平台的思路有：第一，扩展网上办税服务的范围，尽可能使纳税人需要办理的所有事项都能在网上操作，如预约、提交申请、递交材料、备案、代开发票、结算税款、查询结果、文书送达、通知发布、反馈意见等，并且保证流程的可视性，把非接触式纳税服务的宗旨真正体现出来，实现业务全覆盖。第二，推广24小时服务的自助终端机，并优化自助办税终端功能，这样纳税人无论何时都能就近自助办理业务，减轻了实体服务大厅窗口的压力。第三，充分利用智能手机的应用服务，研发面向纳税服务的APP，在官方微信、微博、QQ群、公众号、支付宝等平台进行纳税服务的推广，将纳税服务向纳税人的生活全方位地渗透，体现出纳税服务的及时性和灵活性。

（四）提供差异化纳税服务

税务机关通过纳税评估识别纳税人，赋予纳税人不同的信用级别。针对不同信用级别的纳税人提供有针对性的智能化、差异化纳税服务。对重点企业,对面临并购、搬迁或清算等特殊业务、特殊生命周期的纳税人,及时了解它们的需求,收集它们的涉税信息,建立档案,对纳税人进行纳税辅导,推送影响其切身利益的税收优惠政策,提示其涉税风险,帮助它们解决疑难涉税问题。

(五) 强化涉税信息安全风险防范

"互联网 + 纳税服务"的发展既是机遇也是挑战,一方面对于纳税服务的现代化有相当大的促进作用,另一方面给信息资料的安全性带来了风险。纳税人的商业机密必须得到保护,因此需要税务机关对纳税人信息的收集、保管、传递等一系列的流程制定安全的保障措施,对突发事件的反应和处理提供应急预案。

参考文献:

[1]鲁钰锋."互联网 + 税务"的行动创新[J].中国税务,2015(8):31 – 33.

[2]林绍君."互联网 +"背景下的纳税服务模式研究[J].税收经济研究,2015(3):31 – 36.

[3]韩彬.信息化条件下纳税服务体系建设研究[D].武汉:华中师范大学,2014.

[4]胡立升."互联网 +"对税收工作的挑战与对策[J].中国税务,2015(8):22 – 24.

[5]夏勇胜."互联网 +"时代的税收治理现代化[J].中国税务,2015(8):42.

知识产权质押估值风险影响因素研究

尹夏楠

摘　要： 知识产权质押融资能够有效解决中小型科技企业的融资难题，知识产权质押估值风险是阻碍知识产权质押业务推进的瓶颈。本文在阐述知识产权质押估值风险种类的基础上，分别从评估主体、评估客体和估值方法三个维度揭示影响知识产权质押估值风险的因素，指出评估人员的综合素质、评估方法的选择、知识产权的权属以及科技的进步均对质押估值风险提出挑战，最后针对风险的影响因素提出了相应的建议。

关键词： 知识产权；质押价值；估值风险

随着社会的不断进步与发展，中小型科技企业融资难已经成为制约其发展的主要瓶颈。科技企业是推动社会经济转型的主力军。为了进一步实施创新发展战略，实现知识产权强国，国务院印发《关于新形势下加快知识产权强国建设的若干意见》。为缓解中小型科技企业的资金困境，激活企业知识产权，提高资产的利用率，知识产权质押融资将成为企业解决资金困难的重要渠道。但鉴于知识产权质押价值估值的复杂性和困难性，揭示知识产权质押估值风险影响因素的问题亟待解决。

一、知识产权质押估值风险种类

（一）价值的估值种类选择风险

知识产权价值估值的种类有很多种，依据不同的环境、不同的目的应选择不同的价值估值类型。知识产权质押价值估值一般分为市场价值和清算价值两种。贷款的多少取决于质押知识产权的价值和贷款比率，因此，中介机构的估值结果直接影响企业的融资额，中介机构必须协调好银行等金融机构和企业之间的关系。企业希望中介机构采用市场公允价值，因为这样就可以得到比较多的质押贷款资金。而银行更希望中介机构采用清算价值，作为质押贷款资金的提供方，采用清算价值则银行的风险基本将降为零，一旦企业无力偿还贷款导致破产也不会影响银行等金融机构的质押贷款收回。因此，对评估主体而言，这是一个需要仔细权衡的问题。

（二）知识产权价值变动风险

知识产权不同于实物资产，知识产权自身存在时间性、无形性、地域性等特性，加之经济环境的变化、市场的竞争程度、企业的经营状况，甚至产品的生命周期等各种复杂的因素均会对其经济价值产生影响，使得知识产权的经济价值波动性大，难以衡量，增加了知识产权价值变动的风险。

（三）法律权属风险

法律风险主要是指企业在知识产权质押融资过程中出现的由于法律缺漏，导致企业并未按照我国相关法律规定来进行操作产生的风险。一般情况下，相关法律会对知识产权所有者登记注册过的知识产权，从保护的时长年限、保护地域范围，以及收益方式、制度等方面加以保护，但是知识产权的日益多样化和细分化，使人为制定的规定不可能面面俱到，有可能产生权属争议等风险。知识产权权属不明晰直接导致被评估知识产权的界定范围，从而影响知识产权价值的估值。

二、影响因素分析

知识产权不像有形资产那样拥有固定的价值，它的价值必须通过一系列评估手段才能确定。知识产权是伴随着研发者的智慧产生的一种无形资产，因此它的价值评估的弹性很大，不同的评估方法、不同的评估人等因素都会导致评估结果不同。

（一）评估主体

最近几年知识产权中介市场比较火爆，知识产权中介机构像雨后春笋般大量冒出，对评估人员的需求量也大范围增加。一些评估机构为了招募更多的知识产权评估人员，往往会降低审核标准，导致评估机构良莠不齐，评估师整体素质下降。而知识产权的质押价值估值又对评估人员的自身素质要求很高，不仅要求评估人员有过硬的技术水平，还要求他们有极强的责任心。在当前评估事务所竞争激烈的情况下，有些评估人员责任意识差，道德素质过于低下，对待评估工作马虎大意，这也是知识产权价值估值中的一个很大的问题。有些评估机构为了得到业务，不断压低评估费用，甚至迎合评估客户的某些需求，导致最后的评估结果虚高或者较低，从而影响评估结果的正确性。

（二）评估客体

1. 知识产权自身法律因素

由于目前我国知识产权纠纷案件不断增多，国家对知识产权法进行了修改，使其不断具体化和种类化，从而使得我国在法律概念上的知识产权的种类也不断细分化。各种不同法律类型的知识产权在法律上的规定都不太一样，受到法律保护的范围也有所不同，申请知识产权专利的审批条件也不尽相同，从而引发了一些如知识产权保护的期限或者续展或者能否按时批准等问题。这些都会对知识产权的质押价值估值带来影响。

2. 知识产权自身寿命因素

初期的知识产权需投入大量的人力物力，不确定因素太多，因此，这个阶段对知识产权的质押价值估值影响比较大。发展阶段的知识产权有很好的前景，但是由于没有成熟，还需要继续投入人力物力，会给知识产权的质押价值估值带来一定的风险。成熟阶段的知识产权一般都有很稳定的市场收益，对其质押价值估值影响小。处于淘汰阶段的知识产权的价值会随着时间的推移越来越小，对其估值要考虑这个影响因素。

3. 知识产权自身技术因素

和别的技术一样，突破性的知识产权一般都会带来整个行业技术或者整个生产格局的大变动，会对市场带来深远的影响，为企业带来的利益也会十分丰厚，所以突破性的知识产权的质押估值价值会较高；相反，知识产权的可替代性越高，就显得该知识产权并不是很重要，所以其质押估值的价值就会越低。随着技术的发展，知识产权的技术风险会加大，其质押估值价值的风险也会增加。

（三）估值方法

估值方法的选择是知识产权质押价值估值最关键的一个因素，甚至可以说就是它直接决定了知识产权的质押价值是多少。因此，对估值方法的选择尤为重要，不一样的估值环境要选择不一样的估值方法。现阶段我国对知识产权价值评估的主要方法有成本法、市场法和收益法三种。三种方法适用的条件和范围不相同。注册资产评估师如果为了达到某种个人目的，没有站在科学、客观的立场上选择评估方法，则价值评估的结果可能相去甚远。

三、建议

（一）提高评估人员的综合素质

知识产权评估机构要提高独立性，做到客观公正，首先需要提高评估人员的综合素质。评估机构的注册资产评估师应储备相关专业知识，提高职业胜任能力，严格遵守职业规范。广泛招聘或培养具备各行各业专业背景的资产评估师，提高涉及不同行业不同领域的知识产权价值的评估水平。政府也该牵头多建立一些知识产权评估的学术交流平台，加大社会培训机构的建设力度，这样一些传统的资产评估师可以有很好的条件学习、转型，以适应知识产权质押价值估值的市场需求。

（二）科学选择价值的估值方法

不同的环境和评估目的应该采用不同的估值方法。成本法、市场法和收益法都有各自适用的环境和条件，评估师要根据知识产权评估及其过程进行分析，在资产评估过程中让客户了解相关知识，选择最佳的评估方法，唯有如此才能有效避免评估的随意性。

（三）明确知识产权的权属

加强知识产权相关的立法，制定和完善保护知识产权的基本战略、政策及指导方针。为了对知识产权加以保护和利用，企业需要在制度建设过程中确保及时申请新技术，同时做到严格保密；在知识产权利用和保护方面，企业应就具体业务、员工权限等制定不同的细则。明确知识产权的权属，划清知识产权的界定范围，以保证知识产权质押价值估值的准确性。

（四）强化行业监管

相关主管机构以及评估行业协会等自律性组织应加强监管，制定对评估机构的规范，严格监督规范的执行情况，并加大对违规的处罚力度。一些违规操作虽然没有触犯法律，但却有违职业道德，会影响评估结果的真实性，可以就此对评估师的资质实行扣分制，根据违规操作的影响和后果对其进行扣分，分扣完可以取消其职业资质，这样就会对一些有违规操作想法的评估师形成一种威慑，规范其行为。

参考文献:

[1]陈莹,宋跃晋. 知识产权质押融资的价值评估风险控制[J]. 区域金融研究,2012(7):85－88.

[2]程永文,姚王信. 有限理性视角下知识产权质押贷款风险形成、评估与检验[J]. 科技进步与对策,2015(13):139－144.

[3]万骞. 企业知识产权质押融资风险及防范[J]. 财经界(学术版),2013(32):124－126.

基于大数据的科技型中小企业知识产权质押融资风险预警

霍欢欢

摘　要： 近年来，知识产权质押融资风险已经成为制约融资业务发展的瓶颈，探讨和研究融资过程中面临的风险因素和形成机理，对可能发生的融资风险及时进行预警就显得极为重要。大数据技术的产生，为获取全面、客观的信息提供了渠道，因此，本文以互联网上相关在线信息为基础，通过数据清洗和文本情绪倾向计算，得到语义单位频次，然后再结合财务指标，建立了引入大数据的知识产权质押融资风险预警模型，旨在为科技型中小企业进行知识产权质押融资的风险预警提供一种有效的方法。

关键字： 大数据；知识产权质押融资；风险预警；中小企业

一、知识产权质押融资现状

（一）知识产权质押融资发展现状

知识产权是科技型中小企业的核心资源，以知识产权作为质押对象向银行申请贷款是我国金融服务体系与科技完美的融合，其不仅发挥了知识产权资源属性的作用，解决了中小企业融资难的困境，而且鼓励科技型企业加强创新，从而进一步推进了企业的常态化和可持续性发展。

我国的知识产权质押融资起步较晚且发展缓慢，一直到 2008 年国家知识产权局在全国开展知识产权质押融资试点后，知识产权质押融资业务才取得显著成效。2012—2014 年，我国内地专利权质押融资金额分别为 141 亿、254 亿、489 亿元人民币，融资金额年均增长 86%，分别惠及 737 家、1 146 家、1 850 家中小微企业。至 2015 年，全国新增专利权质押金额 560 亿元，惠及两千余家企业，从中可以看出我国知识产权质押融资事业的发展成效显著（表1）。但是与我国知识产权申请授权数量的增长趋势相比，融资业务的数量占比不大，提供的资金数量也远不能满足市场中中小企业的资金需求。

表1 2008—2015 年我国专利权的授权和质押情况

项目年份	2008	2009	2010	2011	2012	2013	2014	2015
专利申请授权的数量（万件）	41.2	58.2	81.5	96.1	125.5	131.3	130.3	171.79
专利质押登记的数量（件）	223	670	1 076	1 953	3 399	—	—	—
专利质押融资金额（亿）	13.84	74.59	70.66	90	141	254	489	560

资料来源：国家知识产权局。

知识产权质押融资是金融机构扩大资金供给，满足中小企业资金需求的创新服务手段，如何推进融资业务的发展是当下迫切需要考虑的问题。知识产权自身属性的不确定、融资业务的参与主体众多、法律制度的不健全等不确定因素都导致金融机构产生"惜贷"的心理。因此，有必要对知识产权质押融资面临的风险进行及时、有效的预警。互联网的发展让网络这种自由、灵活、开放的沟通方式受到广泛欢迎，网民通过互联网进行信息的共享，增加了信息的对称性和公平性。因此，对网络中潜藏着的丰富的信息数据进行挖掘和分析，能够最大限度地减少信息的收集成本，而且不降低信息的可靠性，能够实时对融资各方情况进行监控，减少信息的不对称带来的参与方风险。

（二） 知识产权质押融资风险预警研究现状

知识产权质押融资在实际中的重要性以及风险在操作过程中的影响越来越明显引起了学术界关于知识产权质押融资风险评价与预警的广泛关注。杨建平（2008）针对知识产权质押融资数据少的现状，建立了基于模糊层次法的质押融资风险预警模型，并为保证决策的准确性，在专家的选择过程中，采用 Delphi 法调查得到的主观概率数据构成模糊评价矩阵。周文光（2009）认为，风险预警就是由预警部门对搜集到的信息按照一定的预警标准进行分析，对分析结果采取相应的措施。鲍静海（2010）等针对我国知识产权质押融资发展现状，提出设立知识产权质押融资风险补偿基金、建立知识产权质押融资政策性保险机构、充分发挥第三方担保机构的作用、引入专业的中介机构等分散知识产权质押融资风险的措施。章洁倩（2012）从商业银行的角度分析评价知识产权质押融资的风险，构建了知识产权质押融资风险评价指标体系。鲍新中（2016）也从银行的视角，采用区间数多属性决策方法对金融机构在知识产权质押融资过程中面临的风险进行了评价。尹夏楠（2016）对知识产权质押融资的影响因素进行分析，构建了风险评价的指标体系，并基于 VIKOR 方法提出了风险评价的模型。

在已有的关于知识产权质押融资风险评价和预警的研究中，只有少量文章针对不同参与方所承担风险建立风险评价模型，然而，在知识产权质押融资业务中，不同主体面临的风险源是不同的，即使面临同样的风险因素，在融资过程中由于对不同参与主体作用程度不同结果也各不相同。而且，由于受到知识产权质押融资数据缺乏的限制，大部分文章采用模糊综合分析法展开风险评价工作，但是在指标体系的选取、权重的确定过程中依然存在很多主观的判断。利用从互联网"爬取"得到的大数据进行风险预警研究，选取的是全部数据而不是样本，避免了研究者主观判断带来的风险，同时这些数据是人机互动时无意识的足迹，人为的干预性较小，数据客观。

二、大数据知识产权质押融资风险数据处理机制

（一）大数据知识产权质押融资风险数据处理原理

网络社会中，网民会在融资业务过程中与融资业务产生各种各样的角色关系，一项融资业务的提出和实际操作产生的相关信息都会刺激相关者做出各种各样的情绪反应，这种情绪会映射到网络中，而网络会将这些信息留存下来，这些信息就构成大数据的知识产权质押融资风险预警数据处理机制的基础。利用"网络爬虫"从互联网信息中"爬取"与质押融资相关的数据，有可能包括研究者之前尚未认识到的危机因素，而且网络大数据的挖掘比以往通过公司的信息公告、问卷调查、访谈等方式获得的信息更加全面和客观，并且网络信息由于来源群体广泛，不会因为人为的操作影响到信息的真实性。

利用大数据挖掘技术从网络中获取与知识产权质押融资业务相关的社会参与者的情绪，分析其对融资业务风险影响的关键就是对文本进行情感分析。文本情感分析也称"观点挖掘""观点分析""主观分析"等，分析的目标是挖掘文本内容所具有的情感倾向性以及表达的观点。文本情感分类就是不再仅对文本进行情感倾向性的分析，而是对有情感倾向性的文本按细粒度进行分类。目前，文本的情感分类主要有基于语义的研究方法和基于机器的学习方法两种。由于中文在不同的语境下会产生不同的含义，基于语义的研究方法一般就是利用词语相似度计算词语与褒义和贬义基准词的距离而得到词语的情感值，从而实现文本的情感分类。基于机器的学习方法就是根据已知的数据特征建模，利用该模型处理未知的数据。大数据的知识产权质押融资风险预警文本数据处理机制如图 1 所示。

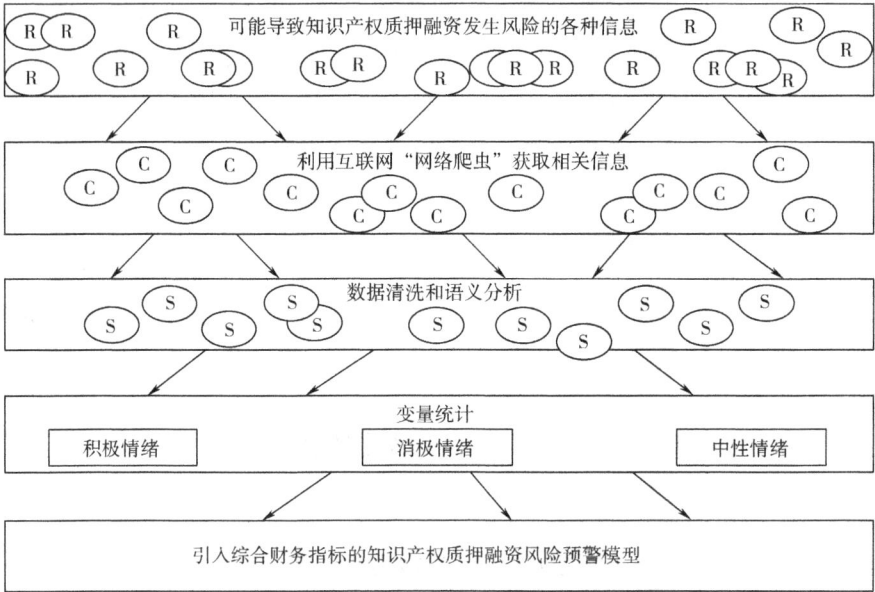

图1　大数据知识产权质押融资风险预警文本数据处理机制

（二）大数据知识产权质押融资风险数据处理流程

大数据的研究机构高德纳（Gartner）对大数据给出了这样的定义："大数据"是需要新处理模式才能具有更强的决策力、洞察发现力和流程优化能力来适应海量、高增长率和多样化的信息资产。可以看出，大数据是信息时代的一种资产，但是需要处理模式的作用才能发挥该资产的作用。

文本大数据处理模式的具体工作流程如图2所示。

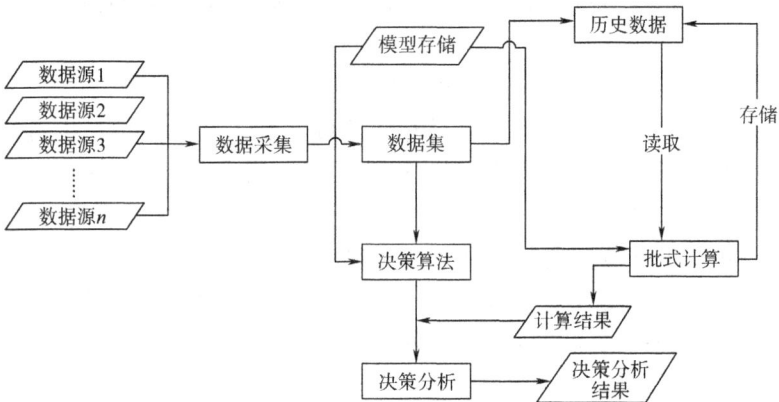

图2　文本大数据挖掘流程图

从图 2 可以看出，本文通过以下几个步骤进行文本大数据处理研究：

（1）数据的预处理。批式计算是对融资企业的财务指标的历史数据进行计算，并将计算结果再次存储进历史数据库。

（2）数据的"爬取"和存储。利用"网络爬虫"，对与知识产权质押融资相关的信息进行"爬取"，通过数据清洗，按照相关度对数据进行过滤，并将筛选结果得到的数据存储到大数据存储系统。

（3）数据的分析和挖掘。将存储的财务指标以及"爬取"到的相关数据利用模型库中的模型以及文本数据的算法进行处理，并且根据处理的结果进行决策分析，作为结论的依据。

三、基于大数据的知识产权质押融资风险预警模型的构建

在大数据的知识产权质押融资风险预警模式中，并非不包含传统预警方法中的财务指标，而是在财务指标模型的基础上加入了来源于互联网的非财务信息。网民会因为在社会中担任的角色不同对融资业务做出反应，这些反应涵盖了诸如融资企业对融资业务的需求和满意度、金融机构对质押物的态度、技术市场环境、政策导向等信息。所有这些信息通过互联网的映射和交互，形成了对知识产权质押融资业务风险预警的信息来源。本文就是在财务指标和互联网数据的基础上构建了基于大数据的知识产权质押融资风险预警模型，如图 3 所示。

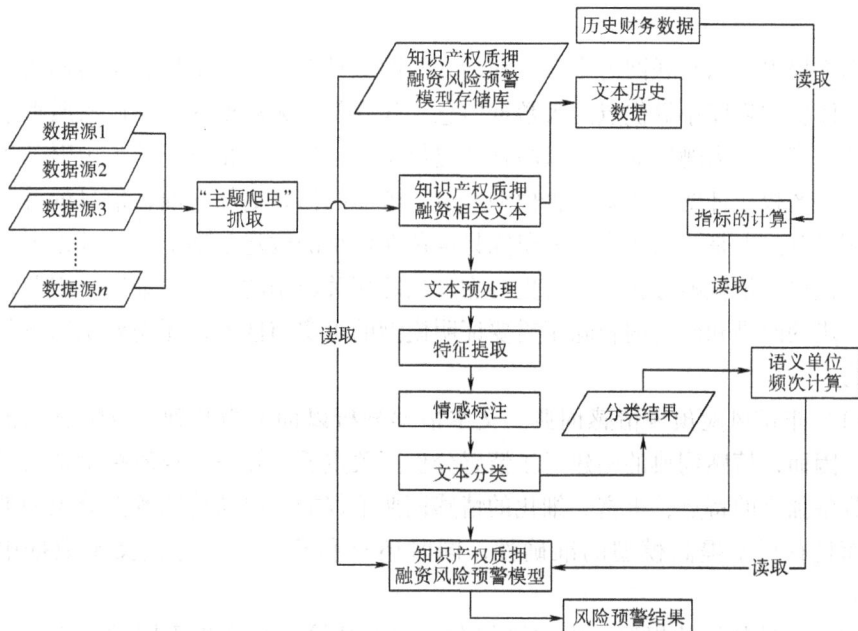

图 3　基于大数据的知识产权质押融资风险预警模型图

要发挥图 3 的基于大数据的知识产权质押融资风险预警模型的作用，需要采取以下三个步骤：

（1）大数据采集。确定文本对象来源的领域，列出需要采集的信息的相关文本的重要术语，然后利用"主题爬虫"对网络中相关的网页进行"爬行"，获取网络数据文本，将获取的相关评论文本存储，形成数据基础。

（2）文本情绪化分类。从已获取的相关文本集中挖掘出社会不同角色的情绪，分析其对融资风险的影响。通俗地说文本的分类就是对已经挖掘得到的 n 维空间中的文本数据点，用 $n-1$ 个平面分开，而文本情绪的分类也就是将这些文本划分为消极情绪、积极情绪和中性情绪。目前学者们已经发现多种工具能够符合线性分类的要求。支持向量机（SVM）于 1995 年由瓦普尼克等（Vapnik & Corinna Cortes）学者提出，其规避了人工神经网络以及分类器分类达到局部最优化的缺点，使两个不同文本情绪点间隔达到最大，相比其他方法具有很大的优势。因此，知识产权质押融资风险预警相关大数据文本的情绪分类可以采用支持向量机的方法。

（3）知识产权质押融资模型的构建。在传统基于财务指标的知识产权质押融资风险预警的模式上，加入大数据的文本情绪分类结果数据，共同构成基于大数据的知识产权质押融资风险预警模型。

四、结论和展望

本文提出了以互联网为中介，利用互联网上具有覆盖范围广、不易修改、受特殊个体影响程度小等优点的大数据信息，建立基于大数据的知识产权质押融资风险预警模型，为融资业务的风险预警提供了方向指导。相对于单纯由财务指标构建知识产权质押融资风险预警模型来说，考虑的信息更加全面，信息的可信度也有所提升。但是，由于本文的研究只停留在模型的构建基础上，从理论上认为该模型比单纯依赖财务指标预警更可靠，缺乏相关数据的评测和证明。因此，本文下一步的改进和研究内容除了需要证明模型的可实施性外，还需要从以下几方面努力：

（1）丰富风险预警情感词典。文本情感分析以词汇为基础，以情感词汇为特征，因而，情感词典的构建对于情感分析至关重要。知识产权质押融资的风险预警具备独有的特点，丰富、细化的情感词典不仅能够提高情感倾向分类的准确性，而且有利于提高模型的准确性，同时还有利于进一步挖掘文本数据中的信息。

（2）情感特征的提取。中文语句在不同的情境下会产生不同的含义，比如

"虽然这项技术很好，但是不具有实用性"。这句话中"技术很好"这个词是可以忽略的，后面"不具有实用性"才是实际表达的意思，即文本的情感倾向。因此，有必要对语句进行情感特征的提取，提高分类的准确度。

（3）本文在对已有技术进行对比分析的基础上选取了恰当的文本情绪分类的方法，但是知识产权的风险预警的文本数据无论是文本的特点还是技术的使用都可能具备独有的特征，因此，有必要针对其特点，在现有技术的基础上进一步完善。

参考文献：

[1]杨建平.科技型企业知识产权质押融资问题研究[D].天津:天津工业大学,2008.

[2]周文光,黄瑞华.企业自主创新中知识创造不同阶段的知识产权风险分析[J].科学学研究,2009(6):955-960.

[3]鲍静海,孟书霞.关于进一步拓展知识产权质押融资范围的探讨[J].内蒙古金融研究,2010(12):24-27.

[4]章洁倩.知识产权质押融资风险评价指标体系构建[J].国际会议,2012(3):2963-2966.

[5]鲍新中,董玉环.知识产权质押融资风险评价研究:基于银行视角[J].南京审计学院学报,2016(2):48-56.

[6]尹夏楠,鲍新中,朱莲美.基于融资主体视角的知识产权质押融资风险评价研究[J].科技管理研究,2016(12):125-129.

[7]陈志勇.股票预测中的文本大数据挖掘研究[D].西安:西北大学,2015.

[8]郝腾达.中文微傅情绪分析技术研究[D].杭州:浙江工商大学,2014.

[9]宋彪,朱建明,李煦.基于大数据的企业财务预警研究[J].中央财经大学学报,2015(6):55-64.

低碳视角下我国中小企业环境会计的研究

李斯亚　张艳秋

摘　要：近几年来，环境问题越来越受到人们的关注，环境会计应运而生。中小企业在我国市场经济环境下担当着特别的角色，但它们受自身条件限制，忽略对环境的保护和能源的开发，缺乏对社会环境的责任心，因而尽可能地减少环境支出方面的成本。环境会计信息披露制度的实施缺乏公众的普遍参与。企业自身对环境信息披露不负责任，影响到信息使用者做出正确的决策。基于低碳经济的环境会计才刚刚起步，对这方面的研究还不成熟。本文在低碳视角下分析我国中小企业环境会计存在的问题，并给出了相应的解决对策。

关键词：中小型企业；低碳；环境会计

一、引言

在新经济形势下，生态问题日益严峻，人们也越来越重视生态保护。生态环境下，可持续发展观已经为国内外所接受，各国政府相继制定和实施可持续发展战略、环境保护法律、严格的环境规制和产品环境标准。通过利用各国之间的政治外交方式，国际气候制度将为世界各国所遵守，从而让各个国家制定政策和制度，将二氧化碳等气体的排放转化为消费者以及各中小企业的成本。

2009年9月，温家宝在联合国气候变化峰会上做出承诺并提出更加严格的要求，即到2020年我国的二氧化碳排放量较之2005年要减少40%~45%。2017年政府工作报告中指出：坚决打好蓝天保卫战。全面推进污染源治理；开展重点行业污染治理专项行动；对所有重点工业污染源，实行24小时在线监控；明确排放不达标企业最后达标时限，到期不达标的坚决依法关停。因此，低碳经济视角下的环境会计是社会经济发展的需要，大力发展低碳经济正是社会发展的趋势，很具有研究价值。在我国，很多中小企业并没有掌握先进技术，在生产过程中根本没有能力对能源的潜力进行深度挖掘最终导致能源的巨大浪费，随之而来的必然是环境污染。因此，在发展低碳经济的大环境下，中小企业的发展前景不容乐观，研究低碳视角下中小企业环境会计问题显得尤为重要。

二、文献述评

（一）低碳背景下我国中小企业的发展

金乐琴（2009）提出，低碳经济与可持续发展以及能源节约等社会理念有着非常紧密的联系，与循环经济以及节能减排也是密不可分的。目前各国纷纷通过制定各种低碳产业政策和技术政策促进中小企业的发展，以及通过开发新能源、利用可再生能源，提高能源利用效率，扶持中小企业发展低碳经济。吴昌华（2009）提出，低碳经济的发展，能够加快产业结构升级，使能源结构产生调整，刺激关于低碳经济的科技和技术进步以及制度创新，同时明确中小企业在低碳化发展中应承担的社会责任。孟德凯（2007）、付允等（2008）提出，低碳经济是改变原有的粗放的经济发展方式，采用碳中和技术，实现三低三高的发展目标，其中三低代表低污染、低能耗、低排放，三高代表高效能、高效率、高效益。所以，我国中小企业不应该再走传统的发展路线，应减少对化石燃料等常规能源的依赖，建立有机的生态发展模式。鲍健强、苗阳、陈锋（2008）认为，我国应该支持环保产业，提高高碳产业的入门标准，实现能源的循环利用，走新型工业化道路，激励中小企业低碳化生产，少碳甚至零碳排放，促进中小企业转型升级和技术创新，通过建立碳交易制度促进节能降耗，进而建立清洁发展模式，形成社会动力机制。

（二）低碳视角下企业环境会计发展

2008 年，斯图尔特·琼斯（Stewart Jones）教授率先提出了碳会计的概念，他将与碳排放交易及鉴证等的会计问题称为"碳排放与碳固会计"，即"低碳会计"，并提出构建碳会计规范的两种主要思路：一是在《京都议定书》框架下，所有机构或组织将产生于碳汇的碳信用的会计规范与 IPCC 的原则相协调；二是在温室气体协定书内分别计量和报告碳排放的相关会计问题。对于低碳经济碳会计体系的构建，周志芳、肖序（2009）在《低碳经济视角下企业碳会计体系构建研究》中探讨了在低碳经济下企业碳会计的确认与计量、会计处理、会计信息披露等问题，并且提出企业从用碳量的核算到管理再到审计的会计处理框架，碳会计作为环境会计的一个分支，在低碳经济的环境下有着重要的意义。对于低碳经济环境会计的研究，莫筠（2010）在《低碳经济时代实施环境会计的探讨》中提出，环境会计是推进低碳经济发展的重要方面，日益受到世界各界的关注，并且提出在低碳经济的视角下研究环境会计的重要意义。

（三）简评

综上所述，现有研究主要针对低碳下中小企业经济发展或低碳下企业环境会计。关于中小企业发展低碳经济的分析评价的文献都是零零散散的，而且角度多集中于企业改进低碳技术方面。在文献检索中发现，大部分研究都以大型企业环境会计为研究对象，很少从环境会计的方面对中小企业进行研究与调查。因此，本文从低碳视角对中小企业环境会计进行分析。

三、低碳经济下我国中小企业及中小企业环境会计的现状

我国中小企业在成长的历程中，基本就是以破坏环境为代价换取企业的发展，生产方式以传统为主，没有达到集约化的程度。由于我国各种资源如水、土地、大气、矿产等日益减少，未来发展中必将面临能源不足的困难，而作为能源利用大户的中小企业，仍然对环境存在威胁性。从上面的分析可以看出，随着国际环境规制越来越严格，对产品环境质量的要求越来越苛刻，以牺牲环境为代价，不顾对社会造成的负外部性的中小企业的发展难以为继，其生存与发展面临生态环境的严峻挑战。虽然中小企业作为碳排放的主体，在实现低碳发展中承担着重要的责任，然而国家从来都是以大型企业为重心，从各个方面对它们大开方便之门。与大企业相比，中小企业更多是自己发展起来的，由于资金、人才、技术力量有限，往往既不能购买足够的机器设备，也没有能力购买先进的机器设备来改进生产作业。同时，我国多数中小企业都存在资源没有充分利用、技术创新能力较弱、产品附加值低等缺陷，所以在低碳背景下中小企业的劣势地位不但没有转换，而且将会有很多中小企业在新一轮的竞争中被淘汰。

众所周知，发展低碳经济已经成为一种趋势，它将会像蒸汽机、电子计算机一样，成为人类历史上又一次产业革命，引领人类社会进入下一个技术经济时代。企业是存在于社会系统之中的经济细胞，不可能离开社会环境而孤立生存和发展。企业既是经济实体又是市场主体，如果不能够适应政策变化、经济环境变化和社会环境变化，就不可能生存，更不用说发展了。因此面对生态环境的挑战，中小企业必须转变发展方式，尤其是那些高能耗高污染的企业，必须淘汰落后产能完成产业升级。这个挑战要求中小企业转变经济发展方式，实施可持续发展战略，走循环经济发展模式，确立生态道德和环境责任，建设生态型企业，自觉采用节能技术、资源节约技术和清洁生产技术，生产环境保护产品，不断满足消费者对环保的需求。

然而，我国环境会计的研究尚处于起步阶段，现阶段中小企业环境会计信息

的披露也只限于一些简单的与环境保护相关的会计信息。环境会计信息披露的完善，需要更多、更深的环境保护方面的知识的协助，环境保护相关指标在一定程度上是对企业环境保护工作的判定和评价，它们的应用将会逐渐完善中小企业的环境会计信息的披露，并能够将环境保护和会计结合得更加完美，使得环境会计发展得更好。为了实现可持续发展，企业需要与环境相协调，因此企业环境信息便成为一种重要的信息资源。中小企业应积极履行保护环境的社会责任，重视并改进环境保护工作，规范企业环境信息披露行为。

（一）环境会计披露方面

我国环境会计信息披露的法律法规十分匮乏，而且环境会计确认计量的内容也并不完善，造成我国现有的环境会计的披露体系十分落后。我国在 1989 年颁布《中华人民共和国环境保护法》以来，先后颁布了多部有关环境的法律法规，但仅仅是在一些条款的内容上略微提及相关环境信息披露的问题。随着环境问题越来越突出，公众对于环境问题越发重视，环境信息的披露问题也逐渐浮出水面。而后颁布的《关于企业环境信息公开的公告》《关于进一步做好创建国家环境友好企业工作的通知》《关于加强上市公司环境保护监督管理工作的指导意见》等一系列文件，都为环境会计信息的披露打下了基础，并且做了积极有效的探索。2008 年 5 月 1 日开始施行的《环境信息公开办法（试行）》是迄今我国对企业环境信息披露最为明确和直接的规定，指出企业环境信息是企业以一定形式记录、保存的，与企业经营活动产生的环境影响和企业环境行为有关的信息。《环境信息公开办法（试行）》的实施，标志着我国环境信息披露将会在法律法规的控制下更快地发展起来。其明确了环境信息披露的办法、披露的内容及奖惩措施等，使得我国环境信息的披露变得有法可依。但是，我国现有的会计制度对环境会计信息披露的内容还没有明确的规定，仅仅在一些现有会计准则中有所提及。环境会计的披露在法规上还处于迷茫的状态。但值得高兴的是，环境会计信息的披露在近些年得到了各个企业的重视。环境会计披露内容的规范性虽然还比较差，但是各个企业已经开始对环境会计的信息进行全面的披露，并且对披露的原则也在积极地探索之中。需要说明的是，近些年来，低碳经济成为企业主要的发展方向，企业要想谋求长远的发展，就必须积极发展低碳经济。环境会计的研究也主要开始向低碳领域靠近，环境会计的信息披露不能忽略低碳的内容。

（二）低碳经济视角下我国环境会计确认存在问题

1. 环境资产确认方面

环境资产的确认存在以下问题：①未包括与使用者相关的内容。②计量未具有可靠性，环境资产不同于一般意义上的资产，环境资产并不是都能做到可靠计量。③未联系低碳经济内容。低碳经济迅速发展，已经成为现代经济发展的主要趋势，是环境会计的重要组成部分。发展低碳经济不仅关系到企业的经济效益，更加关系到我们的生存环境。环境资产的确认，要与发展低碳经济密切联系起来，而在我国环境会计要素的确认中几乎没有关系到这方面的内容。碳排放权的确认也存在特殊性，并没有统一的确认标准。所以，在环境会计要素的确认中，应该强调这方面的内容。

2. 环境费用方面

环境费用的确认首先要符合理论上的确认标准，上述确认标准正是环境费用的基本理论确认标准，就是要符合可定义性、可计量性、相关性和可靠性。但是，我国还需要全面的、具体的、准确的规范环境费用确认的内容，使得核算体系的内容不存在偏差。环境会计的费用确认需要注意其法规性的确认标准。所谓的法规性确认标准，就是环境的污染量在法律法规规定的范围之内所缴纳的费用可以确认为环境成本，在其法律法规规定的范围之外所缴纳的费用就确认为环境期间费用的内容。例如，一般情况而言，每个企业都应该根据企业的规模和性质有一个相应的碳污染物排放量的标准，这是由政府有关部门制定的。在这个标准之内，企业需要交纳一定的费用来购买这个排污权，这部分费用就应该计入环境成本的核算范围之内。如果企业的碳排放量超过这个标准，企业就会根据排放量支付一大笔罚金，这笔罚金应远大于企业购买相应排放量的金额。这笔罚金应该分两部分分析，购买碳排污权的部分应该确认为环境成本，罚金部分为环境期间费用。

（三）我国中小企业的环境责任的道德理念差

我国中小企业的环境责任的道德理念差，对环境信息公开化程度中的重要作用缺乏认识；环境会计人员整体素质不高，我国从事环境会计研究的专业学者很匮乏，而且他们很少对环境会计知识进行系统的学习，这使得企业环境会计的发展举步维艰。环境会计的重要性未被企业管理者认识到，究其原因是传统经济增长方式造成低碳理念尚未深入人心。我国企业的环境会计人员基本只是会传统会计核算，对环境会计的学习和相关技能掌握没有取得突破性的进展。在我国高等教育中，与环境会计相关的知识基本都是传统会计理论课的附加内容，没有专门的为环境会计设立的专业。这些都使当前我国企业环境会计人员整体素质不高。

四、意见建议

（一）构建环境会计体系，加强理论和实务研究

我们应在低碳经济的视角下对环境会计体系进行构建，加强环境会计的理论与实务的研究。加强研究是促进环境会计核算体系发展的最根本的方法，虽然我们现在研究的是环境会计的核算体系，但是理论体系毕竟是一个根基，在环境会计核算体系中起到了相当大的作用。例如，不能忽视低碳经济的内容。随着低碳内容不断受到重视，中小企业环境会计的信息披露也应该考虑加进我国碳排污权的内容。中小企业对于低碳问题的处理情况，可以体现出中小企业的未来发展状况以及企业的综合竞争力。信息使用者可以通过此情况对企业有一个更加具体、全面的评价，它是环境会计信息披露的重要内容。

（二）加强我国低碳经济与环境会计的法律政府保证

低碳经济已经成为时代的主题，是国家能源安全与经济发展的新方向和新动力。目前我国发展低碳经济是从扶持与限制两个层面展开的。扶持即主要通过政策优惠、部门引导等方式鼓励企业发展节能减排、新能源等低碳技术，进行企业生产方式转型；限制则是通过强制淘汰落后产能企业，限制高能耗、高污染企业的方式。实践中两者存在一定的紧张关系，有时会出现冲突。实质上，发展低碳技术与淘汰高能耗往往只是一个问题的两个侧面，很难硬性地把两者孤立开，否则容易造成政策制定中的规范冲突和实践操作中的执法冲突，不利于真正有效践行低碳经济。所以，我们应该探索一条更能协调两者关系、更为可行的创新做法。

（三）借鉴国外经验，培养人才

我们应积极借鉴国外成熟的环境核算经验，组建我国环境会计专业机构和培养专业人才。环境会计是不同于传统财务会计的另一种会计核算模式。环境会计虽然借鉴了财务会计的一些内容，但是两者还是有所不同的。培养专业的环境会计人员会对企业环境会计的实施起到相当大的作用。环境会计信息披露也需要专业的环境会计机构的帮助。企业可以借助这些机构更好地了解环境会计的内容、实行方式，也可以借助机构的专业人才对本企业的环境会计如何实施进行合理的规划。专业的环境会计机构的设置会对我国环境会计的研究和更好地推行起到积极的作用。环境会计的专业机构也可与政府环境部门进行合作，在不同的方面保

障我们的生存环境。

参考文献：

[1]张凤元．低碳经济下环境会计信息披露问题研究[J].中国农业会计,2012(3).

[2]赵天野．我国中小企业环境会计现状及对策研究[J].中国市场,2013(33).

[3]李计坤．低碳经济背景下企业环境会计的现状与对策[J].财会研究,2011(12).

[4]彭莉．低碳经济背景下企业环境会计问题研究[J].科技向导,2013(23).

[5]姚素媛,张杰．低碳经济背景下如何推进环境会计[J].财务管理,2011(9).

基于云计算和 XBRL 来促进中小企业
会计信息化的研究

付　玉　傅宏宇

摘　要：对于中小企业而言，目前尚存在着对会计信息化的认识不足、缺乏人才、实施成本高的问题。基于云计算和 XBRL（可扩展商业报告语言）自身的工作模式，本文创新性地提出了将云计算与 XBRL 组合的会计信息化建设模式，即云计算服务商负责构建满足 XBRL 要求的信息系统，但是在建设过程中应关注信息的安全性等问题。本文为中小企业实现信息化提供了一种新的思路。

关键词：中小企业；云计算；XBRL；会计信息化

一、引言

"会计电算化"对于财会领域甚至其他领域都不是一个陌生的词汇，它是将以计算机为主的电子信息技术应用到会计中的简称。随着计算机和现代信息技术的飞速发展，会计信息需求日益增加，会计电算化的功能不断拓展和丰富，为此专家指出应将"会计电算化"改为"会计信息化"。

会计信息化是国家信息化的重要组成部分，是大势所趋。中小企业要完善财务管理，促进企业发展，需要充分利用会计信息化技术，在云计算的背景下，选择合适的云服务模式，并采用 XBRL 框架，提高会计信息化水平，促进企业会计工作职能转变，优化企业经营管理决策。

二、目前中小企业会计信息化存在的问题

（一）对会计信息化的专业认识不足

中小企业着重强调会计信息的核算职能，简单地把信息化与电算化等同，甚至认为会计信息化只是单纯地减轻了会计人员的工作，未能从战略高度认识到会计信息化对提高企业管理水平、提高工作效率、提升企业绩效和竞争力的重要作用，因此对会计信息化建设没有必要的规划和合理目标导向，进而导致企业信息

化水平整体不高。

（二）缺乏专业人才

中小企业受自身条件限制，各方面制度不太完善。会计信息化专业性较强，我国广大中小企业缺乏相应的专业人才来进行会计信息化的管理。随着高等教育的扩招，我国中低层的人才不断增多，高端人才却十分缺乏。会计行业的工作人员也不例外，缺乏能够真正推动会计信息化发展的高尖端人才。

（三）实施信息化的成本较高

广大中小企业本身资金储量较少，且融资渠道狭窄，获取资金的难度较大。企业引入信息化后，需要进行全周期的维护管理，并不断增加人力、物力、财力投入，成本高，因此企业更乐意将资金投入到见效快的生产经营活动中，选择成本低廉的电算化或手工处理方式。另外，在企业中也存在着一些人安于现状，出于自身利益不愿也不敢打破现有的利益格局，使得企业进行信息化变革面临很大的阻力，隐性成本较高。

三、云计算环境下的中小企业会计信息化建设的模式

云计算指的是依托互联网平台构建的超级计算模式，利用相应的技术工具，实现计算与网络资源规模化效应，从而能够将分布于其他设备上的资源与信息融合在一起工作。云计算由"端""管""云"三个层面组成："端"指用户的终端设备，如笔记本、台式机或手机等设备；"管"指信息传输的网络通道，主要指电信运营商提供的网络通道；"云"指提供资源和服务的基础设施中心、平台和应用服务器等。其工作原理是：当用户有数据处理、信息保存等需求时，通过"端"接入网络，向"云"提出需求；"云"接受请求后组织资源展开工作，再通过"管"为"端"传输服务。

云计算作为当前一项比较先进的技术，将云计算应用于中小企业会计信息化建设当中，能够有效降低成本、动态分配资源，推动财务信息共享、减少财务环节以及增强决策效益，提高企业的竞争力，为企业的长远发展做出巨大贡献。

在实际工作中，云计算要求中小企业对云计算服务商提供的服务和资源有所选择。从服务选择的角度看，云计算服务的模式可分为三类：软件即服务模式（SaaS）、平台即服务模式（PaaS）和基础设施即服务模式（IaaS）。

SaaS是基于互联网条件下提供财务软件服务的软件应用模式。在该模式下，云计算服务商负责软件前期运行的投入与实施及后期的管理与维护，中小企业只

需要通过互联网，根据自身的个性需求选择所需的软件服务，并根据所选择软件的数量和使用时间的长短按月或按年交付一定的服务费用，在使用的过程中企业可以使软件升级。这一模式的应用可以降低中小企业投资信息技术的风险和运行成本。

PaaS 是 SaaS 的延续，指云计算服务商一般不提供直接的服务功能，而是将开发的平台或服务器平台向企业出租的服务模式。中小企业通过云计算服务商提供的开发平台，根据自身的业务流程，开发出满足自身需求的会计信息化软件。该模式主要依靠系统开发人员，这些专业人员必须比较熟悉企业的管理流程和会计业务流程。PaaS 适用于对个性化要求比较高的中小企业。

IaaS 是云计算服务商将基础设施包括服务器、存储和网络硬件等基础计算机资源出租给用户的服务模式。用户只需要租用满足运算能力和储存能力的基础设施就可以获得包括处理、存储、网络和其他功能的基本计算资源，并能够部署和运行包括操作系统和应用程序的任意软件。中小企业使用此模式，主要是根据自身的情况和需要选择基础设施，主要包括操作系统和应用软件。

四、基于 XBRL 的中小企业会计信息化建设模式

XBRL（可扩展商业报告语言）是一种专门对相关财务信息进行标记的标准语言，是在 XML（可扩展标记语言，一种标记语言，计算机可以通过识别该标记，实现计算机之间的信息处理等工作）的基础上发展起来的。XBRL 主要由技术规格、分类标准、实例文档、样式单四个方面组成。它通过 XML 技术来实现财务数据交换领域的应用，使企业财务信息使用者能够快速准确地查找到自己所需信息，从而实现财务与计算机技术的高度融合。XBRL 使得财务信息被分解标记，用户通过指令，就可以实现财务信息的自动获取与整合。

中小企业在运用 XBRL 时，相关联的财务信息具有相似的识别标记，无论这些信息处于财务报告哪个部分，基于标签的计算机智能系统均能根据这些标记迅速定位该信息并获取这些信息。这样，当信息使用者需要的信息只是财务报告中的一部分信息时，就没有必要再接收全部的财务报告信息，从而满足信息使用者对财务信息的个性化需求。将 XBRL 应用于中小企业会计信息化的建设过程中，不仅可以提高中小企业报表编制效率，而且会提高会计信息的相关性。其建设模式如图 1 所示。

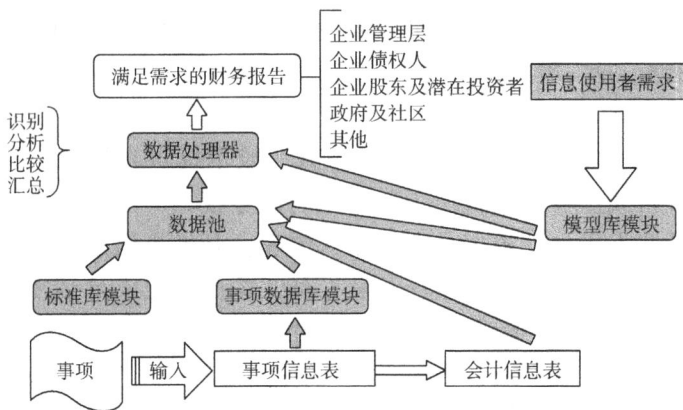

图1 基于 XBRL 的建设模式

五、云计算与 XBRL 结合的会计信息化建设模式

（一）云计算与 XBRL 结合的会计信息化建设模式

基于中小企业自身的特点及云计算服务商的特点，本文提出云计算与 XBRL 结合的会计信息化建设由云计算服务商负责构建。

云计算服务商结合 XBRL 与云计算的特点，设计出合理的实施会计信息化的流程。在系统开发过程中，要充分考虑到实施 XBRL 对软硬件以及整个信息系统的要求，并根据 XBRL 的分类标准和规范来设置数据表字段和数据文件，准确预估目标行业的未来需求并且正确评估系统的功能，设计出一套通用的并能够考虑到行业特殊要求的会计信息系统，来满足企业财务报告和信息交流的要求。在企业选择任何一种云服务模式时均能够为企业提供配套的 XBRL 服务。

云计算与 XBRL 结合的会计信息化模式原理是：中小企业根据自身需求从云计算服务商选择一种服务模式，当中小企业发生经济业务后，企业需要将原始数据存储在数据库服务器，而由云计算服务商结合企业实际将服务器中的数据库文件转换为 XBRL 实例文档。这些实例文档最终通过网络传递到服务器中。财务信息的使用者通过网络访问客户端向服务器发出请求，服务器根据用户自定义的 XBRL 实例文档的样式单，在客户端显示出最终需要的信息，从而满足信息使用者对信息供应链的个性化需求。在这个过程中，后台数据库的维护、实例转换器的购置及维护，以及会计信息化专业人才的培养由云计算服务商进行。

（二）可行性分析

XBRL 模式能够满足财务信息使用者的个性化需求，是未来会计信息化建设的主力军。但是如果中小企业自行建造相关的系统，需要投入大量的人力、物力、财力，而且在后续的运营中也将投入巨大的成本，这对于资金匮乏和融资困难的广大中小企业来说无疑是一个难题。然而云计算服务的出现能够在很大程度上为中小企业解决资金不足、人才缺乏、技术不到位等问题，为中小企业实现会计信息化提供新的解决途径。

云计算服务是互联网带来的计算机在会计信息化应用中的巨大变革，它使得中小企业在网络财务的进入门槛得到了很大程度上的降低。此时，中小企业想要以较低的成本实现 XBRL，增强市场竞争力，不需要自己投入很大的成本就可以通过第三方的技术和资源来实现，即通过云计算服务，使用云计算服务商提供的软件、平台或基础设施，从而使企业在降低成本的同时按照自己的需求灵活配置软硬件来完成 XBRL 的推进。这使得企业一方面不用担忧成本的问题，另一方面又解决了 XBRL 对复合型人才的特殊要求，是一种有效的建设模式。

六、中小企业信息化建设过程中应注意的问题

（一）建设过程中应高度重视安全性问题

基于云计算和 XBRL 的中小企业会计信息化面向的是互联网环境，因此不可避免地面临着网络安全的问题，主要包括计算机的物理、系统、数据库、网络设备、网络服务等。信息在网络间传递的过程中面临着被盗取、篡改、替换和恶意破坏的危险，从而导致信息失去真实性和完整性。另外，还应进一步确认 XBRL 过程中的信息真实性。云计算服务商与中小企业应该共同努力来保证信息处理整个过程中信息的真实性和完整性。

由于会计信息是一个企业的私密信息，基于云服务的会计信息主要存放于数据库服务器，因此，云服务提供商应该保证客户企业私密信息的安全性，不倒卖客户企业的信息，与企业之间建立信任关系。

（二）云计算服务商应注重自身技术的提升

中小企业在发展过程中对日常财务管理的需求越来越高，对财务预算、决策支持的需求更加强烈。云计算服务商应针对中小企业的个性化需求及不同的业务要求，加入快速的软件研发模块，为客户灵活运用相关服务提供保障，使中小企

业能够根据自身特点及需求随时调整会计信息化软件的功能和服务。另外，还要针对不同企业的需求提供咨询服务，从而更好地为企业会计信息化服务。

（三）会计信息化应有相应的管理模式创新

中小企业通过云计算服务与 XBRL 的结合实现会计信息化的全面规划，不是短时间能够完成的。虽然云计算服务解决了一部分中小企业资金、人力、技术等方面的问题，使得企业推进 XBRL 建设有了长足的进步，但 XBRL 的规范化和精细化对云计算服务商提出了更高的要求，对云计算服务商的服务质量要求就越高。因此，中小企业就需要建立与会计信息化相适应的管理模式，一方面与云计算服务商紧密联系、共谋发展，另一方面还要有自己的技术和人才培训规划，探索适合自己企业经营模式的信息技术，不断加强企业信息技术管理能力，整合内部资源，提高企业竞争力。

参考文献：

[1]钟玲. 基于云计算和 XBRL 的中小企业会计信息化建设探析[J]. 济源职业技术学院学报,2016(2):104 - 107.

[2]曾亚坤."互联网＋"背景下的中小企业会计信息化服务模式探讨[J]. 价值工程,2017: 214 - 217.

[3]张环,林艳,李炜. 基于 XBRL 的我国中小企业会计信息化研究[J]. 中国商贸,2013: 48 - 49.

[4]张亚蕾,张文军. 基于大数据与云计算的中小企业会计信息化应用研究[J]. 科技与企业,2015:71 - 72.

[5]陈慧. 浅析"云会计"在中小企业会计信息化中的应用价值[J]. 经济研究导刊,2017 (4):83 - 84.

[6]范晓程. 云计算环境下的中小企业会计信息化建设模式探析[J]. 宏观经济管理,2017: 224 - 225.

[7]王夏静,翟翠娟. 云计算环境下中小企业会计信息化建设模式探析[J]. 财会通讯,2017 (1):105 - 108.

我国中小板上市公司的信息披露质量与企业绩效的影响关系研究

樊瑞炜　傅宏宇

摘　要：在我国经济迅速发展的背景下，上市公司的信息披露质量受到广大信息使用者的关注。信息使用者需要根据公司披露的相关信息来进行投融资、相关交易的判断，由此影响企业的经营状况。本文以深交所中小板上市公司为样本进行分析，认为信息披露质量与企业的绩效之间存在相关关系。

关键词：中小企业；信息披露；企业绩效

一、引言

在我国经济发展迅速的背景下，中小企业的数量在不断增加。很多中小企业处于创业阶段，一方面为社会解决就业压力，一方面面临着生存问题。在股票市场中的中小企业板和创业板均为中小企业服务，为它们解决融资问题。作为踏入上市公司门槛的一分子，中小企业在信息披露上存在缺陷，着眼于短期目标而隐藏信息，或者对重要信息选择不披露，从而导致投资者判断失误，造成一定的风险。由于中小企业本身具有风险大的特点，因此中小企业上市公司信息披露问题需要十分重视，其信息披露是否全面，不仅影响投资者的利益，也会影响企业绩效。

二、文献综述

1993 年中国证监会发布《公开发行股票公司信息披露实施细则（试行）》，1997 年又对信息披露的格式进行规定，印发《公开发行股票公司信息披露的内容与格式准则第一号——招股说明书的内容与格式》，2007 年审核通过并发布《上市公司信息披露管理办法》。随着各项法律法规的制定，上市公司的信息披露越来越受到投资者、债权债务者等的关注。在资本市场中，上市公司的信息披露存在不规范、透明度低等问题，导致信息使用者获取信息不及时或者不完全，使双方均受到损失。上市公司信息披露质量可以正向影响企业的盈利能力、营运能力，也与企业在股票市场中的表现正相关，因此企业务必提升信息披露的质量，增加企业的价值，完善公司治理（张宗新等，2007）。

除理论层面的研究外，部分学者还用数据来分析影响信息披露质量的相关因素。根据深圳证券交易所公布的上市公司信息披露的考评结果，张涛、白亚会（2016）以中小板上市公司为例，研究信息披露质量可以在一定程度上缓解债务融资的约束，研究发现，中小企业的信息披露质量与从银行获得的融资以及从客户、供应商处获得的商业信用呈正相关关系，并在企业面临的市场风险增大时，这种正相关程度会增加，因此必须基于金融市场和资本市场提升中小企业的信息披露质量。王伟（2017）分析了中小板上市公司的自愿性信息披露现状，认为不仅要从法律方面进行规范，还要从内外部对信息披露进行监管，构建信息披露质量评价体系，提升中小企业的信息披露质量。姜闻慧（2017）认为我国在股票市场中成立的创业板块主要为中小企业服务，解决融资难的问题，但是作为创业板上市公司，中小企业存在内部管理制度不健全等问题，在信息披露方面具有不真实性、滞后性、缺乏前瞻性、不全面性等特点，因此应从法律法规及企业自身出发重视企业的信息披露问题。马青男（2017）则以中小企业研发信息的披露作为研究对象，分析认为企业对于强制披露研发信息的指数较高，而自愿披露研发信息的指数较低，可以看出中小企业在披露相关信息上的自愿性不高，且信息的质量、准确性不高，因此应对中小板上市公司实行严格监管，提升信息披露的质量。依据中小企业的特点以及发展现状，加强中小板上市公司的信息披露，增加信息沟通，减少信息的不对称。

学者们从不同的角度研究影响企业绩效的信息披露质量。赵峰（2014）在研究中将信息披露质量作为中介变量，研究表明企业家能力越强，公司具有较高的信息披露质量，企业绩效也就越好，尤其体现在国企中。这说明信息披露质量会影响企业绩效的好坏。王晓婷（2015）研究中小板上市公司中的高技术企业，发现随着研发投入的增加，企业的盈利能力和发展能力也有所提高，并能增加市场价值。而后续的 R&D 投入不足会降低 R&D 投入与企业绩效之间的相关性。常启军、苏亚（2015）则以创业板上市公司的数据为基础开展研究，研究发现内部控制信息披露正向影响企业绩效，并且认为代理成本的存在使得内部控制信息披露更有利于企业绩效的提高，因此应重视企业的信息披露问题。文先明（2015）通过研究发现，高级管理人员的薪酬越高，企业的业绩越好，更多的是影响净资产收益率，应增强对高级管理人员薪酬的管理，加强信息披露。顾琴（2016）采用回归分析方法进行研究，结果表明董事长的性别、监事会主席的性别、首席执行官（CEO）的性别、首席财务官（CFO）的年龄、独立董事比例以及第一大股东持股比例等因素影响中小企业财务信息披露质量，且呈正相关关系。可见作为投资者判断的依据，信息披露在上市公司中十分重要，值得进行相关研究。

三、理论分析与研究假设

在上市公司的营运过程中，管理者获得的信息与投资者取得的信息存在差异，这就是信息不对称理论的延伸。一般来讲，管理者拥有的信息比投资者拥有的信息多，甚至投资者获得的信息有些是虚假的，公司的信息披露质量引起投资者的关注。针对中小企业来说，虽然管理者与投资者之间可能不存在较大的代理成本，因为可能管理者与投资者为同一个人，但在中小板上市的公司的信息披露问题同样值得重视。若公司的绩效较好，则可能偏向对信息进行披露，提高披露质量，以此获得投资者的青睐；若公司的绩效较差，管理者可能会选择适当隐瞒，规避相应的风险，导致信息披露质量不高。因此提出以下假设。

假设：上市公司信息披露质量与企业绩效具有正相关关系。

四、实证分析

（一）数据选取

本文以2013—2015年深交所中小板上市公司为研究对象，数据来源于深圳证券交易所网站和国泰安数据库，删除缺失的数据，删除资产负债率大于1的数据，删除企业绩效变量中为负值的数据，总共得到1 752个样本数据。

（二）变量定义与回归

信息披露质量采用深交所官方公布的中小板上市公司的信息披露考评结果，分为A、B、C、D，分别用4、3、2、1代替。通过企业绩效评价指标体系，认为应从偿债能力、盈利能力、发展能力以及经营能力四个方面来评价企业绩效，因此分别从这四个方面选取了四个指标作为解释变量。控制变量选择独立董事占比、公司规模、前十大股东持股比例总和、企业年限、行业分类。变量定义如表1所示。

表1　变量定义

名称	变量	相应指标
被解释变量	信息披露质量	信息披露质量（Level）
解释变量	企业绩效	净资产收益率（Roe）
		总资产周转率（Tato）
		资产负债率（Lev）
		总资产增长率（Tagr）

续表

名称	变量	相应指标
控制变量	独立董事占比	ID
	公司规模	Size
	前十大股东持股比例总和	Top10
	企业年限	CY
	行业分类	Industry

（三）回归分析

1．描述性统计

首先对中小板上市公司的信息披露情况和企业绩效指标进行描述性统计。从三年的信息披露情况来看（表2），信息披露结果良好，基本上处于 A、B 等级，并且信息披露的范围也在不断增大。

表2　中小板上市公司信息披露考评结果

等级	2013 年	占比（%）	2014 年	占比（%）	2015 年	占比（%）
A	147	21.0	162	22.2	178	23.1
B	480	68.6	498	68.2	509	65.9
C	68	9.7	59	8.1	70	9.1
D	5	0.7	11	1.5	15	1.9
合计	700	100.0	730	100.0	772	100.0

从表3中看出，净资产收益率、总资产周转率、总资产增长率的最大和最小值差异较大，说明不同企业的经营状况存在差异，有利于研究对企业绩效的影响。整体上，四个指标均在合理范围内，可以作为解释变量进行下一步研究。

表3　企业绩效各变量指标的描述性统计

名称	Roe	Tato	Lev	Tagr
均值	0.089 6	0.631 6	0.370 8	0.291 4
标准差	0.206 0	0.452 6	0.185 4	0.523 8
方差	0.042 0	0.205 0	0.034 0	0.274 0
极小值	0.000 9	0.027 4	0.009 1	0.001 3
极大值	8.279 4	7.383 3	0.965 2	8.817 6

2. 回归分析

文章采用多元回归方法，建立回归模型：

$$level = c + aRoe + aTato + aLev + aTagy + bID + bSize + bTop10 + bCY + bIndustry$$

回归分析结果如表4所示。

运用STATA13，对数据进行回归分析，得出表4的结果。R方值在0.1左右，处于0~1之间，比较来说该模型具有较强的解释能力。从结果中可以看出，将企业绩效分解为四个变量指标，不同指标对信息披露质量的解释能力不同，其中除了净资产收益率指标外，其他三个指标均具有显著影响。总资产周转率越高，企业的经营状况较好，企业也愿意披露信息，信息披露质量越高；资产负债率高，说明企业运营不佳，会减少信息披露，总资产增长率越高，企业发展不稳定，可能存在舞弊现象，信息披露质量反而降低。净资产收益表示净利润与平均净资产的比值，虽然净资产收益率越大，中小企业的信息披露质量越高，但是不显著，可能由于中小板上市公司处于发展期，甚至有的公司还没有盈利，因此将净利润作为评价指标有些不妥，不应将该指标作为中小企业绩效的评价指标。在控制变量中，独立董事占比和前十大股东持股比例对信息披露质量的影响不显著，而公司规模越大，公司成立时间越长，企业的各方面制度、信息比较完善，因此越愿意披露信息。

表4 回归分析结果

变量名称	Coef.	T 值	Sig 值
Cons	− 1.202 599	− 2.89	0.004 * * *
Roe	0.073 535 2	1.2	0.231
Tato	0.095 719 5	3.12	0.002 * * *
Lev	− 0.844 728 3	− 9.78	0.000 * * *
Tagr	− 0.083 957 5	− 3.4	0.001 * * *
id	0.316 148 8	1.33	0.184
Size	0.199 068 3	10.82	0.000 * * *
Top10	− 0.000 978 8	− 1.01	0.311
cy	0.005 377 5	1.88	0.060 *
Industry	控制	控制	控制
R − squared	0.105 6		
Adj R − squared	0.093 7		
F 值	8.87		

五、研究结论

文章中以深交所中小板上市公司 776 家为例，选取三年 1 752 个数据样本，对中小板上市公司的信息披露与企业绩效的关系进行实证研究。通过建立模型并进行了回归分析，得出相关结论：以总资产周转率为例，中小企业板上市公司的信息披露质量与企业绩效呈显著正相关关系，研究假设得以验证，虽然资产负债率、总资产增长率与信息披露质量呈负相关关系，这与指标本身的选取有关。当企业绩效较好时，说明企业的经营良好，管理者更加愿意披露信息，使得投资者做出正确的判断，推动企业发展。

通过研究可知，影响信息披露质量的因素有许多，同时也会影响企业经营业绩。因此应该进一步完善中小企业的信息披露的法律法规及相关制度，并建立完整的适合中小企业的信息披露指标体系，加强信息披露的监管，为中小企业营造一个公开、透明的发展环境。

参考文献：

[1] 王伟. 中小板上市公司发展趋势分析:以自愿性信息披露为例[J]. 经济纵横, 2017, 2(1):11 –14.

[2] 姜闻慧. 我国创业板上市公司会计信息披露问题的相关研究[J]. 商业经济, 2017(2):153 –155.

[3] 马青男. 中小板上市企业研发信息披露现状分析[J]. 现代商业, 2017(1):217 –218.

[4] 张涛, 白亚会. 中小企业信息披露质量对债务融资约束影响的研究[J]. 山东财政学院学报, 2016, 28(1):109 –117.

[5] 肖智, 刘洋. 信息披露质量提升对股权资本成本的影响研究:基于深市中小板上市公司的经验证据[J]. 财会研究, 2009(10):53 –55.

[6] 王晓婷. 高技术产业 R&D 投入与企业绩效相关性实证研究:来自中小板上市公司的经验证据[J]. 财会通讯, 2015(36):32 –34.

[7] 顾琴. 我国中小企业财务信息披露质量的影响因素研究[J]. 商场现代化, 2016(16):219 –221.

[8] 常启军, 苏亚. 内部控制信息披露、代理成本与企业绩效:基于创业板数据的实证研究[J]. 会计之友, 2015(12):44 –49.

[9] 文先明, 钱秋兰, 黄颖琪. 高管薪酬与公司业绩实证研究:以中小企业板上市公司为例[J]. 财经理论与实践, 2015(2):71 –76.

[10] 张宗新, 杨飞, 袁庆海. 上市公司信息披露质量提升能否改进公司绩效:基于2002—2005 年深市上市公司的经验证据[J]. 会计研究, 2007, 20(10):16 –23.

[11] 梁爽. 中小板公司信息披露对企业绩效影响研究[D]. 长春:吉林大学, 2012.

第六部分　企业电子商务创新

共享经济下的企业商业模式创新途径研究
—以 Airbnb 为例

摘　要：本文运用规范的案例研究方法，选取共享经济下的代表 Airbnb（空中食宿）为研究对象开展研究，研究发现：在初创期，企业商业模式创新应重点放在识别市场潜在商业机会上，突破原有的市场需求，发现新的市场需求，聚合网络效应；在成长期，共享经济平台需重构平台商业价值，整合个人及企业资源，优化商业模式创新途径；在成熟期，共享经济通过开放式互联体系，重构互联，将人与人、人与物、物与物互联，聚集众多行业的企业及个人，打造出共享经济平台的生态价值，引领更多的个人和企业参与到创新和创业中。

关键词：共享经济；商业模式创新；Airbnb

一、文献综述

（一）共享经济的出现

共享经济是指以获得一定报酬为主要目的，基于陌生人且存在物品使用权暂时转移的一种商业模式。其包括三大主体：商品或服务的需求方、供给方和共享经济平台。共享经济将给企业商业模式变革带来新的动力。

中国已经从短缺经济走到供应过剩的经济。共享经济有助于解决供应过剩的问题，它不仅仅是一场资源使用最优化的革命，更是一场生产关系革命。首先，生产资料所有制演变为资源租用制，其中的资源包括原料、工具、技能和时间，推而广之，还包括有形资产、技术、网络、设备、数据、经验和流程等。其次，产品的分配不再是一次性的，而是通过新型的协作性消费关系反复进行，直到价值最大化。

过剩产能＋共享平台＋人人参与，形成崭新的"人人共享"模式，把组织中的规模和资源优势与个人本地化、专业化和定制化的优势相结合，从而在一个稀缺的世界里创造出富足。依靠分享、开放和连接而发展起来的共享经济会逐渐繁荣。国内学者对于共享经济的研究大多从其成因、内涵和前景等方面展开。

（二）商业模式及创新研究现状

商业模式的组成要素主要包括：客户，产品和服务，如何将产品或服务送达到客户，盈利。关于商业模式创新，国内外学者已开展了较为系统的研究，研究内容涉及商业模式创新的动因、要素构成以及特征等多个方面。从现有文献来看，关于商业模式创新的研究多数从管理学的角度展开，或者进行案例剖析。随着网络经济的发展，国内外不少学者也围绕网络经济进行了研究，研究内容涉及网络经济的定义、特征等方面。关于网络经济的研究多数主要围绕网络经济的影响或者具体特征等展开。也有文献针对网络经济环境下的商业模式创新问题进行研究，但研究内容主要是对互联网条件下新型商业形态进行案例剖析和归纳，对于共享经济下的企业商业模式创新途径的研究则不是很多。

二、研究设计

（一）研究方法及案例选择

本文采用单案例纵向研究方法。案例研究法是构造和验证理论的有效方法，适合回答"怎么样"的问题。本文正是探讨共享经济平台在不同发展阶段是如何开展商业网模式创新的。

（二）资料的获取与数据收集

为提高案例研究的信度和效度，本文采用多种数据来源和数据收集技术，对每一个样本，以亲身体验方式收集第一手资料，即作为 Airbnb 的房东和租客，参与到 Airbnb 租房业务中，并随时做好体验记录。此外，还搜集了大量以事实为主的二手资料，资料来源的渠道包括：①Airbnb 官方网站；②出版书籍，如《共享经济时代》等；③媒体报道。我们验证不同来源数据之间的一致性，以确认新的发现，完成对获取数据的筛选；后续对筛选的数据进一步整理验证，直到收集的数据信息实现相互印证为止。

三、研究发现

（一）初创期：识别商业机会，重构商业体验

2007 年，Airbnb（AirBed and Breakfast，气垫床和早餐，简称"空中食宿"）

创始人布赖恩·切斯科（Brian Chesky）刚到旧金山，和朋友乔·杰比（Joe Gebbia）住在一起，生活窘迫。当时碰巧 IDSA（美国工业设计师协会）准备在旧金山召开会议。当地几乎所有酒店都客满，他们萌生了通过给设计师提供床位和早餐从而赚点小钱的想法。这次短租交易最后成为 Airbnb 的雏形。Airbnb 的首席执行官通过观察商业的内外部环境，并将自身投入商业体验之中，从而发现了商业机会。同时，Airbnb 改变了人们的租住意识，培育了租住市场。共享经济下的商业模式创新将从重构用户体验开始。

（二）成长期：创新商业模式途径，重构商业价值

Airbnb 是一家联系旅游人士和家有空房出租的房主的提供短租服务的网站，它注重从个人而不是酒店手中租住一间房屋。Airbnb 可以满足用户对住房的不同需求，不仅提供普通住房，还提供别墅、村庄、城堡、树屋等独特的住处，Airbnb 被打上了"寻找奇居"的标签，关注度越来越高。Airbnb 用户可通过网络或手机应用程序发布、搜索度假房屋租赁信息并完成在线预定程序。Airbnb 在商业模式创新途径方面的体现如下。

1. 重新定义客户

在满足游客相应租住服务的基础上，将那些不仅对房屋租住价格，而且对房屋特色、当地风土人情及文化有迫切了解需求的游客界定为其客户，更加细分游客。同时将有空闲房屋资源的房东纳入其客户体系，在一定意义上扩展了客户范围。

2. 重购产品和服务

Airbnb 的优势是其市场要比传统酒店业更有弹性，房源数量受市场调节。例如，当某地举行大型会议时，房屋出租收益较高，也就有更多房东愿意把闲置房间提供出来。而传统酒店业缺少这种动态的适应能力，不但要忍受淡季的高房间空置率，在旺季也只能够有限地上涨房价，到满房为止，往往错失盈利机会。

3. 变革收入模式

Airbnb 的利润全部来自中介费用，它向租客收取 6% ~ 12% 的服务费，同时向房东收取 3% 的服务费。这就意味着每间房屋能够出租的价格直接决定了 Airbnb 公司的收入。对于其平台上的民宿来说，除了提升服务品质外，获取高溢价的最佳的方式就是创造出美的差异化。从 Airbnb 的这种商业模式不难看出，Airbnb 很好地运用了 O2O（online to office）的模式，用户在线上完成支付，自身才可能从中获得效益。Airbnb 将传统酒店模式中的冗余成本削减，在降低平均房价的同时还能够赚取中介费，并进而通过规模效益将中介费累积成巨额利润。

4. 发展平台价值

Airbnb 将每个人家中闲置的房间变成客房，它不需要负担传统酒店的一切职责，只是充当住客与房东的中间人。首先，在产品策略上，Airbnb 构筑了一张世界奇居网，为出游的旅客们提供各个国家别具特色的住宿或者休闲空间，这些居住地可能是古代城堡、宫殿，也有可能是游艇、民居等，总之让游客体验住酒店体验不到的别样风情。Airbnb 甚至还推出出租一整个村或者国家的服务。其次，在定价策略上，Airbnb 针对性制定价格体系，以不同的价格策略狙击竞争品种，提升销量及利润。租户需要大量的住房信息，可以通过 Airbnb 平台寻找到满意的住房；房主将闲置住房信息放在 Airbnb 平台，能够快速寻找到合适的房客，从而获得租金；在户主与租户的使用中 Airbnb 平台得到进一步宣传推广。最终的结果是：三方均受益。再次，在渠道策略上，Airbnb 重视互联网运营，它打通了从线上到线下（O2O）的商业生态圈。O2O 的关键点就在于，平台通过在线的方式吸引消费者，但真正消费的服务或者产品必须由消费者去线下体验。最后，在促销策略上，Airbnb 在成立之初，其创始人就在美国德克萨斯州举行的 SXSW 大会上推广 Airbnb。

（三）成熟期：打造生态平台，重构互联体系

Airbnb 加入社交元素，允许用户通过 "Facebook Connect" 与 Facebook 上的朋友连接起来，更增加了住房的可信度。2011 年 9 月，Airbnb 正式推出长租服务，帮助用户在上面寻找长达数月的住处。"无论您想在公寓里住一个晚上，或在城堡里待一个星期，抑或在别墅住上一个月，您都能以任何价位享受到 Airbnb 在全球 190 个国家的 34 000 多个城市为您带来的独一无二的旅行体验。"这是目前 Airbnb 官网上 "关于我们" 的页面写的话。2012 年公司更加关注租房监管，创立了专门处理用户投诉的信任与安全部门，并推出一系列的新政策、客户服务和保险。

四、结论

寻找共享经济下的商业模式创新途径，首先可以从企业内外部环境分析入手，发现潜在的市场商业机会，重构商业体验；其次，可以整合资源，从重新定义客户、重构产品和服务、改变产品和服务提供途径、变革收入模式、发展平台价值等方面入手，摸索共享经济企业商业模式创新途径，以此重构共享经济的商业价值；最后，通过聚合效应，尽可能聚合更多行业企业或个人资源，打造出共享经济平台生态圈，重构互联，将人与人、人与物及物与物有机地互联。正如中

国人民大学法学院教授汤维建所说：共享经济的发展，将加强供给侧改革和经济转型升级，有助于改变传统消费观念，保护和节约资源，能够为"大众创业、万众创新"注入新活力。以此开启全社会乃至全人类的创新和创业的新时代。

参考文献：

［1］Yin R K. Application of Case Study Research［M］. Thousand Oaks，CA：Sage，2004：205 － 206.

［2］Eisenhardt K M. Theory Building from Cases：Opportunities and Challenges［J］. Academy of Management Journal，2007，50(1)：25 － 32.

［3］王鑫鑫，王宗军. 国外商业模式创新研究综述[J]. 外国经济与管理，2009(12)，33 － 36.

［4］项国鹏，周鹏杰. 商业模式创新：国外文献综述及分析框架构建[J]. 商业研究，2011(4).

［5］罗宾·蔡斯. 共享经济：重构未来商业新模式[M]. 杭州：浙江人民出版社，2015.

［6］姜奇平. 共享经济从理论到实践的发展[J]. 互联网周刊，2015(16).

"互联网+"背景下我国农产品冷链物流发展对策

张 革

摘 要：我国是农业大国，农产品产出量在全球具有举足轻重的地位，同时我国也是农产品消费大国，对农产品的供应有很大的需求，农产品从产出地到消费者手中需要依靠物流的支撑。"互联网+"战略的提出为我国农产品物流快速发展提供了契机。本文讨论了农产品冷链物流的概念，分析了我国农产品冷链物流发展中存在的问题，提出了"互联网+"背景下农产品冷链物流的发展对策。

关键词："互联网+"；农产品冷链物流；发展对策

农产品物流作为现代物流的重要组成部分，对国民经济发展发挥着日益重要的作用。农产品的有效流通涉及整个国民经济的运行效率及质量，涉及农业产业化、现代化的发展进程，涉及生产者和消费者的根本利益。2017年2月，国家发改委发布了《中共中央国务院关于深入推进农业供给侧结构性改革加快培育农业农村发展新动能的若干意见》，提出完善全国农产品流通骨干网络，加快构建公益性农产品市场体系，加强农产品产地预冷等冷链物流基础设施网络建设，完善鲜活农产品直供直销体系，推进"互联网+"现代农业行动。"十三五"期间我国将重点支持农产品的冷链物流体系建设，适应大量生鲜农产品运输需要，扶持一批大型冷链物流企业。

一、农产品冷链物流与"互联网+"

农产品冷链物流是指水果、蔬菜产品在采购、加工、储藏、运输、销售直至消费的各个环节中始终处于规定的生理需要的低温环境下，以保证农产品的质量、减少农产品的消耗的一系列供应管理措施和方法。其包括的冷冻加工、冷冻贮藏、冷藏运输及配送、冷冻销售四个环节都要求按照农产品物流的特性需要，保证农产品的原料品质和耐藏性，保证保鲜贮运工具设备的数量与质量，保证处理工艺水平高、包装条件优和清洁卫生好，保证现代化管理和快速作业，最终保证农产品冷链物流协调、有序、高效地运转。

2015 年 3 月，李克强总理在政府工作报告中提出，制定"互联网＋"行动计划，推动移动互联网、云计算、大数据、物联网等与现代制造业结合，促进电子商务、工业互联网和互联网金融健康发展，引导互联网企业拓展国际市场。"互联网＋农产品"可以整合协调各种资源，从而减少运输成本，减少流通过程中的损耗，提高流通效率，在一定概率下规避市场风险，增加农民收益。

二、我国农产品冷链物流存在的问题

（一）完整独立的冷链物流体系尚未成型

目前，我国农产品物流主要是以常温物流或自然物流形式为主，没有形成连贯成型的冷链物流，存在着不合理包装、运输、储存等现象，致使农产品在物流过程中的损失很大。一条完整的冷链包括冷冻加工、冷冻贮藏、冷冻运输与配送、冷冻销售四个环节。只有在四个环节中都使农产品处于生理需要的低温环境中，才能保证其质量、减少其损耗。目前，我国能独立开展仓储、运输、配送等一条龙冷链综合物流服务的企业很少，各地虽有一定数量的冷库和冷藏运输车队，但服务功能单一，规模不大，服务范围小，跨区域服务网络没有形成，无法提供市场需求的全程综合物流服务。

（二）第三方物流发展滞后

我国企业农产品的物流配送业务多由供应商或自身完成，市场规模不大，区域性特征较强，农产品冷链的第三方物流发展滞后，服务网络和信息系统不够健全，缺乏准确性和及时性。目前国内只有极少数物流供应商能够保证对整个冷藏供应链进行温度控制，绝大多数从传统冷藏运输商转变而来的冷藏物流供应商只能提供冷藏运输服务，并非真正意义上的冷链物流服务。

（三）冷链物流基础设施陈旧落后

我国冷链物流的现有设施设备陈旧，发展和分布不均衡，无法为农产品流通系统地提供低温保障，从而产生大量损耗。专业运输设备、专业冷藏设备的缺乏是导致我国冷藏物流落后的一个关键因素。目前我国冷链运输设备很大部分是国际海运报废或即将淘汰的海运冷藏集装设备，现代化的冷冻冷藏车严重不足。我国目前的冷库总容量为 3 710 万吨，大多数冷库仅用于肉、鱼等产品的冷鲜储藏。冷藏运输设备方面，全国铁路冷藏车辆仅占铁路货车总量的 1.1%，公路冷藏车运输占货运汽车的比例仅为 0.3%。

（四） 物流信息网络技术薄弱

我国农产品物流信息网络不完善，相关工作者对产品基本信息都不太了解，农业生产分散，物流信息服务不到位，农业信息整理与搜集都很困难，农产品信息化网络体系发展明显滞后。有关农产品物流的法律法规与制度建设也相对落后。许多企业不理解物流信息系统的重要性及其战略意义，盲目斥巨资购买各种先进的信息系统，但由于目标与战略不明确，信息系统未能得到有效利用，反而增加了企业负担，不利于企业的发展。

三、"互联网＋"背景下我国农产品冷链物流的完善对策

（一） 建立农产品冷链物流电子信息共享平台

相关专家预测，到 2018 年我国生鲜农产品交易额将到 1 000 亿元左右，届时生鲜农产品的冷链物流需求量将超过 50%。事实上，农产品电子商务需要完整的冷链系统来支撑，包含低温仓储、配送、包装，没有这样完好的冷链是无法开展农产品电子商务的。打造完整的农产品冷链物流的成本比较高，配送过程的单向性使得成本更高，导致农产品冷链物流企业经营困难。因此，要充分发挥互联网的作用，通过互联网建立农产品冷链物流电子信息平台，尽可能地把农产品冷链物流企业及农产品生产基地的信息发布在该平台上，做到信息互通，促进农产品冷链物流配送的封闭性和循环性。同时，将采摘下来的农产品第一时间送到低温冷藏库里，减少生鲜农产品的损耗，提高农产品的商品率，以达到节约成本的目的，促进农产品冷链物流健康可持续发展。

（二） 加大投入，建立多元化投入机制

根据冷链物流自身发展的特点和目前发展的实际需求，政府需要加大资金投入，并逐步形成多方参与的多元化投入机制。政府应依据供应链物流管理模式和多种形式农产品冷链物流体系的要求，引导资金支持的对象，一是大型批发市场和配送中心，二是提供社会公共服务的第三方物流中心，三是产地加工企业。支持的重点内容主要是硬件设施建设、分析检测设备、标准的制定与人员培训等。

（三） 引进专业的第三方冷链物流

专业的第三方物流与企业自营物流相比，不论是成本还是服务方面都会取得很大的提高，所以政府应大力引进先进第三方物流或加大对当地第三方物流企业

扶持力度，给予优惠的同时加大引导作用，加强行业内协调。除此之外，第三方冷链物流企业也应该加强自身建设，不光要引进国外的先进设备和技术，还应引进高端专业人才，加强与科研机构和高校合作。

（四）制定农产品冷链物流法律法规和标准，建立健全检查与监督机制

目前我国在农产品冷链物流方面已经出台了一些标准，但还不太完善，应尽快制定与国际接轨的农产品冷链物流指导准则与相关标准，包括整个冷链物流节点的相关标准和良好操作规范。如原料基地生产标准与规范、预冷与贮藏标准、加工标准、运输标准（特别是农产品运输温度标准）、销售标准、标签标准，以及检测方法标准、环境标准、服务标准等，并制定以 GAP（良好农业规范）、ISO 为基本原理的农产品冷链物流全程质量与安全控制技术规程，实现从田间到餐桌的全程控制。充分发挥现有国家和部门相关检测机构的作用，根据冷链物流的要求，补充完善检测项目和内容，并鼓励在大型超市、批发市场建立相应的检测平台，为农产品物流提供快速检测服务。此外，要建立健全检查与监督机制，积极推行专业认证和市场准入制度，建立农产品冷链物流质量安全屏障。

参考文献：

[1]王红梅．我国生鲜农产品冷链物流发展问题研究[J]．农业经济,2016(2):132 - 133.

[2]刘晓娜．我国生鲜农产品冷链物流现状与对策研究[J]．物流工程与管理,2017(2):93 - 94.

[3]文俊,陈瀚."互联网 +"第三方冷链物流对生鲜农产品网络营销研究[J]．农村经济与科技,2016(10):60 - 64.

车联网技术应用发展研究

张迺聪

摘　要： 车联网是物联网技术和汽车技术融合创新的重要发展方向之一。本文介绍车联网的概念，分析车联网技术发展趋势，阐释中国发展车联网产业的战略意义。从智能车联环境下人机交互模式、车联网环境下保险公司车险费率定价决策、交通运输行业驾驶员技能评估和管理决策、汽车制造企业车辆车况跟踪与整车设计改善决策、政府交通规划设计与法规制定辅助决策等五个方面，研究车联网技术的应用和发展路径。

关键词： 车联网；技术应用；产业链

一、引言

近年来，作为"互联网＋汽车"产业的代表，车联网产业发展非常快。车联网的概念是国内基于物联网（Internet of things）的概念提出的，被认为是物联网在交通领域的具体应用，指"以车为节点和信息源，通过无线通信等技术手段获取车本身以及车外部等信息，从而达到'人—车—路—环境'的互联互通"。国外学者多把这项技术称作 connected vehicles（互联汽车）或 connected cars。对这项技术的称呼，还包括 V2V（vehicle – to – vehicle communication，车对车通信）、V2I（vehicle – to – infrastructure communication，车对基础设施通信）、V2X（vehicle – to – X，车对其他实体通信的统称）、inter – vehicle communication（车间通信）、cooperative driving（协同驾驶）。

随着移动通信技术和传感器技术的发展和普及，车联网技术的光明前景逐渐展现出来。通过将汽车和互联网的结合，关于行驶里程和驾驶行为等方面的大量数据被收集；服务提供商可以利用这些数据提供增值服务，如交通安全、车辆诊断、预防性维护、实时导航等。车联网还可以使汽车产业的相关从业人员，在客户关系管理、营销和售后服务等方面，创新服务方法。本文针对车联网生态圈典型应用，将从智能车联环境下人机交互模式、车联网环境下保险公司车险费率定价决策、交通运输行业驾驶员技能评估和管理决策、汽车制造企业车辆车况跟踪与整车设计改善决策、政府交通规划设计与法规制定辅助决策等五个方面，分析车联网技术的应用和发展。

二、智能车联环境下人机交互模式

安全驾驶，是车联网环境下的人车互动最基础、最重要的功能。基于车联网的信息交互，可以被用来监测行驶过程中的风险（如可能会发生的碰撞），所侦测到的危险预警信息将触发汽车的应对机制，例如向驾驶员发送警告或自动控制汽车的制动系统和转向系统。安德森等（Anderson 和 Doecke，2014）采用现实世界的交通事故数据进行仿真模拟后发现，应用车联网能够减少43% ~55%的伤害事故和31% ~37%的致命事故；但是他们也指出研究人员开发的初级的威胁侦测代码，可能会在现实世界发生误判、向驾驶员发出错误的警报。美国国家公路交通安全局（NHTSA）2014年发布对车联网技术的安全应用报告，指出基于车联网技术的2项应用能够大量减少碰撞事故；这两项技术分别是十字路口行驶辅助系统（intersection movement assist）和左转辅助系统（left turn assist，如果是实行右舵车的国家，如澳大利亚，则是右转辅助系统）；其中，十字路口行驶辅助系统可以帮助驾驶员避免41% ~55%的路口交汇处的碰撞事故；左转辅助系统，大约可以预防36% ~62%的碰撞事故。格兰特等（Grant、Doecke & Anderson，2015）指出，更多数据的采集（如卫星定位数据）和分析，有助于系统更早判断出驾驶员的行车意图，以便及时发出警告。林英姿（2016）探讨了人车系统研究的机遇和挑战，并提出了联网驾驶员的概念，认为车联网未来的发展趋势不单单是 V2V（车对车），还包括 D2D（driver – to – driver：驾驶员对驾驶员），以增加人车之间的交互反馈，使人车系统得到更大程度的协同合作。

可以看出，现阶段的人车互动主要是车对人的提示和预警，驾驶人员在驾驶过程中要处理的信息量还是相当大的。未来，随着无人驾驶技术的应用，车能够根据人的命令，分担更多的具体任务。

三、车联网环境下保险公司车险费率定价决策

车联网的发展，助推了保险公司开展 UBI 业务（Usage Based Insurance：基于使用的保险）。UBI 保险模式的诞生要早于车联网技术。当时，国外的保险公司按照"多行驶多交保费"的原则，主要将行驶里程作为汽车保险精算定价的风险因子，来区分不同投保人的保费。例如，比利时 Corona Direct 和荷兰 Polis Direct 保险公司使用汽车里程表定价，里程表读数是由年度车检取得的；而以色列 Aryeh 和南非 Nedbank 保险公司，则在客户加油时读取里程表并收取保险费。

车联网技术使得保险公司收集汽车行驶数据更加便利，能够实现基于大数据的分析和测算，有助于创新保险业务模式。早期，保险公司应用这项技术收集可靠的汽车行驶里程信息。

利特曼（Litman，2001）分析比较了不同种类的里程保险，认为基于车联网的里程保险优于其他形式的里程保险（如自我里程估计保险、里程表读数汽车保险等）。随着车联网技术应用日渐成熟，更多的行驶数据可以被收集；学者们提出了新的风险因子，包括速度、制动和加速等。其中，Muermann 和 Straka（2011）对车联网数据的采集提出了更高的要求，认为描述驾驶方式的一系列因素，如车道保持、跟车距离、方向盘操作、后视镜检查、观察信号灯、超速行为等，都应纳入保险定价因子，如表 1 所示。

总之，保险服务领域是车联网技术在服务业的重要应用之一，对车联网的应用和发展起到重要的助推作用。

表 1　UBI 车险发展历程

车险	时间	代表学者	定价因子	实施手段
第一代 UBI 车险	1950s – 1990s	Vickrey（1968）	里程	读取里程表
第二代 UBI 车险	1990s – 2000s	Litman（2001）	里程	应用车联网技术，数据质量更高
第三代 UBI 车险	2000s – 2010s	Muermann & Straka（2011）	速度、制动、加速；车道保持、跟车距离、方向盘操作等	应用车联网技术，数据收集范围更广
第四代 UBI 车险	2010s 以后	将取决于未来智能驾驶技术的应用和发展。		

数据来源：本文整理。

四、交通运输行业驾驶员技能评估和管理决策

在交通运输行业中，应用车联网技术，有助于遴选合格的职业驾驶员，提高行业管理水平。在交通事故成因中，驾驶员直接导致的交通事故占 57%，涉及驾驶员因素的交通事故占 93%。目前，国内交通运输行业对职业驾驶员的筛选，主要基于我国交通运输部 2001 年颁布实施的《职业汽车驾驶员适宜性检测评价方法》（JT/T422—2001），根据选择反应、速度估计、处置判断、暗适应、深度知觉和动体视力 6 项指标，利用检测仪对影响行车安全的驾驶员的生理、心理素质进行检测。

陈雪梅、魏中华和高利（2007）利用车联网技术（包括动态心电分析仪、Fercord 数据采集系统及动态 GPS）在交通部试验场，针对道路突显信息下驾驶行为的适宜性评价进行试验研究，并采用模糊推理和层次分析方法，基于驾驶能力（包括视力、速度估计、处置判断、注意力、大脑活动状况、运动敏捷性、感觉度）、安全态度（采用安全态度评定量表进行测量）、实际操作（包括心率变化、方向盘速度、脚踏板速度、躲障时间）三大指标，建立适宜性评价遴选系统，为驾驶员适宜性进行打分、排序和筛选。

目前，我国对职业驾驶员的评价体系，重在考察驾驶员的生理指标和心理指标；对驾驶员的技能水平，特别是驾驶员对复杂路况的处理反应能力的检测，还停留在试验阶段。车联网技术的最新应用成果，将推动职业驾驶员技能评估体系的发展，并帮助交通运输行业提高对驾驶员的管理水平。

五、汽车制造企业车辆车况跟踪与整车设计改善决策

车联网是当前汽车技术发展的重要方向之一，对于支撑汽车产业升级转型具有重要意义。借鉴成熟汽车市场国家的经验，当汽车产业由高速发展的成长期转入中低速增长的成熟阶段后，汽车服务业创造的价值开始超过汽车制造业创造的价值；我国汽车产业正呈现出服务化趋势，传统汽车企业正由制造型企业向服务型企业转变。

车联网技术是我国传统汽车制造企业向服务业延伸的重要机遇。借助这项技术，汽车制造企业不仅能够及时提供维护和保养服务，还能够通过大数据挖掘统计不同使用条件下的车况，发现易损坏的零部件，再将情况反馈到设计生产环节，对产品进行改善。在国外，德国汽车制造企业成功地应用了这项技术。德国 MAN 商用车股份公司与德国电信旗下的 T - systems 公司合作，借助内置于 MAN 卡车中的车联网系统为车辆规划节约油耗的路线；平均每辆卡车每年节约 20% 左右的油耗，约合 5 000 欧元。德国宝马集团与电信运营商合作推出的车载电子商务平台，为用户提供丰富的汽车互联应用和服务；除了收取服务费用外，这些网络应用还是数据来源的载体，为宝马的制造部门获得了大量客观数据，进一步强化了产品质量，并有助于宝马开发新的更符合消费者需求的产品。国内，北汽福田汽车股份有限公司发起并组建了我国首个车联网联盟，成立了专门的子公司——福田智科信息技术服务公司，开发车联网应用产品。

目前，基于车联网技术跟踪车辆车况与进行整车设计，还处于探索阶段，多数汽车制造厂商还在观望；但是，可以预见车联网技术在汽车制造领域应用的潜力是巨大的。

六、政府交通规划设计与法规制定辅助决策研究

城市交通规划实践需求所产生的拉动力，大数据分析技术所产生的推动力，相关基础学科研究成果所产生的促进力，将推动城市交通规划理论发生变革。王雪涛（2016）认为，大数据概念的出现为城市管理工作带来了新的契机，运用大数据进行交通规划和建设、管理，将提高城市交通管理的科学性。一方面，大数据环境淘汰了传统的交通数据采集必须使用的定期抽样调查法，取而代之的是对大量的样本进行全面而连续的观测，从而能够对交通需求的现状和发展趋势做出合理的预测；另一方面，将大数据应用到交通体系中，充分发挥了大数据的数据挖掘功能，通过对海量数据的深度挖掘，能够分析出城市交通的发展变化特征等一系列有关信息。

目前，我国交通大数据中的车辆数据主要来自对车辆和道路的监控数据；其中，对车辆的监控数据主要来自公共汽电车及出租汽车等城市客运车辆上的 GPS 设备（此外，上海市规定危险品货运车需要安装 GPS 实时安全监控系统）。车联网的发展，有助于政府交管部门获取私家车的驾驶数据，是对现有数据的重要补充；更加完善的数据支撑，提供了新的观察视角，有助于政府对交通进行科学规划。

车联网还有助于城市交通管理精细化，例如预测预警拥堵路段及时段、主动诱导路径选择等。此外，在交通法规制定和交通管制方面，车联网技术也能发挥积极的作用。例如，利用车联网技术试行城市中心地段交通拥堵收费政策（在拥堵收费范围、车辆识别方案、收费结算方案、收费技术要求、拥堵计费方案、监督检查方式、违规处理方式等的制定方面，都需要车联网的技术支持），和优化交通限行措施。

如何利用先进的车联网技术完善我国智能交通体系的规划，对于我国城市的规划和建设（特别是特大城市）具有重要的意义。基于车联网的大数据在政府交通规划设计与法规制定中起辅助决策作用，推进这项新技术在我国城市交通规划中的应用，是我国智能交通体系建设的重要措施之一。

参考文献：

[1]刘宗巍，匡旭，赵福全．中国车联网产业发展现状、瓶颈及应对策略[J]．科技管理研究，2016，36(4)：121 – 127.

[2]姚丹亚，王云鹏，李克强，等．物联网与车联网//中国智能交通协会．中国智能交通行业发展年鉴[M]．北京：电子工业出版社，2012：341 – 343.

[3]江勇．上海车联网概念落地[J]．中国经济和信息化，2011(9)：73.

［4］Doecke S, Grant A, Anderson R W G. The Real - world Safety Potential of Connected Vehicle Technology［J］. Traffic Injury Prevention, 2015, 16(sup1)：31 - 35.

［5］Derikx S, de Reuver M, Kroesen M. Can Privacy Concerns for Insurance of Connected Cars be Compensated? ［J］. Electronic Markets, 2016, 26(1)：73 - 81.

［6］Fleisch E, Weinberger M, Wortmann F. Business Models and the Internet of Things. White - paper of the Bosch Internet of Things and Services Lab, a Cooperation of HSG and Bosch, 2014.

［7］Gerla M, Lee E K, Pau G, et al. Internet of Vehicles：From Intelligent Grid to Autonomous Cars and Vehicular Clouds［C］//Internet of Things (WF - IoT), 2014 IEEE World Forum on. IEEE, 2014：241 - 246..

［8］Paefgen J, Kehr F, Zhai Y, et al. Driving Behavior Analysis with Smartphones：Insights from a Controlled Field Study［C］//Proceedings of the 11th International Conference on mobile and ubiquitous multimedia. ACM, 2012：36.

［9］Leminen S, Westerlund M, Rajahonka M, et al. Towards Iot Ecosystems and Business Models［M］//Internet of Things, Smart Spaces, and Next Generation Networking. Springer Berlin Heidelberg, 2012：15 - 26.

［10］Liu T, Yuan R, Chang H. Research on the Internet of Things in the Automotive Industry ［C］// Management of e - Commerce and e - Government (ICMeCG), 2012 International Conference on. IEEE, 2012：230 - 233.

［11］Doecke S D, Anderson R W. The Safety Potential of Connected Vehicles［C］//Australasian Road Safety Research, Policing and Education Conference. 2014.

［12］Harding J, Powell G, Yoon R, et al. Vehicle - to - vehicle Communications：Readiness of V2V Technology for Application［R］. 2014.

［13］林英姿. i - DRIVE（智能人车交互环境）：我们准备好了吗？［J］. 汽车安全与节能学报, 2016, 7(1)：14 - 24.

［14］Vickrey W. Automobile Accidents, Tort law, Externalities, and Insurance：An Economist's Critique［J］. Law and Contemporary Problems, 1968, 33(3)：464 - 487.

［15］Butler P, Butler T. Driver Record：A Political Red Herring That Reveals the Basic Flaw in Automobile Insurance Pricing［J］. Journal of Insurance Regulation, 1989, 8(2)：200 - 234.

［16］Lemaire J. Bonus - malus Systems in Automobile Insurance［J］. Insurance Mathematics and Economics, 1995, 3(16)：277.

［17］郁佳敏. 车联网大数据时代汽车保险业的机遇和挑战［J］. 南方金融, 2013 (12)：89 - 95.

［18］Litman T. Distance - based Vehicle Insurance Feasibility, Benefits and Costs：Comprehensive Technical Report［J］. Victoria Transport Policy Institute, Victoria, 2001.

［19］Coroama V. The Smart Tachograph—Individual Accounting of Traffic Costs and Its Implications［C］//International Conference on Pervasive Computing. Springer Berlin Heidelberg, 2006：135 - 152.

[20] Muermann A, Straka D. Asymmetric Information in Automobile Insurance：New Evidence from Telematic Data[R]. working paper, 2011.

[21] Cohen D A, Wang W, Wyatt J K, et al. Uncovering Residual Effects of Chronic Sleep Loss on Human Performance[J]. Science Translational Medicine, 2010, 2(14)：14 - 19.

[22] 魏宏, 伍小敏, 杨舒宇. 道路运输企业职业驾驶员的遴选评价体系分析[J]. 河南科技(上半月), 2012 (8)：30 - 30.

[23] 陈雪梅, 魏中华, 高利. 紧急状况下职业驾驶员适宜性评价遴选系统[J]. 北京工业大学学报, 2007, 8：13.

[24] 刘华, 乔成磊, 张亚萍, 等. 车联网对汽车行业的影响[J]. 上海汽车, 2016 (1)：31 - 37.

[25] 刘成芳. 福田汽车要做车联网领头：专访福田智科信息技术服务公司总经理周洪波[J]. 商用汽车新闻, 2013 (13)：14.

[26] 郝智伟. 车联网服务的"小而美"模式[J]. IT 经理世界, 2013, 1：13.

[27] 孙焕玉. 宝马：准备好, 与大数据实时接驳[J]. 商学院, 2015, 8：23.

[28] 杨东援. 通过大数据促进城市交通规划理论的变革[J]. 城市交通, 2016, 14(3)：72 - 80.

[29] 王雪涛. 大数据在城市管理中的应用研究：以城市交通系统为例[J]. 黑河学院学报, 2016(3)：52 - 54.

[30] 张品立. 大数据环境下的城市交通规划与管理模式变革——以上海智能化的公交集群调度为例[J]. 上海城市管理, 2015 (6)：51 - 55.

[31] 徐超忠. 基于移动大数据的城市交通拥堵对策研究[J]. 交通运输部管理干部学院学报, 2015, 4：5.